聂耳图传

时遂营　主编

云南出版集团
云南人民出版社

图书在版编目（CIP）数据

聂耳图传 / 时遂营主编. -- 昆明：云南人民出版社，2022.12
ISBN 978-7-222-21441-5

Ⅰ.①聂… Ⅱ.①时… Ⅲ.①聂耳（1912-1935）—传记—画册 Ⅳ.①K825.76-64

中国国家版本馆CIP数据核字(2023)第004841号

策　　划：尚　语
责任编辑：陶汝昌　梁　爽
责任校对：周　彦　白　帅
责任印制：代隆参
装帧设计：陶汝昌

聂耳图传
NIE'ER TUZHUAN

时遂营　主编

出　版	云南出版集团　云南人民出版社
发　行	云南人民出版社
社　址	昆明市环城西路609号
邮　编	650034
网　址	www.ynpph.com.cn
E-mail	ynrms@sina.com
开　本	720mm×1010mm　1/16
印　张	17.75
字　数	240千
版　次	2022年12月第1版第1次印刷
印　刷	云南出版印刷集团有限责任公司华印分公司
书　号	ISBN 978-7-222-21441-5
定　价	78.00元

云南人民出版社微信公众号

如需购买图书、反馈意见，请与我社联系
总编室：0871-64109126　发行部：0871-64108507　审校部：0871-64164626　印制部：0871-64191534

版权所有　侵权必究　印装差错　负责调换

国之歌者　时代先声

——聂耳的音乐人生与回响

时遂营

踩着青石板，走进沉淀昔日繁华的昆明老街，到达僻静的甬道街72号，可以看见一栋上下两层、砖木结构的古朴建筑。这是一栋清代常见的重檐店铺房，重檐下挂着两块黑底金字的横匾，左边是"成春堂"，右边是"聂耳故居"。

1912年2月15日，人民音乐家聂耳就出生在这里。

聂耳的父亲聂鸿仪是玉溪有名的中医大夫。为了养家糊口，清光绪末年举家搬迁到昆明，悬壶行医，着手成春。"重九起义"的枪声之后，聂耳在昆明出生。因为是家里的第四个孩子，聂耳的父母对他并未抱着至高的期望，给他取名嘉祥，只是希望他能顺顺利利地活下去，万事吉祥。

天有不测风云，4岁时，嘉祥就受到了心灵重创。这一年，父亲去世。幼年失怙，在最该无忧无虑的童年，这个懵懂的孩子，感受到了生命的脆弱和悲伤。"爸爸的死，决定了我这一生的命运，指示给我应走的道路。"1930年，聂耳在日记里写下自己的成长思考。

理想是直线的，但事实是曲线的。4岁的孩子，踏上了一条自强不息、蜿蜒曲折的路。短暂的23个春秋，他却让生命里每个日子活出了闪光意义。光芒穿越时空的阻隔，照亮过去、现在和未来，挺立起中华民族的脊梁，造就一个古老民族的浴火重生。

如果引领而望、侧耳倾听,聂耳那正义的呐喊、斗争的姿态、铿锵的步伐、激昂的力量、纯真勇敢的面貌就愈来愈清晰。

随时不忘的是"读书!""拉琴!"

"明天开始新计划,随时不忘的是'读书!''拉琴!'"1935年7月16日,聂耳写完上面一句话,也是最后一页日记。第二天,藤泽鹄沼海滨汹涌的海潮,就无情地吞没了他年轻矫健的身躯,夺去了他昂扬向上的生命。

"我不愿把一分一秒有用的光阴耗之于无聊。音乐、戏剧、电影,便是我一生的事业,我愿在这一生里去研究、学习。"

早在给哥哥的信中,他就表达了自己的人生取向。没有躺平的人生,只有奔跑的岁月。如同一颗流星划过天际的聂耳,随时不忘的"读书""拉琴"既是他忙碌一生的身影,又何尝不是对当下摆出躺平姿态的青年人的警言。

聂耳是天才,但"天才就是劳动",在聂耳身上淋漓尽致地得到体现。和聂耳合作过《开路先锋》的孙师毅说:"你能说聂耳非天才么?他没有步入过学院的门一步。你能说聂耳不努力么?他没有浪费过他的时间一分……"

"妈妈!咱家穷,读不起书,你能带我去学校看看吗?"6岁的聂耳善解人意地说出自己的愿望时,彭寂宽,这个来自哀牢山、踩着一双清末的裹足小脚自立自强的傣族妇女,说了这样一段话:"再穷,也会送你去读书,这个家,这个窝,虽说没有金子、银子,但是要有骨气、志气。"诚然,若耳不闻学,则行无正义。随后,她制定的十一条家规为聂耳打下了坚实的品格基础。

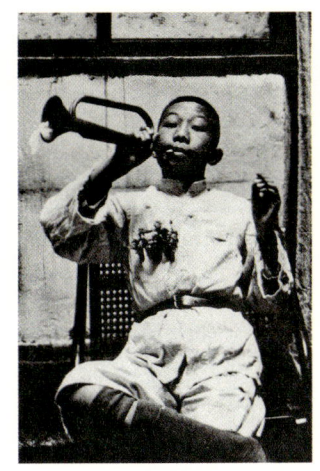

在中国的痛苦与灾难，像这雪夜一样广阔而又漫长的时代，用全心全力来抚爱与保护这个年幼者，使他不至陷于馁冻沟壑，使他养成坚立于风雪之中的力量，并用同情心与正义感来感染这个年幼者，自该属于这位伟大的母亲。不只正义的品格，这位伟大的母亲还在聂耳的心灵里播下了一颗音乐的种子，这也是为聂耳音乐人生砌上的第一块基石。

猝不及防中承担了全部家庭重担的彭寂宽，开始行医养家。劳累之余，她经常给聂耳唱娓娓动听的花灯调、洞经音乐、民族民间小调、扬琴调，把许多民间传说故事唱给聂耳听，使他自幼在心灵深处种下了喜爱传统文化和民间音乐艺术的种子。邻居邱木匠、张庚侯又先后教聂耳学会了笛子、二胡、三弦、月琴、小提琴等多种乐器的演奏技能。外籍教师柏希文，也促使他对钢琴等西洋乐器产生了兴趣，进一步加深了他对欧洲音乐的了解。

因率领同学积极支持校方与霸占校舍的恶势力斗争并取得胜利，私立求实小学的创办人苏鸿纲对聂耳念兹在兹："聂耳同志小时候就具有正义感和与恶势力斗争的精神。"随后，在云南省立第一师范学校学习期间，在中共地下党和共青团的直接领导下，另一颗种子，一颗革命的种子，如同冲出云围的月亮，也在聂耳心田里播下。

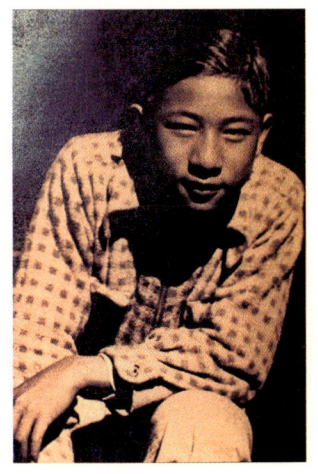

18岁出门远行前，聂耳所经历的种种遭遇，理想与现实、抗争与无奈、残酷与温暖、失去与收获等，最终孕育成音乐和革命的两颗种子，在他随后从天而落的五年狂飙生活里破土而出，如疾风烈火，如闪电惊雷。

怎样去作革命的音乐?

1930年,从汀州向长沙,在奋进和失败交织中,毛泽东写下了"国际悲歌歌一曲,狂飙为我从天落"的诗句。这一年,经常弹奏《国际歌》的聂耳18岁,从云南到上海避难。两年后,他在清华大学用小提琴演奏了《国际歌》。他借鉴《国际歌》创作的更加明快的《义勇军进行曲》19年后和这位伟人产生了精神共振。

因为被列入反动当局的黑名单,为了躲避抓捕,聂耳顶替三哥聂叙伦,在云丰申庄做了一名小伙计。在简陋、嘈杂的环境中,打麻将、逛马路,甚至追小白兔等无聊的事情让聂耳沉沦在生活的旋涡中。经友人介绍,他加入进步群众组织"反帝大同盟",虽然他自律甚严,自学小提琴,但"你不是就这样终了一生吗"的发问隐喻了成长路上领路人缺失的怅惘。

半年后,云丰申庄破产,失业青年聂耳在走投无路之际,闯进了明月歌剧社。忐忑中,他受到中国近代歌舞之父黎锦晖的赏识,随后被引入到了一个新的艺术世界。在遇到黎锦晖之前,聂耳一直对自己的音乐天分不够自信,"我的个性是很喜欢工业。假使我有升学的机会,我希望入工科。我相信自己稍有一点艺术天才"。在聂耳的人生选项中,音乐最初只是一种爱好。

但在黎锦晖印象中,这是一个身体相当健康,精神振作,常识丰富,胡琴有根底的年轻人。黎锦晖无法设想聂耳的未来,更无法设想,这个看起来资质还不错、似乎是个"软豆腐"的年轻人,会不念知遇之恩,拿出真刀真枪的硬功夫,对自己反戈一击。

此时是1932年,九原板荡,百载陆沉,中华民族到了最危险的时候。但在音乐上充斥于社会的是《毛毛雨》《妹妹我爱你》之类的黎氏靡靡之音。迂回、回避就是失职!黎氏歌舞,在当时关注民族与民生的时代强音中是一个不和谐的音符。在充满了荆棘、污泥的音乐环境里,聂耳呼吸着、观察着、思考着。正义感和斗争精神再次在他心中沸腾。他化名"黑天使"和"蓝天使",撰写文章《黎锦晖的"芭蕉叶上的诗"》《中国歌舞短论》,抨击黎氏歌舞"香

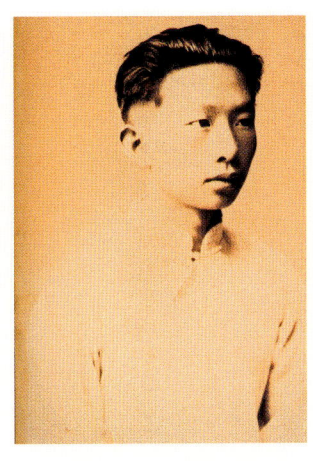

艳肉感,热情流露",是麻醉青年、儿童的"软功夫"。

"你想,资本家住在高楼大厦大享其福,工人们汗水淋漓地在机械下暗哭,我们应该采取怎样的手段去寻求一个劳苦大众的救主?""我们所需要的不是'软豆腐',而是真刀真枪的硬功夫!"聂耳振聋发聩地呼喊鼓发正义,催动世人,也催动了黎锦晖的改变。

黎锦晖曾回忆,聂耳身边的前进分子都爱戴他,喜欢叫他"镊子",仿如外科医生镊取人身腐烂肌肤,被镊取的人是不免要感到痛楚的。"从这时起,我也接受他对我诚挚而又亲切的批评与启示,写了好几首比较正派的歌。"

鲜为人知的是,黎锦晖也创作过与《义勇军进行曲》类似歌曲:"奋斗救国,动起干戈,我们来尽忠报国!快把那万恶帝国主义打破……"师徒二人,在正义感的召唤下,在时代精神的熏陶下,以《义勇军进行曲》的名义,取得了和解,发出了感同身受的灵魂共鸣。

与黎锦晖的交锋,让聂耳开始思考"怎样去作革命的音乐"。他说:"脑筋若无正确的思想的培养,任它怎样发达,这发达总是畸形的发达。那么一切的行为都没有稳定的正确的立足点。"

"问渠那得清如许?为有源头活水来。"正确思想的培养早在聂耳求学昆明时代已初现端倪。"Karl Marx(1818—1883),犹太人,其父为律师。一八二四年由犹太教改信基督教……"1927年10月13日,聂耳就在日记里详细记录了马克思的生平。风暴肆虐中,马克思主义的种子在一个15岁的艺术青年心中播下,开始生根、发芽。

1928年,16岁的聂耳成为一名光荣的共青团员。之后,他一直按照革命者的标准严格要求自己,时刻鞭策自己积极进取,如饥似渴地阅读进步书籍,并认真研读马克思主义著作。他的日记中有多处对马克思

主义经典文献的摘录,以及他用马克思主义基本原理分析社会问题的篇章。

1933年1月初,受"左"倾错误路线的影响,上海的左翼文艺工作笼罩在一种白色恐怖的氛围中。就在这种人人自危的恐怖环境里,聂耳逆流而上,经田汉介绍,加入了中国共产党。田汉在《聂耳胜利的道路》中写道:"聂耳是一个有音乐才能的青年,更难得的是他是一个爱国者……他是那样地仰慕党、寻求党。他说他决心努力学习,把他的才能贡献给党。"

凡树有根,方能生发;凡水有源,方能奔涌。从此,聂耳在党的领导下,犹如航船得到灯塔的指引,朝着正确的方向和道路,用他的笔做刀枪,用他的歌做炮火,去进一步追求自己的艺术发展,走上一条在党的大众文艺方针指引下的革命音乐之路。

代替着大众在呐喊

1932年2月7日,"一·二八"事变爆发后的第10天,聂耳在日记中质问自己:"一天花几个钟头苦练,几年、几十年后成为一名小提琴演奏家又怎样?你演奏一曲贝多芬的《奏鸣曲》能够鼓动起劳苦群众的情绪吗?此路不通!早些醒悟吧!"

醒悟后的聂耳开始从人民大众中寻求出路。聂耳认为:"音乐与其他艺术、诗、小说戏剧一样,它是代替大众在呐喊,大众必然会要求音乐新的内容和演奏,并要求作曲家的新态度。"因此,聂耳始终坚持扎根人民生活,表达人民大众感情,为人民的需要而创作的思想态度。他针对当时普遍存在的问题鲜明地指出:"目前从事音乐运动者,首先要提出解决的问题,是建立一种代替着大众在呐喊的革命的、同时保持高度艺术水准的音乐。"

聂耳逝世50周年时，《新民晚报》刊发了一篇题为《当年新女性再唱〈新女性〉》的文章，报道在当年举行的纪念音乐会上，一批20世纪30年代爱唱聂耳歌曲的青年女工，都已是白发苍苍的老人。她们自发地集合起来，深情地演唱了《新女性》。

孟波清晰记得，上海杨树浦的纱厂女工含着热泪对他说："聂耳先生是中国第一个为我们工人写歌的人啊！他的《新女性》《码头工人歌》等，不是可怜我们或者仅仅是同情我们，而是在诉说我们工人痛苦生活的同时，唱出了我们工人阶级的力量和志气。"

在创作《新女性》的过程中，聂耳曾多次于繁星满天、寒霜遍地的秋夜去沪西的纱厂观察女工的劳动、生活情景。为了深刻反映工厂的生活和妇女在被剥削的劳动中所受的苦痛，除了谱曲、配乐，聂耳还招募了一群女青年，成立了"联华声乐团"，并亲自担任钢琴伴奏。

从摄影棚飞扬出来的歌声，和谐、明快、有力，有着美好的音色和动人的旋律。前来拜访聂耳的蔡楚生却很快就忘了那是歌声，而觉得那是人们的呼声，并被引进了现实生活的场景与斗争的场景。"我看到了在晨光朦胧、街灯暗淡的街头，许多被剥削、被践踏而"失血"的女工们正在匆匆赶路的情景；我听到了工厂中机器的轰鸣，看到了人们成为特权阶级和机器的奴隶那种悲惨的景象……"歌声歇息！聂耳好像刚经过了一场激烈的搏斗，喘着粗气，满头大汗，血脉偾张，眼睛里还在燃烧着斗争的火焰。

在聂耳看来，蔡楚生是肯努力的青年，是电影界有希望的人物。因为一个有趣的误会，聂耳写了一篇名为《下流》的文章，讽刺蔡楚生的创作。"所谓'下流'，当然是站在资产阶级的道德立场所决定的'下流'。劳苦群众为了肚子吃不饱而做非法举动，失业者因为没有饭吃而做强盗，当土匪，站在四马路拉人……无疑地，便是他们认为的'下流'。"

对蔡楚生有所期待的同时，聂耳自己也把创作的焦点对准生活在社会最底层、挣扎在死亡线上的工人和劳苦大众，反映他们的苦难、抗争和希望。《饥寒交迫之歌》《开矿歌》《码头工人歌》等，反映工人阶级和劳苦大众生活的作品，占据了他创作的主要部分。

但聂耳意识到:"不论你从哪条路跑,你对于哲学的基础不稳定,终究是难得走通的。"马克思指出:"哲学家是自己的时代、自己的人民的产物,人民的最美好、最珍贵、最隐蔽的精髓都汇集在哲学思想里"。哲学要深深扎根人民生活,时刻面向时代问题。歌曲也要吹时代的号角,做人民的知音。大众的呐喊是大众的哲学,大众的哲学何尝不是大众的呐喊?

西南二士,聂耳思奇。义军有曲,哲学有书。如果说,许许多多的年轻人是唱着聂耳的歌曲走向革命的,那么,还有许许多多的年轻人是读着艾思奇的《大众哲学》走向革命的。大众哲学家艾思奇是聂耳的挚友,读书期间,曾多次鼓励聂耳谱写振奋中国人的乐曲,在日本留学时专门为聂耳买了《国际歌》《马赛曲》歌谱。两位来自遥远边疆的云南青年,一个谱写了一首代替大众呐喊的歌曲,一个书写了一部让哲学走向大众的图书,共同闪耀着点亮大众信仰的光芒。

也曾有人从作曲技艺的角度,认为聂耳没有写过繁难高深的大合唱、交响乐,还比较幼弱。而具有讽刺意味的是,聂耳曾经为电影《凯歌》中的《打长江》谱曲,由于他对联华影业公司经理市侩主义的批评,公司另请高明,但他创作的《打长江》,曲调豪壮明快,流行于广大群众中。

大道至简,悟者天成。老子云:"圣人无常心,以百姓心为心。"说人民要说的话,唱人民要唱的歌,谱人民要谱的曲,代替大众在呐喊,就有"希望"唤醒"熟睡"的人们,就有毁坏那关着"熟睡"人们黑暗的"铁屋子"的希望。返璞归真,方为化境。

我是为社会而生的

聂耳生活的年代，正是鲁迅眼中"黑暗的铁屋子"的年代，是一个"无声的中国"和"十全停滞的生活"。它坚固、封闭，有着令人窒息的黑暗，绝无窗户，万难破毁，昏睡在其间的中国人，结局只有一个——闷死。

"莽莽神州，已倒之狂澜待挽；茫茫华夏，中流之砥柱伊谁？"从九一八到"一·二八"事变，听吧！满耳是大众的嗟伤！看吧！一年年国土的沦丧！那么，问题来了："我们是要选择'战'，还是'降'？"

"天才不足贵；努力不足贵；学问，经验，也不足贵。只有这三种东西合起来，能实际给社会以利益，才是可贵。"1933年，聂耳和安娥合作创作《卖报歌》期间，两人常常谈起怎样让艺术根深叶茂的方法。

根深方能叶茂，本固才能枝荣。在云南省立第一师范学校读书的时候，聂耳曾在作文《我的人生观》中提出"打倒恶社会建设新社会"的目标，并积极地准备着"交战"。他在给母亲的信中说："我是为社会而生的，我不愿有任何的障碍物阻止或妨害我对社会的改造，我要在这人类社会里做出伟大的事实。"这个伟大事实的根基筑于聂耳在1926年的作文《我的年假生活》中总结的自己生活中重要的四件事情：自修工作、爱国运动、社会事业、身心锻炼。

聂耳的同学与共青团小组长邓象涟记得，他们曾经一起到昆明黑龙潭瞻仰薛尔望墓。面对薛墓，聂耳不胜感慨，情不自禁讲起了薛先生的民族气节，宁为玉碎不为瓦全，以死殉国的事迹。"烈士之所以异于恒人，以其仗节以配谊也。"在薛尔望墓旁，聂耳泪流满面，大声疾呼："中华！中华！"

在离家去上海的前一天，聂耳和胞兄聂叙伦去了一趟西山。在风雨大作中，聂耳拉响了法国国歌《马赛曲》。在和着风雨声优美的旋律中，聂叙伦喃喃地说，如果中国也有人能谱写出像《马赛曲》这样的歌曲，该有多好。聂耳干脆又坚定地说："中国，肯定会有这样的人的！"

但他没想到的是，这个人日后会是他自己，立时代潮头，发时代先声，在雪夜里率先觉醒，在黑暗中擎起明灯。

1932年4月的明月歌剧社，弦歌满耳。激动、拘谨的聂耳受到了上海文艺界赫赫有名的"田老大"田汉的接见。在田汉的最初印象里，聂耳是一个尚气的年轻人，是一个天才富赡、忠勇奋发的艺术斗士。

1933年，他们合作了"我们在流血汗"的《开矿歌》。在介绍聂耳入党之后，他们开启了伯牙子期般的合作之路，所创作的包括《毕业歌》《梅娘曲》在内的14首歌曲，几乎占了聂耳全部作品的一半。

令人费解的是，酷爱记日记、写文章的聂耳，在他留下的十多万字的文字里，对于最佳拍档田汉却鲜有提及。这在最富有音乐历史价值的铿锵二人行中，因为聂耳的沉默略显遗憾。反倒是田汉，对于聂耳不吝笔墨。

"子期难觅瑶琴绝，奈何枝落百花江。"聂耳羁魂不返后，被幽禁在南京的田汉泪随笔下，在悲痛惋惜中写下了这样一首诗：

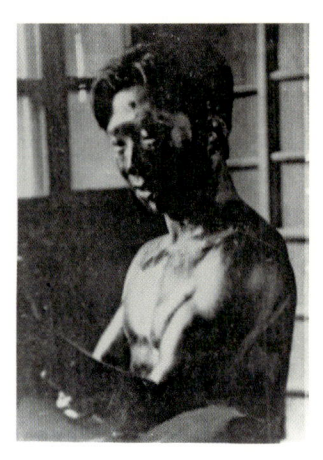

> 一系金陵五月更，故交零落几吞声。
> 高歌正待惊天地，小别何期隔死生！
> 乡国只今沦巨侵，边疆次第怀长城。
> 英魂应化狂涛返，重与吾民诉不平。

也许，在艺术方面的共同追求，依赖的是情感上的默契，精神上的心领神会。这也不难理解为何当聂耳听闻《风云儿女》结尾有一首主题歌时，会主动找到夏衍，主动提出把作曲交给他，信心十足地说"田先生一定会同意的"。高墙内外，天涯海角，时空阻隔不了令人羡妒的心有灵犀。他们联手创作的《义勇

军进行曲》站上中国音乐作品的巅峰，用音乐创造精神奇迹，便是他们作为革命者精神归一的真实写照。

"怎样作革命的音乐？"聂耳和田汉还用《义勇军进行曲》携手回答了聂耳当年提出的问题。革命的音乐作品除了有筋骨、有道德、有温度外，更应该叩问生命，呐喊大众，为国家歌唱，为时代发声。

"怎样作革命的音乐？"聂耳在上下求索的路上，也在响答影随地探索着音乐的革命。"过去的聂守信，不是现在的聂耳。""新的脑子要随时装予新的养料，才能向着新的轨上发达。""今后我的研究和创作文艺的方针将改变，要向着新的艺术运动的路上跑去"。聂耳在日记里，多次谈及自己要乘风破浪、大胆创新的信心和追求。他的歌曲从形式和体裁上，打破陈规，大胆创新，善于创造与歌词的形式相适应的曲体结构，创造了自由、奔放而毫不夸大的风格。

"向那群众深入，在这里面，你将有新鲜的材料，创造出新鲜的艺术。喂！努力！那条才是时代的大路！"这个骤然而来、倏然而去的音乐精灵和文化精魂，吹响着未来的光荣与梦想。正是因为那些从内容到形式、从语言到体裁都有别于前人的"离经叛道"之作，让人耳目一新，获得了巨大的生命力和深远的历史影响，使聂耳成为中国新兴音乐的创造者，创作出中国历史上所没有的一种民众音乐，并完成了革命和音乐互为表里的双重文化认同和身份认同。

"起来！" "前进！"

《义勇军进行曲》是在1935年夏聂耳到日本后邮寄回国的。在去日本前抢到为《风云儿女》谱曲的任务后，聂耳在霞飞路的出租屋里，废寝忘食，夜以继日，一会儿哼唱着歌词，一会儿击打着桌子，权当"打拍子"。

雷声在震动，电闪在飞炫，暴风夹着骤雨，海洋飞溅起的怒沫，冲击在热血沸腾的聂耳的身上、心上。他高举着双臂大喊："起来！起来！起来！……"

因为过于投入，严重扰民，聂耳被房东老太太赶出了出租屋。录音师和演唱者之一的司徒慧敏在家里接纳了他。据司徒慧敏女儿司徒恩湄回忆，她的祖母是最早的听众，乐曲中奔涌出的民族呼声和祖国的召唤深深地感染着她。她情不自禁地说："是啊！我也是个不愿做奴隶的人啊！"

自古以来，人类在危难之中容易"降格以求"，求做奴隶而不得，于是匍匐下跪；太平盛世，暂时坐稳了奴隶，不能动弹，也不想动弹，索性躺平。奴性下跪、佛系躺平、起来前进、是生命力收缩或勃发的三种姿态。

司徒恩湄的祖母耳背，记忆力不太好，记不清聂耳的名字，倒是记住了聂耳老是哼唱的歌词"起来"。于是，老太太便将聂耳唤作"起来"。巧合的是，"聂耳"和"起来"，都是源于别人给他取的绰号和昵称，且广为人知。一个是灵活耳朵展现的音乐才能，一个是歌曲创作体现的革命情怀。革命和音乐，形式和内容，稠迭连绵，又怎么能厘清呢？

在对歌词的修改中，聂耳添加的三个"起来"，一个比一个有激情、有号召力，从而把音乐的发展引向高潮，动力十足。添加的三次"前进"，平衡了音乐的结构。神来之笔的是，聂耳在"前进"之后添加了一个"进"，预示了中华民族永远在路上的奋进状态。夸父逐日，精卫填海，吴刚伐桂，愚公移山……我们的祖先不只创造了民族的神话，还创造了永不停息、前进不止的民族精神。

"起来"，界定了中华民族精神和肉体能承受的下限；"前进"，开拓了中华民族伟大复兴的上限。实现中华民族伟大复兴，是一场前进不止的接力长跑。在这条接力长跑赛道上，"起来"是纵向运动，是"富贵不能淫，贫贱不能移，威武不能屈"，是中华民族生命勃发、昂首屹立的挺拔身姿；"前进"是横向运动，是起来的延续和良性发展，是"天行健，君子以自强不息"，是中华文明生生不息、绵延不绝的饱满精神。起来屹立，从来是九

死一生;前进不息,注定会风雨兼程。

1949年9月25日晚,北京中南海丰泽园,关于国歌歌词的讨论仍在继续。有代表认为,应修改歌词中"中华民族到了最危险的时候"一句。毛泽东说:"我们要争取中国完全独立、解放,还要进行艰苦卓绝的斗争,所以还是保持原有歌词好。"毛泽东的意见,得到与会者的赞同,就用《义勇军进行曲》作为代国歌。

治不忘乱,安不忘危。保留"中华民族到了最危险的时候",就是存储中华民族的忧患基因。它承载着深厚的民族精神——生于忧患而死于安乐。

天若有情天亦老,人间正道是沧桑。1949年10月1日下午3时许,随着一位伟人发出令世界震撼的声音——中华人民共和国中央人民政府今天成立了,中国人民从此站起来了!《义勇军进行曲》从天安门广场通过无线电波传遍了全世界。黄钟大吕,鲲鹏展翅,千回百转,凤鸣岐山。起来!前进!这一首承载中华民族苦难史、忧患史、团结史、奋进史的战歌、军歌,在这一刻获得了全新的生命意义,成为坚不可摧、不可逾越,前所未有的精神长城,日迈月征,固化为中华人民共和国的象征和标志。

回望1935年。

这一年,日本藤泽,憧憬着新生活的聂耳,像暴风雨前的一只海燕,"掀起民族自救的巨浪",却因为避暑游泳,于鹄沼不幸溺水身亡。

这一年,福建长汀,拖着手铐脚镣的瞿秋白,唱着自己翻译的《国际歌》走向刑场,盘膝坐下,说了一句"此地甚好",随即饮弹牺牲。

这一年,法国巴黎,急于回国的冼星海,被海风吹黑了的脸上倦容未消,就毅然投入抗日救亡的洪流,随后创作出《黄河大合唱》。

这一年,上海学堂,沉浸在聂耳歌曲旋律中的朱

荣实,听闻噩耗异常悲痛,立志践行聂耳的道路,随后更名为朱践耳,并创作出《唱支山歌给党听》。

．．．．．．．．．．．．

一串串熟悉或不熟悉的名字,自1935年起,蕴含着相同的"起来!""前进!"的精神力量就始终如一与党同心同德,与人民同呼吸、与祖国共命运、与时代同脉动。这种精神力量汇聚成星辰大海,共同丰沛了中华历史的万古长河,照亮了中华民族的心灵家园,拓宽了中华文明的精神航道。

新时代的帷幕已经拉开,"起来!""前进!"聂耳和国歌的故事,在中华民族伟大复兴的路上经久不息地传唱,也在我们心中永远地回响。

2022年10月15日
于红塔书院

◆昆明翠湖公园聂耳雕像

目 录

1. 嘉祥降生 …………………………………………… 1
2. 北门街"浣玉"故居 ………………………………… 3
3. 三兄弟的"君子协定" ……………………………… 5
4. 着手成春聂鸿仪 …………………………………… 7
5. 为母则刚彭寂宽 …………………………………… 10
6. 聂家的十一条家规 ………………………………… 13
7. 求学昆明师范附属小学 …………………………… 15
8. 对石狮子的好奇 …………………………………… 18
9. 风雪中上学无阻 …………………………………… 20
10. 我们是来当兵的 ………………………………… 22
11. 实心茶壶的风波 ………………………………… 25
12. 回到峨山外婆家 ………………………………… 27
13. 转学求实小学 …………………………………… 30
14. 第一号褒状 ……………………………………… 32
15. 跟邱木匠学吹笛子 ……………………………… 35
16. 求实小学的儿童乐队 …………………………… 38
17. 花灯和滇戏的滋养 ……………………………… 40
18. 卖掉心爱的八音钟 ……………………………… 42
19. 兄弟仨摆摊卖字 ………………………………… 44
20. 升入联合中学 …………………………………… 46
21. 积极参加五卅惨案后援会 ……………………… 49
22. 聂耳的英文老师柏希文 ………………………… 51
23. 家庭音乐会 ……………………………………… 54
24. 学洋人"吵架" …………………………………… 56
25. 要进云南省立第一师范学校的理由 …………… 58

1 ☆

26. 参加云南省立第一师范学校戏剧研究会 …………… 61
27. 与张庚侯的师友情 …………………………………… 64
28. 与艾思奇的总角之交 ………………………………… 66
29. "济难会"秘密探监 ………………………………… 68
30. 加入共青团 …………………………………………… 71
31. 《我的人生观》之前后 ……………………………… 74
32. 创作《省师附小校歌》 ……………………………… 77
33. 投考"学生军" ……………………………………… 79
34. 一件令聂耳毕生难忘的事 …………………………… 82
35. 脱离新兵队 …………………………………………… 84
36. 投考广东戏剧研究所 ………………………………… 86
37. 重返云南省立第一师范学校 ………………………… 88
38. 初恋女友袁春晖 ……………………………………… 90
39. 组织"九九音乐社" ………………………………… 93
40. 回到玉溪演话剧 ……………………………………… 96
41. 上了"黑名单" ……………………………………… 98
42. 踏上万里征途 ………………………………………… 101
43. 十里洋场的"乡下人" ……………………………… 104
44. 学习滑旱冰 …………………………………………… 107
45. 购买二手小提琴 ……………………………………… 109
46. 聂耳迷茫时第一个想到的人 ………………………… 111
47. 加入明月歌剧社 ……………………………………… 114
48. 明月歌剧社的黎氏兄弟 ……………………………… 118
49. "小老师"王人艺 …………………………………… 121
50. 亲切的"镊子" ……………………………………… 123
51. 聂耳名字的由来 ……………………………………… 126
52. 朝夕相处的朋友金焰 ………………………………… 129
53. 九一八事变中的震惊 ………………………………… 132
54. 创作《义勇军誓词歌》 ……………………………… 134
55. "一·二八"事变后的思索 ………………………… 137
56. 怎样去作革命的音乐？ ……………………………… 140

57. 一个冒险的摄影经历 …………………………… 142
58. 黄金搭档田汉 …………………………………… 145
59. "黑天使"的挑战 ………………………………… 148
60. 自愿脱离"明月" ………………………………… 151
61. 北平落脚云南会馆 ……………………………… 153
62. 遗憾的大学梦 …………………………………… 155
63. 严师托诺夫 ……………………………………… 157
64. 参加左翼戏剧家联盟 …………………………… 159
65. 清华演奏《国际歌》 …………………………… 161
66. 返申城,初入电影圈 …………………………… 164
67. 加入中国共产党 ………………………………… 166
68. 聂耳入党监誓人夏衍 …………………………… 169
69. 成立中国新兴音乐研究会 ……………………… 171
70. 小提琴老师普鲁什卡 …………………………… 174
71. 创作第一首电影歌曲 …………………………… 176
72. 在《渔光曲》中客串渔民 ……………………… 179
73. 聂耳作曲的独幕歌剧《扬子江暴风雨》 ……… 181
74. 成立"森森国乐队" ……………………………… 183
75. 休养大纲和细则 ………………………………… 186
76. 为卖报女童写歌 ………………………………… 189
77. 聂耳的"音乐年" ………………………………… 191
78. 任职上海东方百代公司 ………………………… 193
79. 掀起巨浪的《毕业歌》 ………………………… 195
80. 为《开路先锋》作曲 …………………………… 198
81. 聂耳对音乐作品的开拓和创新 ………………… 200
82. 《风云儿女》的诞生 …………………………… 202
83. 聂耳的又一名作——《铁蹄下的歌女》 ……… 206
84. 许幸之与聂耳的合作 …………………………… 208
85. 田汉被捕 夏衍写剧 …………………………… 210
86. "抢"到作曲任务 ………………………………… 213
87. 霞飞路激情谱曲 ………………………………… 215

88. "起来"来了	218
89. 考察日本新剧	220
90. 进行《最近中国音乐界的总检讨》的演讲	222
91. 鹄沼海滨不幸遇难	224
92. 英魂应化狂涛返	228
93. 藤泽市——聂耳终焉之地	231
94. 魂兮归来	233
95. 聂耳墓前的三次题词	236
96. 大声歌唱、振发民气的刘良模	239
97. 民族的号手任光	242
98. 中华人民共和国代国歌	245
99. 国歌在天安门广场奏响	247
100. 承继聂耳的精神——指挥国歌演奏最多的人	250
聂耳生平年表	253
后　记	262

1. 嘉祥降生

踏着青石板，穿过沉淀昔日繁华的昆明老街，到达相对僻静的甬道街72号，映入眼帘的是一栋民居。房屋坐东朝西，上下两层，土木结构，是三坊一照壁布局。若从高空俯视，建筑形似一颗方正的印章，故称"一颗印"。清光绪二十八年（1902年），聂鸿仪携妻儿从玉溪来到昆明，租用此房开了一间药铺，取"妙手成春"之意，将药店命名为"成春堂"。十年后，聂耳就诞生在成春堂药铺的二楼。

聂鸿仪出生在中医世家，在玉溪时已经是有名的中医，在昆明经营成春堂期间，因医术高明，找他寻药问诊的人越来越多。为了方便病人拿药，聂鸿仪便把铺面用药柜隔开，一间看病一间取药。聂鸿仪手写的医书手札中有这么一则记载："聂翼廷儒医内外方脉，本医铺原住端仕街中，今移房甬道街东二廊中间双合铺面，每日清晨自八点钟起看到下午两点钟止，三点钟出街，迟则不候。"从这则记载来看，成春堂的营业时间为每天早上八点到下午两点，三点医生出街在外。成春堂经营的药品很丰富，包括各种丸、散、膏、丹。聂鸿仪不仅记录了药品名称，还把各种药品的功效也进行了详细记录。聂鸿仪旧学基础很好，加之熟读经典，造诣深厚，炮炙了不少特效药。每月初一和十五，成春堂还免费奉送"疳积散""戒烟丸"等药，深受老百姓欢迎。

1912年2月15日，正好是农历腊月二十八，昆明城四处洋溢着新春佳节即将来临的喜庆气氛。有钱的人们在忙着置办年货、会亲友，准备着迎接推翻帝制后的第一个春节，而聂鸿仪一家却还在为债务发愁。他四处奔走，勉强还了部分债。即将临产的妻子彭寂宽还在忙着药房的工作和家务。直到晚上九点，她感到有些不适，方才离开药柜回到二楼的起居室。在邻居大娘的帮助下，一个健康的男

◆聂耳的父亲聂鸿仪画像

婴顺利降生了。孩子天庭饱满、声音洪亮，充满了蓬勃的生命力。春节添丁对于聂家来说真可谓双喜盈门。

新生命的到来为全家带来了无尽的欢乐，但一想到原本拮据的七口之家又添了一张嘴巴，聂鸿仪夫妇在欣喜之余不免多了几分愁绪。聂鸿仪抱起襁褓中的婴孩，仔细端详着孩子炯炯有神的眼睛，喃喃自语道："你偏偏在这个乱哄哄的世道降生到我们这个贫苦人家来，没有好的给你吃，没有好的给你穿，将来日子怎么过下去还不晓得。"妻子马上打断了丈夫的话，让丈夫不要说丧气话，无论怎么辛苦都要努力把孩子抚养长大。她让丈夫快快给孩子取一个名字。聂鸿仪沉默片刻说，给孩子取乳名"嘉祥"吧。他说"嘉祥"是吉祥的意思，但愿孩子能顺顺利利地活下去，长命百岁、万事大吉。从此，聂耳的乳名就叫作嘉祥，学名守信，字子义。后来，他到上海后才有了"聂耳"之名。

聂耳是家里最小的孩子，在家人的疼爱中茁壮地成长着。

◆ 1912年2月15日，聂耳出生在昆明市甬道街72号成春堂药铺

◆ 2011年重修后的昆明市甬道街72号聂耳故居成春堂药铺

2. 北门街"浣玉"故居

在玉溪市红塔区北门街3号，有座一楼一底土木结构的瓦房，临街面楼下原为半截砖墙，外有护板，上半部分为活动木板窗开为铺面，风格朴素典雅，是一座十分典型的玉溪民间建筑，这里就是聂耳故居。

故居后院有一个小花园，环境幽静宜人，不少热爱音乐的市民闲暇时常聚于此弹唱玉溪民间音乐。故居墙外有一尊童年聂耳和母亲依偎在一起的雕像。聂耳手持短笛，母亲一边用脚蹬的石碾子碾中药，一边给聂耳讲故事，场景十分温馨。

聂耳故居最早是由聂耳的曾祖父聂连登于清末建造，后传给聂耳的父亲聂鸿仪。1902年，聂鸿仪举家搬至昆明行医，故居留给聂耳的大嫂王静珍居住，王病故后，故居由国家管理。

1921年，聂耳从昆明师范附属小学初小毕业。假期时他跟随母亲回玉溪峨山探望外公外婆，那是聂耳第一次回故乡。1927年初中毕业后，聂耳第二次回到玉溪，这次返乡，聂耳就居住在北门街3号老宅。他在准备报考云南省立第一师范学校之余，用心感受着故

◆ 2005年修缮后的玉溪市红塔区北门街3号聂耳故居

乡的风土人情和民间艺术，在故居写下了19篇日记。聂耳就读云南省立第一师范学校期间，加入了"玉溪青年改进会"。改进会成立之初是为了促进玉溪的教育，后来增加了宣传新思想、新形势、新科学的内容。

1930年，聂耳已经成长为一个18岁的小伙子，充满着青春的朝气与活力。那年春节期间，他作为改进会的成员第三次踏上了故土，在玉溪走街串巷把戏剧作品送到群众中去，借此宣传新思想。聂耳在演出时为了让老百姓听懂，特地使用了玉溪方言进行表演，台词里也增加了许多玉溪元素，更好地拉近了他和家乡人民之间的距离。精彩的演出给家乡人民留下了深刻的印象。

聂耳对玉溪感情深厚，心系家乡的教育和发展。他从云南省立第一师范学校毕业前夕，玉溪教育局局长曾两次找他谈话，希望他毕业后能够回到家乡当老师。聂耳欣然应允，后因昆明发生白色恐怖，他才不得不改变原有的计划远赴上海。

1932年，聂耳在《上海电影艺术》上发表了《和〈人道〉的编导者的对话》一文，文章使用了笔名"浣玉"，意为纯洁的玉溪人。无论行至何处，阔别多久，对漂泊异乡的游子而言，玉溪一直是聂耳心灵深处最宁静的港湾。但谁也不曾料到，1930年聂耳的还乡演出，竟然成了与故乡的永别。

◆ 1917年聂耳（前右）与母亲、二姐、二姐夫及两个哥哥合影

3. 三兄弟的"君子协定"

　　1913年,聂耳一家原租住的甬道街成春堂铺房因属于云贵总督衙门的公产,重九起义后,新政府为了增加财政收入,房租增加了近一倍。聂耳的父亲聂鸿仪多次向有关部门申请维持原房租或少增加一点租金,都遭到了拒绝,同时还收到最后通牒,三个月内不能如数缴纳房租的话就要被强令迁出。迫于经济压力,聂耳一家只有另寻他所。

　　聂鸿仪托亲朋好友帮忙打听,并四处去看招租广告,都没有找到合适的房子,十分焦急。就在这时候,一个亲戚告知在威远街有一处房子,地处闹市,前铺后屋且价格便宜,但那所房屋被称为凶宅,因为有两家住户家里先后都死了人,据说屋里还常常"闹鬼",所以即便房租低廉也无人问津。聂鸿仪说自己从不信鬼神,只要房子合适便可租住。

　　威远街的房屋是前铺后屋的平房,共有三个房间,临街的一间是铺面,后面两间住人,后院还有厨房和堆放杂物的地方。这所房子虽然陈旧潮湿,但房租低廉且房间多,对于聂耳一家来说刚好可解燃眉之急。于是,他们很快便搬到了威远街。

　　聂耳一家居住在威远街112号,接近威远街与象眼街和端仕街十字交汇处。房屋附近靠近"三牌坊",地处市中心。旁边有一个菜市场,每天天刚蒙蒙亮,城郊的农民就挑着新鲜蔬菜来售卖,一整条街人来人往,好不热闹。除了时鲜蔬菜,还可以买到云南特有的野生菌和各色野味。年幼的聂耳经常跟随母亲到这里买菜。搬至新的医馆后,聂鸿仪一如既往悬壶行医,对贫苦百姓免收诊费还免费送药。其间,他还担任着云南陆军讲武堂的军医,虽然辛劳,但家庭的经济情况逐步得到了改善。

　　迁居后不久,聂耳家里发生了可怕的"闹鬼"事件。有一天晚上,聂耳的三哥聂叙伦正躺在床上,突然听见厨房里传出炒菜的声音。他很害怕,赶紧叫醒聂耳一起到厨房去看个究竟,但厨房里一点声音也没有。没想到聂耳一点也不害怕,反问道:"怎

么会有鬼呀?!"闹鬼事件后,聂家的几个孩子心里总感到有些后怕,没有大人陪伴就不敢到阴森的后院去。

有一次,聂叙伦被母亲吩咐去耳房里拿棉线。当时为了节省开支只在铺房里装了电灯,其他地方黑漆漆的。看着伸手不见五指的后院,聂叙伦害怕极了,但又不敢违背母亲的吩咐。正左右为难时,身旁的聂耳主动说:"三哥,不要怕,我和你一起去!"于是兄弟俩手牵手去黑屋取来了母亲要的东西。

从此兄弟三人约定,以后不管谁提出来需要人陪着去后院,其他人都不能推诿。兄弟三人还用三张硬纸片写上自己的名字,每人拿一张,作为"君子协定"的依据。后来,三人果然都信守了承诺,聂耳更是积极主动,常常充当同行者。

聂鸿仪素来不信鬼神,得知孩子们怕鬼后,反复给他们讲《三国志》《水浒传》里英雄人物的故事,培养孩子们勇敢无畏的精神。在父亲的鼓励下,孩子们怕鬼的想法才慢慢消散了,一个人去后院不再需要他人陪伴,兄弟三人的"君子协定"也宣告废除。

◆聂耳(右一)与母亲及二哥、三哥合影

4. 着手成春聂鸿仪

聂耳的父亲聂鸿仪,字冀廷,生于清光绪二年(1876年),出生于新兴州(玉溪县在明清时候的称谓)的一个书香世家。聂鸿仪从小好学上进,在光绪壬寅年(1902年)间曾与同乡李鸿祥、谢汝翼等人同时考取了廪生(廪生是明清两代对由公家给以膳食生员的称谓,又称廪膳生。古代科举考试中成绩名列一等的秀才称为廪生,廪生可获官府的廪米津贴)。

与李、谢二人不同的是,聂鸿仪无意仕途,而是选择继承父业,在北门街老宅开设药铺,行医坐诊,因其旧学基础好,又喜欢钻研中医典籍,被世人尊称为"儒医"。

聂鸿仪十七八岁时就已成家立业,娶王氏为妻,育有长子守拙和长女兰茹。王氏去世三年后,聂鸿仪续弦彭寂宽,又生育了一女三子。1902年,为了谋求更好的发展,在家人和朋友们的鼓励下,聂鸿仪携妻儿迁居到昆明甬道街悬壶行医,经营医馆成春堂。

聂鸿仪到昆明行医后名气渐渐传开,找他看病的人也越来越多,医馆门口一大早就有许多慕名求诊的病人。聂鸿仪每天从早上八点开始看病,连续几个小时都顾不上休息。晚上如果遇到有急病的家属登门求助,他还常常连夜出诊抢救病患。经营成春堂的同时,为了维持一大家子的生计,聂鸿仪还受聘到云南陆军讲武堂兼任军医。

在繁忙的工作之余,聂鸿仪只要一有空就会教孩子认字读书,或者带妻子熟读医书,传授把脉开方的业务知识。在关照妻儿的同时,好学的聂鸿仪不忘自我提升,夜里常常挑灯学习,要么练字要么钻研典籍,一整天都安排得满满当当。就这样年复一年,聂鸿仪的身体因没得到充分的休息而引起体质虚弱,

◆ "成春堂"牌匾和药柜

健康状况每况愈下，后来不幸患上当时无法根治的肺结核病，最终卧床不起。

在聂鸿仪卧病期间，家里的收入锐减，加上需要请其他医生为他看病开药，医药费又成了一笔巨大的开支。半年过后，经济更加拮据，聂家无奈之下只有通过向亲友借债来度日。此时，聂鸿仪与前妻王氏所生的长子守拙已经大学毕业，在武昌工作。聂鸿仪写信让他回家探望或者寄钱回来贴补家用，结果都遭到了拒绝。长子的不孝让聂鸿仪颇为恼怒，病情也因此大大加重。

1916年秋天，聂鸿仪感觉自己的日子不多了，就把妻儿都叫到床前，叮嘱孩子们在自己死后要听母亲的话，长大之后要好好做人，孝敬母亲。年幼的聂耳拉着父亲的手大声叫："爹爹，不准你死！不准你死！"妻儿的眼泪和不舍最终也没能挽留住聂鸿仪的生命。聂鸿仪去世时，全家已经入不敷出，积蓄只剩下五角钱，家里除了一些医书，唯一还值点钱的东西就是一个八音钟。

父亲的死无疑使聂耳幼小的心灵受到了极大的创伤。他曾在日记中回顾了父亲离世时自己内心的悲恸："这雨水般的小孩子的眼泪也从我的眼里涌出来了。我伏在妈妈的膝上一面安慰着她，但我总忍不住地哭喊起来'爸，爸！你真的死了吗？'……走进他的房间，他心爱的那些烟具依旧平静地躺在床上，他教我认的图画方字也杂乱地摆在烟盘子里……这间房是充满着凄惨、冷清……"

聂耳曾说，父亲的死，决定了他一生的命运，指示着他应走的路。虽然父亲只陪伴聂耳经历了四年的短暂岁月，但对他的人生却产生了深远的影响。聂鸿仪去世后，温良贤惠又刚强能干的彭寂宽毅然挑起了继承夫业、抚养孩子的重担。

◆1925年聂耳全家合影,前排左二席地而坐者为聂耳

5. 为母则刚彭寂宽

如果说父亲是一艘指引方向的航船，那么母亲就是一首唱不完的民歌。聂耳的成才与家庭环境的滋养和父母的教育息息相关，在他的一生中，母亲对他的影响是最深远的。

聂耳的母亲彭寂宽，出生于玉溪峨山县，花腰傣族人，是家里的小女儿，上面还有四个哥哥，彭父靠卖醪糟维持一家的生计。受封建思想影响，彭寂宽没能像哥哥们一样读私塾，但这并没能阻挡她求知的欲望。晚上哥哥们在灯下背书时，好学的彭寂宽就躺在床上偷偷地跟着默念，白天趁大人不注意，就把书借来学习。在几位哥哥的帮助下，她阅读了《百家姓》《三字经》《增广贤文》《大学》等书籍，还对当时盛行的民歌小调和唱腔也产生了浓厚的兴趣。

19岁时，彭寂宽嫁给了丧偶的聂鸿仪。丈夫思想开通，婚后教她读书识字。她常常一面碾药抓药，一面学习识字和开方，还练就了一手好毛笔字。在丈夫的鼓励下，求知若渴的彭寂宽不仅学习了汉族文化，熟读《本草纲目》等医书，还渐渐学会了配药煎药，成了丈夫行医治病的得力助手。

在聂耳上学前，彭寂宽就开始教他识字。她用方块纸片亲手制作识字片，一张张纸片上那工整而有力的字迹，无不浸润着母亲对幼子浓浓的爱意。在母亲的悉心教导下，聪明好学的聂耳在上学前就学会了五六百个字。

彭寂宽常用《三字经》《百家姓》《增广贤文》等书中的话语来教育孩子，如用"近朱者赤、近墨者黑"告诫孩子慎重交友，用"一寸光阴一寸金，寸金难买寸光阴""少壮不努力，老大徒伤悲"来激励孩子珍惜时间，勤奋学习。成为一个对社会有用的人是彭寂宽对孩子们的期望，这朴素的价值观对聂耳人生道路的选择产生了重要影响。

彭寂宽自幼对音乐兴趣浓厚，喜欢哼唱玉溪当地的花灯曲调和民歌。玉溪花灯等民间艺术成了彭寂宽辛勤劳作之余的情感寄托，也成为教育子女的重要媒介。经过一天辛苦劳作，入夜后她

总是点上小油灯,让孩子们聚拢在一起给他们讲故事,如《安安送米》《孟姜女哭长城》《柳荫记》《岳母刺字》等。讲到动情处,她还用玉溪花灯曲调对照唱本上的韵文娓娓吟唱。年幼的聂耳常常依偎在母亲怀里,听得入了迷,接受着最早的音乐启蒙。

正是常年的耳濡目染,聂耳和他的两个哥哥从小就喜欢上了音乐。聂耳10岁那年,兄弟三人用攒下的压岁钱买来竹笛和二胡,又借来一把月琴,组成一个家庭小乐队,常常在家演奏民间乐曲和花灯曲调,为艰苦的岁月增添了许多欢乐。幼年受民间音乐的熏陶和地方文艺的滋养,为聂耳后来投身革命音乐事业奠定了文化基石。

丈夫去世后,面对家境衰落的困境,彭寂宽并没有被命运击垮,而是独自挑起了养活一家子的重担。为了支撑起家庭,她自学成才,考取了中医行医资格,成为昆明市第一位坐诊看病的女郎中。

彭寂宽白天坐诊,为了贴补家用,晚上还要帮人浆洗衣服或做针线活。母亲的勤劳坚韧深深地影响了聂耳。聂耳一生积极进取,惜时如金,从来不浪费光阴。虽然生活拮据,但彭寂宽丝毫没有放松对孩子们的教育,想方设法供孩子们读书,注重言传身教,时常勉励孩子们做人要有骨气、有志气。彭寂宽对亲朋急公好义,对穷苦人乐善好施。病人没钱吃饭,她会盛饭给他们吃;病人没有钱买药,她就把药免费送给他们。

一天晚上,一个小偷潜入家中偷药被逮了个正着,后来小偷向彭寂宽哭诉自己家中

◆聂耳的母亲彭寂宽

◆聂耳母亲制作的识字卡片

有 4 个孩子，生活很困难，偷药是为了给老婆治病。彭寂宽听了后不仅没有为难他，还仔细询问了其妻子的病情，并抓了两服药送给他带回去治病。

母亲的言行和品德在聂耳的心中烙下了深深的印记。在母亲的言传身教下，孩子们都很孝敬母亲，还常常想办法为母亲解忧。

1933 年 5 月 28 日端午节早晨，远在上海的聂耳在给母亲的信中深情写道："我想到您老人家在这大的年纪还在奔波劳苦，实在有些不应该。可是反问一句：在现社会中，能像妈妈这样的女子，数得出几人？"字里行间流露出聂耳对母亲满满的敬仰之情。

1935 年，聂耳不幸遇难，得知消息的彭寂宽悲痛欲绝。1936 年，聂叙伦奉母亲之命接回了聂耳的骨灰，并捎回了上海文艺界纪念聂耳的画报和报纸，让母亲得到了些许安慰。她喃喃地说："守信的路走对了。那么多朋友爱他，那么多朋友喜欢他的歌。"回望聂耳短暂却精彩的人生，这样一位坚毅、善良、慈爱的母亲，不仅在聂耳心中埋下了音乐的种子，还培养了他正直、乐观、善良的品格，让聂耳在音乐和革命的道路上不断前行。

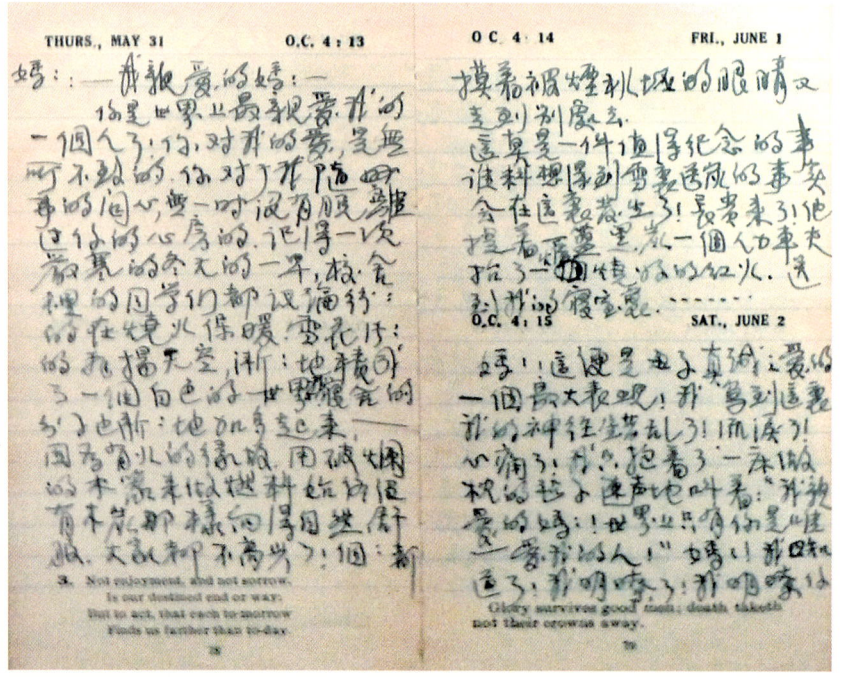

◆聂耳写给母亲的信件手稿

6. 聂家的十一条家规

聂耳在短暂的人生中始终保持着乐观向上的人格,他积极进取又自律自强。这些优秀品质与良好的家风家训密不可分,父母的言传身教起到了十分重要的作用。

聂耳的父亲虽然因病早逝,但生前乐善好施、坚持原则的品格深深地影响着幼年的聂耳。聂鸿仪在玉溪和昆明两地行医多年,经常向老百姓免费赠药,自家不论情况多么艰难,却从未拖欠过别人的钱。聂鸿仪做事坚守诚信,只要是答应过别人的事,不管有多困难都会努力做到,遇到晚上登门求助的病人家属,他也从不拒绝,无论多晚都会出诊救治病人,给孩子取名为"守信"也体现了他的做人原则和对孩子的期待。

聂耳的父亲去世后,母亲彭寂宽独自承担抚养儿女的重担。她不仅在生活方面对孩子们十分关心,对他们的教育也毫不放松。彭寂宽常把小孩子比喻成树苗,她说如果不好好灌溉和培育就会枯死。

彭寂宽说自己总爱看一些"苦书",爱听一些"苦事"。在听母亲分享的一些凄苦故事时,年幼的聂耳听了总是眼眶红红的,常常落下晶莹的泪水,因此也特别能够体贴母亲的辛苦。有一次他对母亲说:"妈妈,我要做一个好孩子,永远也不淘气,好吗?"

为了教育子女,彭寂宽定下了十一条家规:"待人要温和有礼;对长辈要尊敬;爱护比自己年幼的伙伴;要有骨气和志气;不轻易接受别人的钱物;不打人骂人;不说谎;不饮酒抽烟;不赌博;早睡早起;要有远大目标,不只看眼前利益。"她规定家规人人都必须遵守,无论是谁如有违反都要受到严厉的责备。

有一次,聂耳要买书,就当着客人的面跟母亲要钱,最后客人给了他买书的钱。等客人走后,母亲非常严厉地批评了聂耳,从此以后聂耳再也不当着客人的面跟母亲要钱了。

彭寂宽晚年谈起对子女的教育时说:"那时我对他们很严格,不准他们去有钱的亲戚家吃饭。我是穷有穷的志气、劳动有劳动

的骨气,我不让他们羡慕那些'官派'的豪华生活……"在母亲的言传身教下,聂耳从小就养成了艰苦朴素的习惯,十分体贴家里的困难。为了少花钱,他就抄课本来读,还说这样不仅能练字,还能帮助记忆。聂耳从不羡慕其他同学有好看的衣服鞋袜,有什么就穿什么,但特别注重衣服的整洁,即使是补过很多次的衣服,不穿时也总是把它叠得整整齐齐。

聂耳从小热爱劳动,在家总是抢着做家务事,不仅自己洗自己的衣服,还常常把母亲换下来的衣服悄悄洗掉。即便在学习紧张的情况下,聂耳每天放学回家后也总要帮助母亲做家务,以减轻母亲的辛劳。

◆聂耳玉溪故居的雕像

7. 求学昆明师范附属小学

6岁，是可爱又调皮、天真又烂漫的年纪。时至1918年，当6岁的孩童准备入学接受老师的教导，汲取知识的养分时，聂耳已经认得1500个字了，也到了该入学的年纪。

但是，造化弄人，聂耳父亲早逝，一家四口的生活费仅靠身体羸弱的母亲一力承担。对家庭经济窘迫的现状，聂耳看在眼里，记在心里。看着周围的朋友一个个背着书包去学校上学，聂耳只剩叹息和羡慕，虽然内心万般渴望，但懂事的他一直不愿也不忍向被一家四口的生活费压得直不起腰的母亲表达上学的愿望。

当时年仅6岁的聂耳，每天都在是否上学的问题上徘徊挣扎。时间一天天过去，在一天又一天的循环往复中，他这种上学的渴望不仅没有因为被压抑而减弱，反而因为被压抑而增强了。

这种对上学的极度渴望使得聂耳在内心里战胜了对家境贫寒苦楚的顾忌与担忧。他想："为什么所有人都去上学，那说明学校一定是个值得去的地方。那我为什么不亲自去学校看看呢？学校真的有那么好吗？"

终于有一天，聂耳拍拍自己的胸膛勇敢地站起来，鼓起勇气跟母亲说："妈妈，我知道咱家所有的开支仅靠你一人，生活支出都有困难，更不要说花钱读书了，但是，你能带我去学校看看吗？我想去看看学校到底是个怎样的地方。"母亲听完小聂耳的话，瞬间心疼起聂耳的懂事与乖巧，于是不假思索地同意了聂耳的请求，即刻带着聂耳出发，走向昆明师范附属小学。一路上，聂耳蹦蹦跳跳哼唱着小曲，像极了庄稼人久旱逢甘霖，又像渔人雾海中望见了灯塔。

来到了昆明师范附属小学，首先映入聂耳眼帘的便是一群群小学生在操场上做游戏的场景。他们有的在跳"小黄牛"，有的在玩"捉迷藏"，还有的在操场上追逐打闹，跑得面红耳赤、大汗淋漓、上气不接下气的……第一次看到这些生动的情景，小聂耳就被深深地吸引住了，心中那股活泼好动的热火也驱动

着他恨不得立马挣脱母亲的手,跑去和大家一起玩。

但是,就在聂耳即将挣脱母亲的手要跑去和小朋友们一起玩的那一瞬间,他迟疑了:"我不是这里的学生,大家会欢迎我、会和我一起玩吗?"他呆呆地站在原地,痴痴地望着兴高采烈的孩子们。学校里的欢声笑语燃起了聂耳那团渴望上学的火苗。他忽然回过头,望着母亲,小声却坚定地说:"妈,我很想来这里念书。如果你能送我来这里上学,我一定用功读书。"经过了激烈的思想斗争,小聂耳终于还是把这个愿望告诉了母亲。

知子莫若母,生性聪明好学的母亲最能明白聂耳此刻的心情。她想:"他已经到了该读书的年龄了,尽管家里非常困难,但是,绝不能让孩子失学。"她轻轻摸摸聂耳脑袋,柔声回答道:"孩子,多读书才会有出息。只要你好好读书,再苦再难,妈也一定想办法让你有学上。"看着聂耳渴求的眼神,母亲毫不犹豫地做出了承诺,但是,筹措学费的事又让她殚精竭虑。

昆明师范附属小学位于昆明象眼街。学校里有个操场,是学生集会和进行体育活动的地方,环境较好。这所小学属于男校,学校里只有男生,没有女生。另外,学校规定,学生一律都要穿蓝色制服,戴蓝色大檐帽,帽子上缝着一块铜制鸡心形帽徽。

在昆明师范附属小学就读,要缴纳制服费和学杂费,任凭彭寂宽东拼西凑,还是杯水车薪。正当无所适从之际,她瞥见了聂耳

◆昆明师范附属小学旧址

父亲的遗物——八音钟。为了能让孩子读书成才,她只能狠心把这件珍贵的纪念品送去当铺。凑够了钱,聂耳才去报考昆明师范附属小学一年级。

从此,聂耳踏上了求学之路。因为读书机会来之不易,更因为对知识的如饥似渴,聂耳没有辜负母亲对他的殷切期望,也没有辜负老师对他的谆谆教诲。寒来暑往,聂耳从不间断读书的步伐,一直保持笃志好学的态度,各科成绩名列前茅。这种孜孜不倦的求学精神,为聂耳今后越挫越勇的革命豪情埋下了伏笔。

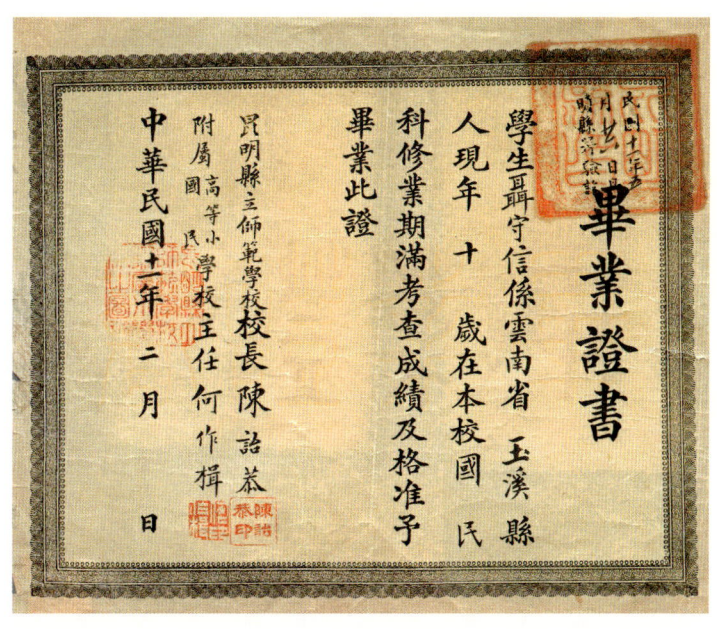

◆聂耳在昆明师范附属小学的毕业证书

8. 对石狮子的好奇

聂耳是父母的"老来子",长得也壮实,手和脚都胖嘟嘟的,脸也像皮球一样圆鼓鼓的,大家都格外疼爱他。

他也是个顽皮的孩子,活泼好动,整天在屋里上蹿下跳、跑出跑进,总有用不完的精力。他那两只炯炯有神的眼睛,充满了对万事万物的好奇心。看到一些新东西,总喜欢反复观察,弄清楚其中的道理。弄不明白了,就去找父亲、母亲解答,时刻体现着一种"打破砂锅问到底"的精神。

家里药柜上的小石狮子四肢微屈,呈蹲守姿势,眼睛炯炯有神,张着嘴巴,嘴里含着一颗可以活动的小石珠。聂耳很喜欢玩这个小石狮子,尤其喜欢玩弄小石狮子嘴巴里的小石珠。每次把玩小石狮子,聂耳总是要思考怎样才能把小石狮子嘴里的石珠取出来。好奇的聂耳总是把手指伸进小石狮子的嘴巴里,想要把石珠拿出来。聂耳想:"我费这么大功夫,这个小石头都拿不出来,它是怎样被放进去的呀,真是奇了怪了!"任凭聂耳绞尽脑汁,最终也是无可奈何。就在聂耳百思不得其解的时候,母亲从聂耳身边经过。聂耳只好抬起头向母亲询问答案。

他眨巴眼睛问道:"妈,这个石狮子嘴巴里的小石头是怎样放进去的呀?为什么我怎么拿都拿不出来呢?"

母亲若有所思地走到药柜旁边,轻柔地抚摸着聂耳的脑袋说:"孩子,你认为,这个小石珠拿不出来,所以,这个小石珠就放不进去,对吧?"

聂耳回答说:"对呀,如果放不进去,石狮子的嘴巴里怎么会有石头呀?所以,这个石头一定是放进去的。既然这个石头是放进去的,那一定可以拿出来。但是,不管我怎么努力,这个小石头也拿不出来呀?妈,你快告诉我吧,这个石头是怎么放进去的呀?"

母亲坐下来,拉着聂耳的小手,宠溺地看着聂耳说:"孩子,你再仔细想想,有没有另外一种可能,这个石头就根本不是放进石狮子嘴巴里的呢?"

聂耳摸着他圆圆的小脑袋陷入了沉思："不是放进去的，不是放进去的……"只见聂耳喃喃自语着"妈，这个小石头不是放进去的，难道是从小狮子嘴巴里长出来的吗？"聂耳疑惑地小声问道。

母亲说："孩子，你想想，这个石狮子是谁制作出来的呀？"

"是石匠做出来的。"聂耳不假思索地回答。

"对了，这个石狮子就是石匠做出来的。"母亲夸奖聂耳说。

"噢，我明白了，这个小石头是石匠放到石狮子的嘴巴里去的，对吧？"聂耳恍然大悟般地说。

母亲笑了笑，说："孩子，你怎么又绕回去了呀？"

接着，母亲贴近聂耳指着小石狮子说："孩子，这个小石珠不是石匠放进石狮子的嘴巴里去的，而是直接在这个小狮子的嘴巴里雕刻出来的。"

"天哪，太不可思议了！这个小石珠居然是石匠直接在小狮子的嘴巴里雕刻出来的，石匠真是太厉害了！"

"因为是直接在石狮子的嘴巴里进行雕刻，所以，刻好以后，自然就拿不出来了，当然了，使用这种制作工艺，需要极其高超的技艺和花费很多的精力和时间。"母亲补充道。

聂耳听后，恍然大悟，瞪着两只大大的眼睛说："石匠师傅的手可真神，竟然能直接在狮子的嘴巴里完成雕刻，而且雕刻得那么活灵活现。那石匠肯定是下了很多功夫的，我要向石匠学习，学习石匠刻苦钻研的精神。"

听到懂事又聪慧的聂耳说完这些话，母亲欣慰地笑了。

◆聂耳幼时的玩具——石狮子

9. 风雪中上学无阻

小聂耳进入了昆明师范附属小学了。小学的课程是图画、手工、体育、唱歌、国文、算术和修身。图画课，主要教同学们画图。手工课，会让同学们做一些手工，例如陶壶等。体育课是锻炼身体。唱歌课上，同学们跟着老师唱歌。国文课识字读书。算术课学习加法、减法，以及算盘的使用。修身课，就是学习培养道德品质的课程。

聂耳的班主任是杨实之老师。杨实之，是一位常常穿着缎面圆花长袍，戴着深度近视眼镜，头戴小瓜皮帽的先生。聂耳他们一年级的课程，都由杨实之老师来教。他对待教学非常认真，对学生的管教也很严格。教室里时常悬挂着一条很厚的木板戒尺。作业书写不认真，在校不遵守纪律的学生，就会被打手心，以示惩罚。在上课期间，不认真听讲的学生，杨实之老师就用戒尺在学生的身上打一板子。学生们都很害怕他，不敢随便偷懒和调皮。同学们害怕杨实之老师的同时也非常尊敬杨老师。

聂耳非常珍惜来之不易的入学机会，在学校遵守学校的纪律，上课认真听讲，从不缺课，从不迟到、早退。课后回家，认真对待课后作业，一丝不苟地完成老师布置的作业。

据聂耳的三哥聂叙伦回忆，聂耳在昆明师范附属小学读书时，有一天一大早，天上就飘起了雪花，阵阵寒风扑面而来，让人仿佛嗅到了一丝冬天的气息。没想到，雪越来越大，很快，地上就覆盖了一层薄薄的积雪。

母亲见雪没有停下来的意思，加之寒风簌簌，就对聂耳说："嘉祥，今天太冷了，不会有人去上课的，你们的老师也可能不去学校，你也不要去学校了吧。你的衣服那么薄，今天又这么冷，你去学校会生病的。"

聂耳回答说："妈，下这么点小雪，就不去学校了，那今天的知识就落下了。不行，我要去学校里。"

母亲再次劝他。

聂耳坚持说:"老师一定会去学校的,是他教给我们不管严寒与酷暑,都要勤奋学习的。我一定要去学校。"

母亲见拗不过聂耳,只得同意他的要求。于是,聂耳顶着寒风,去上课了。

到了学校,果然因为天气太冷,只有三四个同学到了学校。于是,聂耳走进去和他们坐在一起。聂耳对同学们说:"今天太冷了,其他同学都不来了吧。""可能不来了吧,现在还没来,估计不来了。也不知道咱们的老师会不会来。"他们正在讨论的时候,杨实之老师顶着风雪进入了教室。

杨老师拍了拍身上落的雪,对大家说:"同学们,今天下着雪,还刮着风,又这么冷,你们都能坚持来学校上课,你们这种不怕苦的精神非常好。读书是非常辛苦的,就要有这种不怕艰辛,勤奋努力的精神。同学们,坚持下去,你们一定可以取得更大的成绩。"

虽然只有几个学生,杨实之老师还是为他们上了课。在后来的学习生活中,聂耳也一直保持着这种认真读书的态度。在初小学习中,每次考试,聂耳都取得了优异的成绩。

◆聂耳与昆明师范附属小学教员合影

10. 我们是来当兵的

进入了小学第二年，7岁的聂耳非常用功，每天放学回家，就打开书包认真复习功课。遇到不懂的问题，他就问哥哥和母亲。

天有不测风云，因为房东要收回租给聂家的房屋，所以聂耳一家不得不从原来的藩台衙门搬到偏僻的菜场。这里是两间平房，前面是铺面，后面是卧室，地方非常狭小。由于搬迁至此的房屋不是临街房，前来看病问诊的人少了很多。此外，一些贫苦农民前来看病，母亲不仅不收药费，还经常是看了一整天的病，诊金却寥寥无几。加之时局动荡，物价飞涨，家里又陷入了入不敷出的窘境。母亲付出全部精力，也只能艰难维持一家四口的生活。

聂耳兄弟三人眼见家里的情况越来越困难，经过商议，他们决定从学校退学，以减轻母亲的负担。但是，这个提议被母亲坚定地否决了。母亲说："只要你们乖乖念书，好好做人，我再苦再累也是愿意的。不准再提退学的事了。"这件事情以后，母亲再有多大的困难也只会独自承担，不再向孩子们诉说了。

有一天，聂耳看见母亲一个人躲在墙角，身体微颤，时不时地做出用手擦拭眼泪的动作。聂耳猜到母亲一定是在偷偷哭泣，于是走到母亲身旁，手搭在母亲的肩膀上，眼含泪水，轻声问母亲出什么事了。

母亲不愿意让聂耳难过，也不愿意让其他孩子们知道什么，一直不愿说。但是，架不住聂耳的再三央求，母亲终于告诉了聂耳，说："我们搬来这里后，已经欠了几个月的房租了。今天早上房东又来催租了，并且要求我们立即支付。我求了他很久，他才同意最多宽限三天时间，要不然，就让我们搬走。"母亲一边擦眼泪一边如是说。

聂耳了解情况以后，就跑去跟二哥、三哥商量对策："二哥、三哥，我们交不起房租，房东要赶我们搬家，妈妈在那里哭，我们怎么办？"三兄弟互相看着对方，面面相觑，也想不出一个合适的办法。

据聂耳的三哥聂叙伦回忆:"聂耳当时提议,我们还是退学了吧。"可是三兄弟退学,也只能减轻未来家庭的负担,并不能解决当下家庭面临的危机。远水解不了近渴,这个提议很快就被否决了。

经过一番激烈的讨论,兄弟三人拿定主意,出去找工作。两个哥哥认为"聂耳还小,还可以继续读书"。但是聂耳坚决不同意这个方案。当时,二哥13岁,三哥10岁,聂耳才7岁,这么小的孩子,能找到什么工作呢?兄弟三人从南到北、从东到西逛遍了昆明街头的所有商号,都没有商号愿意雇佣他们。兄弟三人只得无奈地往家走,途中经过云南陆军讲武堂。这时,聂耳突然停住脚步,说:"我们去当兵吧,问问他们要不要小兵。"

兄弟三人看着讲武堂门口的卫兵,不免心生惧意。聂耳说:"你们不敢问,我来问。"他们三人径直走上前去。卫兵厉声呵斥:"干什么的,走开!""我们是来当兵的。"聂耳抢先回答。

◆ 聂耳(一排右二)二哥聂子明在昆明结婚时与亲友合影

"你们几个小屁孩,连尿盆都拿不动,当什么兵?快给老子滚开。"三人只得垂头丧气地回家了。

兄弟三人回到家,正在到处寻找孩子的母亲焦急地责问道:"你们三个跑哪去了,一整天都不见你们。我辛辛苦苦抚养你们,希望你们成人,你们怎么这样不懂事?"说着说着就伤心地哭起来了。

聂耳看母亲哭了,急忙解释说:"我们没有去玩。我们去找工作了,我们想减轻家里的负担。没想到,找了一天,人家都嫌弃我们小,不要我们。"母亲听到这话,把兄弟三人搂进怀里,哭声更大了。她一边哭,一边说:"妈妈错怪你们了,不管家里怎样困难我都会努力供你们读书的。你们好好读书,等你们长大了,再去工作,我就很高兴了。"三兄弟表明了他们的想法后,母亲渐渐平静下来,告诉他们房租的事情已经解决了。

原来,母亲向一家亲戚借到一点钱,付了一半的房租,又请求房东同意他们欠下另一半的房租。房东同意了,但要求剩余的房租必须分两次付清。这件事情让年幼的聂耳体会到在社会中生活的不易。于是包括聂耳在内的兄弟三人,在读书的时候就更加勤奋努力了。

◆聂耳昆明故居

11. 实心茶壶的风波

聂耳在读初小的时候，有一位教手工和绘画课的周老师。据聂耳的三哥聂叙伦回忆，周老师高高的个子，瘦瘦的身形，高高的鼻梁，深陷的眼窝，从来没有笑脸，脾气还有些古怪。他常常穿着长袍马褂，戴一顶黑色毡帽，手提一个黑色皮包。

周老师经营着一个画"炭精像"（一种使用炭精作画的绘画形式）的铺子，来学校里上课是兼职。周老师教学非常认真。他虽然要料理自己的生意，但从来没有因此耽误过学校上课的时间。他会做许多手工艺品，也有很高的技术水准。周老师对待学生非常严格，谁的功课做得不好，就要被惩罚，所有的学生都害怕他。

聂耳是班上图画和手工成绩较好的学生，每次考试都在80分以上。因此，周老师对聂耳也比较温和，顶多用教鞭指着聂耳责骂几声。

有一天，周老师在课堂上教大家做茶壶和桃子。他很快就做好了，然后让学生模仿他的做法来做。但是周老师并没有讲解揉制的要领，大多数同学都摸不着头脑。同学们不知道怎样做，但是又不敢去问他，只好照着讲台上放置的样品来做。有的同学把茶壶做成了实心茶壶，有的同学把桃子捏歪了，还有的同学干脆用泥巴团了两个泥巴球就等老师来检查。

周老师检查了同学们的"作品"，非常生气，痛骂学生都是"笨蛋"。有的同学被罚站了，有的同学挨了板子，还有的同学被责骂了……一时间，教室里的气氛非常紧张。周老师走到聂耳的旁边，停下来，用戒尺指着聂耳做的茶壶，瞪大了眼睛，对聂耳说："你的实心茶壶能装水吗？你以往做的手工还不错，今天怎么做成这个样子？"

"老师，我是照着您的样品做的，我以为您做的也是实心的。"聂耳壮着胆子说道。

"胡说，你还要顶嘴！"周老师走到讲台上，拿起茶壶，揭开盖子，递给聂耳，说："看仔细了，我的茶壶是空心的还是实

心的。"虽然,周老师的茶壶肚是空心的,可是茶壶嘴却忘记掏了,做成了实心的。

聂耳赶忙说:"老师,您之前没有给我们讲清楚,也没有让我们看里边,我们都以为是实心的。我再做一个空心的给您。"

周老师虽然明知自己错了,但是被聂耳当众顶撞,有点下不了台面,继而恼羞成怒,举起戒尺指着聂耳骂道:"我没有给你们讲,你们不会问吗?我没有给你们看,你们不会自己看吗?"说着,就朝聂耳走来,要惩戒聂耳。

周老师气势汹汹地朝聂耳走来,吓得聂耳从座位上站起来,赶紧朝周老师鞠躬,并说:"老师,先前我不懂,没有问您,是我的错。您说过不懂就要问。现在,学生做不出来,请您教教我们,好吗?"接着,聂耳又说道:"您做的茶壶只能装水,不能倒水,您的壶嘴也是实心的。"

同学们听到聂耳的话,也才注意到周老师的壶嘴是实心的,同学们哄堂大笑。

周老师闻言,看了一眼自己做的茶壶,赶忙说道:"这有什么好笑的,都给我闭嘴!"周老师狼狈不堪,指责学生,反被"将"了一军,只得抓起一团陶泥又做了起来。这一次,周老师一边做,一边耐心地给同学们讲解制作要领。

经过这一场小风波,同学们重新制作了茶壶,大多数同学都做出了符合要求的作品。周老师一边检查,一边点头。他走到聂耳的旁边,拿起聂耳制作的茶壶说:"这才像个茶壶嘛!"

经历了这样一场风波,小聂耳也明白了一个道理:不懂就要问,不懂装懂可能要挨板子的。

12. 回到峨山外婆家

聂耳一家来到昆明以后,彭寂宽就再没有回过峨山的娘家,外公外婆很想念她,希望她能回家一趟看看。

彭寂宽由于长年的奔波劳累,身体日渐消瘦,越来越衰弱。直到有一天,她突然心绞痛,卧床不起,接着又是大便带血,一连十几天饮食不进,服药也不见效果。在此状况下,母亲觉得自己快不久于人世了,就交代三兄弟,她死后不要借钱买棺材,用一张草席把她包起来软埋就行了,并且交代三兄弟,她死后让三兄弟去投奔亲戚。

看到此情此景,听到母亲交代这些后事,兄弟三人万箭穿心般地难过。天无绝人之路,就在一家子泣不成声的时候,父亲的生前好友,一位姓郭的老中医来了。老中医仔细地检查了母亲的脉搏和心脏后,开了一剂猛药给母亲服下。过了几个小时,母亲从昏迷中苏醒。又经过老中医一段时间的治疗,母亲才日渐恢复,死里逃生。

聂耳一家躲过了一场生死离别的悲剧,重新有了温暖幸福。母亲病愈后,身在远方的聂耳的外公外婆甚是想念母亲,想让母亲回峨山娘家一趟。母亲经历了生死考验,也想回娘家看看很久未见的父母,于是决定回峨山。

其时,聂耳刚从小学毕业,也想利用假期跟随母亲回峨山看望外公外婆。于是,母亲决定把兄弟三人都带回峨山去。兄弟三人非常高兴,尤其是聂耳劲头更足,又唱又跳的,还随口编唱了一首"回外公家"的童谣,来表达他对未曾谋面的外公外婆的思念。

去峨山的道路崎岖,交通非常不便。彭寂宽和三个孩子一行四人,要先坐船渡过五百里滇池。在滇池上划行了一天一夜,第二天清早到达了昆阳县。从昆阳到玉溪还有一百多华里(约合五十多公里)。彭寂宽因为大病初愈,所以乘坐滑竿(一种用竹竿绑扎、两个人扛抬的简易轿子),三兄弟跟在后面走。途中经过刺桐关,地势十分险要,亦是匪徒时常出没的地区。聂耳一行在战战兢兢中加快步伐通过那里,晚上到达了玉溪。

在玉溪住宿一夜以后,第二天,他们又继续赶路。晚上在一个小镇上过夜,店家告诉他们,路上时常有土匪出没,他们要多加小心。听到这些话,势单力薄的一行人都很担心和害怕,大家都在犹豫要不要继续赶路。唯独聂耳想坚持继续前进。他勇敢地站出来,铿锵有力地说:"没事的,我们继续前进吧,只要我们小心一些,路上不要耽搁,不要弄到天黑,就没什么可怕的。"

母亲带着三个孩子继续出发了。不一会儿,他们走的路越来越窄,路两边都是齐人高的蒿草。路窄草深,大家也不由得紧张起来。聂耳看出了大家的担心,顺手从路边的树上摘下一片叶子,就吹起了"玉娥郎"调(一种昆明街头卖笛子的小贩时常吹奏的曲调),大家听着这熟悉的旋律也就舒缓了紧张的心情,不再那么害怕了。

大家在聂耳的"伴奏"下,就要走出小树林时,忽然从树林中窜出几个彪形大汉,挡在路中间。见此情景,大家都慌了,店家昨晚的警告声也在耳边响起。只见聂耳不慌不忙还自顾自地吹奏着他的"玉娥郎",还冲那几个彪形大汉调皮地眨眨眼睛,蹦

◆ 1921年,9岁的聂耳随母亲从昆明篆塘码头出发回峨山外婆家

蹦跳跳地从他们的身边过去了。或许是因为聂耳一行人穿着破烂，又是女人、小孩的缘故吧，那伙人又回到树林里去了。一直走到太阳落山，他们终于走到了外公外婆家里。

外公外婆家住在城镇附近的一个村寨里。这里是少数民族和汉族杂居的地方，傣族比较多。他们的着装和昆明的不一样，口音也不尽相同。聂耳一行人到了外公外婆家。外公外婆看到孩子们回来非常开心。外公彭寿山拿出自酿的甜白酒招待孩子们。聂耳非常喜欢这种饮品。他一本正经地对外公说："等我长大了，我也酿甜白酒，我把最甜的留着让您第一个尝。"有这么孝顺的外孙，彭寿山乐坏了，说："到那时候外公一定要喝。不过，你可要酿好喽，外公已经酿了几十年的甜白酒，好不好一尝就知道了。"

这次去外公外婆家，聂耳兄弟三人玩了很多地方，也见了很多事物。虽然在外公外婆家的时间是短暂的，但这短短的时日里，给聂耳三兄弟留下了很深的印象。外公外婆的慈祥宽厚以及对他们的分外关心，让聂耳更加感受到了亲情的温暖。

◆玉溪峨山县文星街29号聂耳外公外婆家

13. 转学求实小学

转眼间，聂耳已经到了要升高小的阶段了，而此刻聂耳正面临着两个选择，是直升公立的昆明师范附属小学的高小还是转入私立的求实小学高小……

1920年冬天的一个早上，温暖的阳光照在昆明师范附属小学的操场上，毕业典礼正在举行。昆明师范附属小学的校长站在主席台上，对着全校的同学说："今天，大家从初小毕业，很快就要升入高小了，我为你们感到高兴。这届毕业考试的总分比过去历届毕业考试的总分都高，这是你们的光荣，也是学校的光荣！希望你们继续努力，取得更大的进步！"

聂耳是这次初小毕业生中，考试成绩最好的一个。按常理，聂耳凭借着优异的成绩应该可以毫不费力地就直升本校的高小，但是造化弄人，校长接着又宣布了一件让聂耳五雷轰顶又倍感不公的消息："本届毕业的初小同学，凡是参加'童子军'的都可以直接升入本校的高小，没有参加'童子军'的一律转到私立学校——求实小学的高小去。"

听到这番言论，聂耳火热的内心仿佛被浇了一盆凉水一样，因为聂耳并没有参加"童子军"。

他没有参加"童子军"，就没有资格升入本校的高小。但是，参加"童子军"呢？不仅要缝制一套"童子军"服，还要配备一副皮腰带、一根麻绳、一把六开刀、一根木棒和一块领巾。

这一身"装备"不仅数量多，而且门类齐全，最主要的是花费巨大。聂耳深知置办"童子军"的所有装备花费不小，而家里所有的开支仅凭孱羸的母亲一人承担，生活本就拮据，根本无力置办"童子军"的装备。

于是，聂耳没有把"童子军"这一事告知母亲，并且自己决定不参加"童子军"。可是聂耳认为不参加"童子军"就不能直升本校高小这种规定非常不合理。他去找了年级老师，说明了因家庭经济困难，无力负担"童子军"装备的情况。老师们虽然同

情和支持他,但也无权决定,建议聂耳去找校长。

聂耳去找校长说明了情况。然而,校长以上级规定为由,还是坚持必须先加入"童子军"才能在本校升学的规定。但校长表示,如果聂耳同意现在加入"童子军",还是可以吸收聂耳本校升学的。聂耳表达了无法参加"童子军"的现实原因,以及想在本校升学的想法。但是,因未能与校长达成一致意见,聂耳只得愤懑地离开了学校。

在回家的路上,聂耳气愤不已,恨不得把脚下的路踩出一个个巨大的坑。尽管聂耳怒不可遏,可事实就摆在眼前,不参加"童子军"就不能直升昆明师范附属小学的高小,就要和相处了几年的老师和同学分别;然而参加"童子军"呢,家里经济条件又不允许。聂耳回家后,把情况如实告诉了母亲。

母亲温柔地摸摸聂耳脑袋,勉励他说:"读书要靠自己,倒不在乎一定要进哪个学校。学校条件再好,自己不努力也是枉然。咱家没钱让你参加'童子军',你就到求实小学去上高小好了。只要你用功读书,不见得会比昆明师范附属小学的高小差。"

聂耳听了母亲的建议,说:"妈,我明白了。去了求实小学,我一定会努力学习的。"于是,聂耳决定到私立学校求实小学的高小去。在母亲的勉励和自己的勤奋好学之下,聂耳进入了求实小学的高小,继续他的寒窗苦读。

◆ 聂耳就读过的昆明求实小学旧址(现昆明市人民中路文庙)

14. 第一号褒状

求实小学是由热心教育事业的苏鸿纲先生筹资创办的。学校地址在孔庙，没有操场，利用天井和空地作为学生课余活动的场所。学校只收男生，不收女生。学校经费依靠捐款来维持，所以，学校的财政非常困难，经常处于入不敷出的境地。

一些比较富裕的家庭认为求实小学的条件和公立的学校比起来差得太远了，都不愿意把自家的小孩送到求实小学读书。但是求实小学的收费要低于公立学校，对贫苦家庭的学生，或者成绩优异的学生还可以减收学杂费。家庭经济比较困难的孩子，尤其像聂耳这样的孩子来说，是会选择来求实小学读高小的。

1921年，聂耳考入求实小学的高小一年级。由于学习成绩优异，聂耳享受到了减收学杂费的政策。这样，家里不太吃力地就为他筹够了入学的费用。

开学当天，求实小学的校长苏鸿纲先生向新同学介绍了学校的筹办过程、学生来源以及学校的一些规章制度。听了校长的讲话，聂耳深为感动，明白了学校创立的艰辛，也由衷地敬佩苏校长的办学精神。

他暗下决心，一定要在学校里好好读书，不辜负苏校长为教育事业奔走的苦心，也要对得起母亲对他的殷切期望。

聂耳入学后，非常努力地学习，认真完成作业，上课积极回答问题，从不迟到或早退。这一年学校成立了学生自治会，他被选为会长，在班级里还担任班长。

就在聂耳入学不久，孔庙管理方以修缮孔庙大殿为理由，通知求实小学从孔庙里搬走，以便施工，并表示修缮完成以后，学校再迁入使用。为了维持正常的学校秩序，学校就在附近租房上课。但是，孔庙修好以后，管理方出尔反尔，不准学校搬回孔庙上课。校长多次找管理方协调，都没取得任何进展。校长无奈，只得将实情向各位同学说明，并表示，如果校址没办法解决，学校不得不停办。

聂耳听后，非常气愤，当即发表意见："他们这样太无耻了！

不让我们读书，我们绝不能让步，一定要把房子要回来，学校不能停办，我们也不能失学。"他的意见立即得到了同学们的支持，热烈的掌声响彻当场。聂耳号召同学们跟校长一起去跟管理方讨说法。

苏鸿纲校长看同学们如此热情，也大为感动，表示："他们这般无礼，我们是不能容忍的！我们的学校不能停办，大家不能失学。我们一定要把学校要回来！"于是，苏鸿纲校长便让同学们推举了几个学生代表，跟着他一起去找管理方讲道理。聂耳便是学生代表之一。

苏鸿纲校长带着学生代表找到管理方负责人理论，可是，管理方以"圣庙办学有碍孔子尊严"的理由拒绝归还孔庙给学校使用。

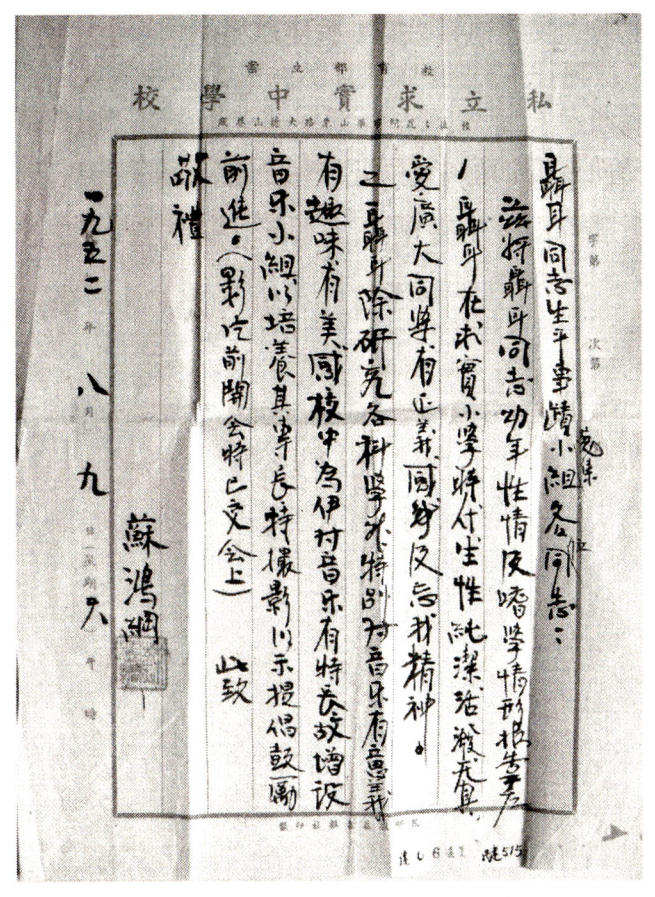

◆求实学校校长苏鸿纲记述聂耳在校时情况的信

他们又转向教育主管部门请愿,也被拒绝。无奈,他们只得走上街头,宣传他们的主张和诉求。

没有地方上课的同学来到圆通寺、翠湖公园等人流量大的地方,把事情的经过告诉市民。他们五六个同学一组,动员市民,争取市民的支持。学校的老师们也加入了同学们的宣传队伍中去。全校师生决定把宣传活动长期化,直至达到目的为止。

随着宣传活动的持续和深入,渐渐地,越来越多的市民都同情和支持同学们。经过一个月的斗争,孔庙管理方怕事情闹得更大,不得不同意求实小学搬回大殿上课的要求。聂耳他们的斗争取得了胜利。

复课不久以后,学校就颁发给聂耳一张奖状——第一号褒状,以表彰他品学兼优以及在这次斗争中起到的带头作用。这是聂耳平生所获得的第一张奖状。这一次走上街头的斗争经历,让聂耳看到了当局的霸蛮和团结群众的力量。

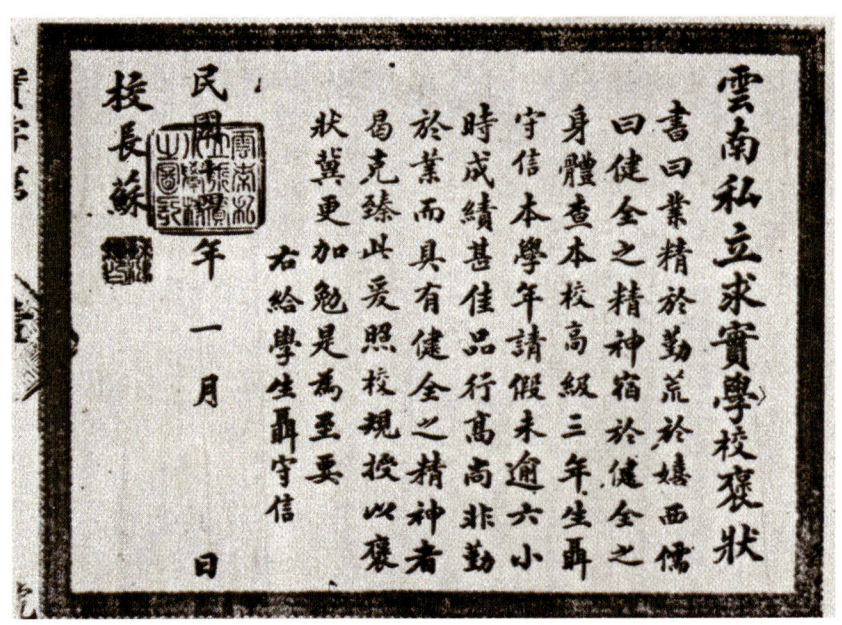

◆ 聂耳的第一张奖状

15. 跟邱木匠学吹笛子

因为房东要收回房屋自住,所以聂耳一家不得不再次搬家。这次,聂耳家从菜市场搬家到端仕街居住。

端仕街是昆明市木器店集中的街道,以制造桌椅板凳为主。端仕街里有一位姓邱的木匠,人们都叫他邱师。邱师是四川人,年纪三十岁左右,还没有成家,性情和蔼,对人温和。他的木工技艺超过了其他所有店家。邱师可以制造比较精致的家具,如梳妆台、衣橱、雕花木床等。邱师每天清早就开店做工,锯呀、刨呀、刻呀,忙个不停。不管如何劳累,每天忙完了工作吃完晚餐后,他总要坐在门口,拿出他的短笛,吹奏一曲,仿佛只有笛声才能带走他的疲惫。邱师吹奏的短笛,虽然音调非常简单,但是旋律非常优美动听。

聂耳家距离邱师的店铺很近,每当邱师吹奏起他的短笛,聂耳三兄弟总会专心静听,尤其聂耳听得最为出神。聂耳说,邱师吹得好听。他常常用简谱把邱师吹的调子记录下来,自己练习哼唱。并且说:"如果我能用笛子像邱师那样吹出这首调子,那就太好了。"于是,聂耳下定决心要去学吹笛子,但是他什么都不懂。他想去向邱师请教,又怕邱师不愿意教他。于是,聂耳决定先自己摸索着学习。

每当邱师开始吹奏笛子的时候,聂耳就走到邱师的家门口,仔细地观察着他的吹奏动作,嘴唇放在哪里,手指是怎样放置的。他把邱师吹笛的口形、用气、指法等都牢牢记在心里,回到家,就拿起向同学借来的笛子,自己练习起来。

一开始,聂耳练习得非常努力,但是根本吹不响。聂耳就照着镜子,观察自己的嘴形是否正确,后来居然可以吹响了。接着,他又练习指法,不久就能断断续续吹出一些调调了。尽管努力地练习,但是诀窍在哪,还是不知道。于是,聂耳决定还是去向邱师请教。

有一天,聂耳主动去向邱师打招呼。没想到,邱师很热情地回应他。原来,邱师常常看见聂耳站在他的门口听他吹笛子,早

注意到他了。

邱师问:"你叫什么名字?"

"我叫聂守信,我家就住在上边。"聂耳如是回答。

"哦,你是上边聂家的娃儿,我们还是邻居呢。你喜欢玩什么乐器呀?"

"我刚学吹笛子,但吹起来很费劲,也不好听。你吹笛子很好听,能教教我吗?"

"我吹得也不好,但是我可以把我知道的都告诉你。"

◆ 聂耳使用过的笛子

邱师就把笛子递给聂耳,要聂耳演示一下。聂耳吹奏了一下,一如既往地费力。邱师仔细观察以后,找到了聂耳吹奏笛子的问题所在,然后把正确的吹奏方法告诉了他。找到了窍门,聂耳努力改正,进步得很快。聂耳学会了吹笛子,回到家还教自己的两个哥哥。在聂耳的带动下,他的两个哥哥也都学会了吹笛子。

他们兄弟三人都学会了吹笛子,每天在家里只要有闲暇时间都会拿起笛子吹奏动听的音乐。兄弟三人一个接着一个地吹奏,乐此不疲。可是,借来的笛子到了归还的期限,聂耳不得不把笛子还给了同学。此后,聂耳只能在邱师家练习的时候吹一吹邱师的笛子。兄弟三人又对音乐异常喜爱,实在经不住乐器的诱惑,于是三人商量后决定把春节得来的压岁钱凑在一起,买了一根笛子和一把胡琴。

有了自己的笛子,聂耳三兄弟再也不愁没有笛子吹了。聂耳学会了吹笛子后,又去向一位小学老师学胡琴,经过勤奋练习,很快也学会了。后来,他又学会了三弦和月琴。他的两个哥哥,也跟着他学习这些乐器。至此,聂耳家的"家庭乐队"已经基本成形了。聂耳的音乐之路也从此开启。

◆ 聂耳的遗物小提琴和六弦琴

◆聂耳学习吹号

16. 求实小学的儿童乐队

为了丰富学生的文娱生活,求实小学经常举行游艺晚会,游艺晚会上经常会演出一些清唱、双簧、乐器演奏等节目。在老师的指导下,同学们自编自导,自排自演。聂耳常常就是这些活动的组织者和积极参与者。因为器乐演奏需要有组织地排练,也需要相对固定的人员,经过推选由一些热爱音乐的同学组成了儿童乐队。这个乐队主要有风琴、胡琴、笛子、三弦和月琴等乐器。

由于聂耳掌握的乐器比较全面,歌谱也熟练,大家就推举他担任乐队指挥。聂耳不仅是乐队的指挥,还是乐队中的多面手,乐队的乐器,他基本都能演奏。当时演奏的乐曲有《梅花三弄》《苏武牧羊》《昭君和番》《木兰从军》等,还会演奏一些流行歌曲。他们的演奏每次都能赢得观众的喜爱。

求实小学在苏鸿纲校长的带领下,在每一个老师和学生的共同努力下,越办越好。为了让社会了解学校的办学情况和学生的成绩,求实小学经常在考试完毕后举办成绩展览会,把各班同学的作业成绩陈列出来,邀请学生家长和一些关心教育事业的社会人士前来参观指导。这一做法不仅改进了学校的教学工作,对于学生还起到了鼓励上进的作用。学校的学生成绩都比较好,有些还很优秀,这些成果深得学生家长和社会人士的赞许,学校也因此得到各方面的大力支持和资助,有了办学资金,便能够维持下去。

1923年冬季,考试结束了,学校照例举办学生成绩展览,邀请学生家长和社会人士前来参观指导。刚巧有一位从边疆来昆明的土司也被邀请来参观。土司认真查阅了孩子们的作业,看着学生们的成绩,露出了欣慰的笑容,并对求实小学的老师和学生们连连称赞,对他们所取得的成绩给予了肯定。随后,他也观看了学校举办的游艺晚会。在游艺晚会上,聂耳参加了"清唱"和"双簧"表演,并指挥了儿童乐队的演奏。这位土司以惊奇的眼光看着聂耳的表演,频频点头,赞不绝口。

后来,聂耳又以学生自治会会长的身份代表全校学生发言。

他首先对学生家长和社会人士给予学校的大力支持和关心表示了感谢,然后他又简短地叙述了学校取得的成绩和存在的困难,并希望学生家长和社会人士可以继续关心并帮助学校克服困难,使学校能够继续向前发展。聂耳的讲话有条有理、声情并茂,感动了在场的家长和社会人士。他们纷纷慷慨解囊,尽心尽力。

土司听了聂耳的讲话,觉得聂耳小小年纪却颇有见识,讲话振振有词,有条有理,演出的"清唱"和"双簧"也那么精彩,儿童乐队的表演更是有模有样。从这些细节不难看出这所学校的教学质量应该是非常不错的,校长和老师应该都是尽职尽责的。这样的学校,应该大力支持!于是,这位土司当场表示,捐助学校400块大洋。对于学校来说,这笔钱极大地缓解了学校经费不足的困难,也鼓舞了师生们的热情。

在聂耳的助攻下,学校得到了土司的慷慨解囊,获到了一笔不小的捐款。这对于学校来说,是一个很大的鼓舞。对于聂耳来说,这也为他以后从事革命活动积累了经验。

◆ 1924年,求实小学校学生音乐团团员与教师合影(前排左二持三弦琴者为聂耳)

17. 花灯和滇戏的滋养

云南花灯,是一种有悠久历史的云南特有地方戏曲。聂耳的家乡玉溪,就是云南花灯最早的发源地之一。经过广大劳动人民一代一代的丰富和提炼,花灯形成了短小活泼、简洁明快、唱词通俗易懂、表演场地随意的特点,深受群众的欢迎和喜爱。逢年过节,昆明街头经常出现花灯演唱队伍,聂耳是最热心的观众之一。

花灯演唱的内容,大多是劳动人民的现实生活,也有民间故事,为广大群众喜闻乐见。在农村里,几乎每个大的村镇都有灯会组织,一些爱好花灯的农民,利用农闲时间参加排练和演唱。同时也有专业的花灯剧团演出,由于当时封建意识很浓厚,女人不能出场演唱,剧中的女角都是由男人扮演。

逢年过节,农村里的花灯业余演员常常组成小型剧团到昆明街头演唱,大家都可以自由地去观看。聂耳也会前去观看,他尤其喜欢这些优美的、有着故乡泥土风味的花灯曲调和民间艺术。

有一天,聂耳一家刚吃完饭,外面传来了演唱花灯的锣鼓声和鞭炮声。兄弟三人急忙就跑出去了。只见十几个农民,有的抬着板凳,有的拿着胡琴和月琴,有的敲锣打鼓,还有一些青年男子化装成女性角色,穿着鲜艳的服装在队伍中模仿着女人的步伐行走。这一队演员,走到一个宽敞的地方,就停下来,放下板凳,就地演出。群众也都围了上来,中间就成了天然的舞台。那天表演的戏目是《小包二接姐姐》。这段男扮女装的表演,在演员惟妙惟肖的演绎下,惹得现场的观众捧腹大笑,也给聂耳留下了深刻的印象。聂耳一边观看演出,一边倾听花灯的曲调。演出结束,回到家里,他就能自己哼出曲调了。聂耳在家里,一边自己哼唱,一边用简谱把花灯的曲调记录下来。这是聂耳现场观看的第一个花灯戏。后来,他对花灯一直很感兴趣,特别是对花灯的曲调颇为喜欢。

滇戏,也是聂耳喜爱的地方戏曲。当时,昆明有两家出名的滇戏院,一家是"群舞台",一家是"云仙茶园"。聂耳家有一

位亲戚,非常喜欢看滇戏,也时常带着聂耳兄弟三人去戏园子里看戏。聂耳对当时表演滇戏的名角栗成之演唱的《空城计》、玉树萱表演的《裁缝偷布》以及李少兰主演的《黛玉葬花》等名篇都非常喜欢。他听滇戏,就能把伴奏音乐用简谱记录下来,不论是用"西皮"伴奏,还是用"双簧"伴奏,或者用"丝弦"伴奏,聂耳都会记录简谱。经年累月,聂耳也能自拉自唱许多唱段了。

聂耳曾自己编过一段讽刺"大少爷"的唱词,描写的是一个大少爷饱食终日,无所用心,过着衣来伸手、饭来张口的寄生虫似的生活,虽然享乐得意一时,但是到头来却落得个无衣无食、沿街乞讨的悲惨结局。聂耳想用这个故事来告诫人们不要做贪图安逸、吃喝享乐的寄生虫。

聂耳的这段创作经历与他小时候被一个有钱人家的小孩辱骂过的经历有关。小时候,聂耳家的附近有一户有钱人,他家的小孩遇见聂耳就叫聂耳"叫花子"。聂耳根据这段经历创作了自己的滇戏作品,可见这件事情在年幼的聂耳心里留下了非常不好的印记,所以聂耳在长大一点后,就将这段经历用戏剧的形式表达出来。

云南花灯和滇戏给聂耳带来了快乐,也让聂耳从云南花灯和滇戏的传统剧目中吸取了非常多的营养,从观看花灯戏中男扮女装的表演,发展到后来聂耳亲身参演剧目并且自己男扮女装的实践,无一不体现出聂耳对于音乐的喜爱,以及传统艺术对于聂耳的浸润。

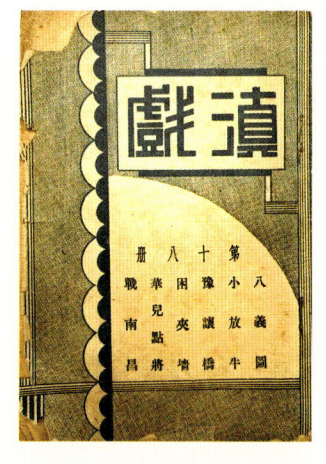
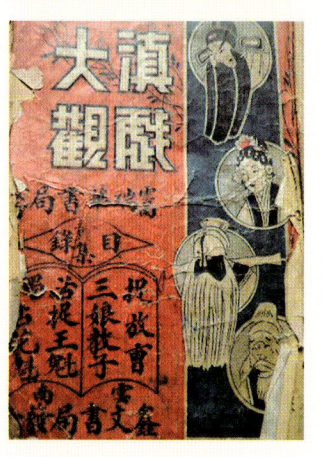

◆民国旧书《滇戏》《滇戏大观》

18. 卖掉心爱的八音钟

聂耳家里有一台八音钟，是家里视为珍宝的东西，更是伴随聂耳三兄弟长大的物件。这是一台每小时都能用简单乐音来报时的钟。年幼的聂耳三兄弟每天清晨都会在八音钟的美妙音乐声中苏醒，在家里时每隔一小时都能听到八音钟的播报。

八音钟负责开启一家人美好而艰苦的一天。这架八音钟，是聂耳父亲聂鸿仪的遗物，是聂耳三兄弟怀念亡父、是母亲彭寂宽纪念亡夫的相思之物。自然而然的，这个老物件就被一家人赋予了别样的情愫，也因此显得弥足珍贵。

这架八音钟不仅是联系父亲和一家人的纽带，还在家境困难的时候两次帮助大家渡过难关。

聂耳六岁，要去读初小时，家里没有钱供聂耳上学读书，但是聂耳却很渴望去读书。自小就聪慧好学的母亲彭寂宽也懂得小儿子的心情，更不想让聂耳错失读书的机会。她想，聂耳已经到了该读书的年龄了，尽管家里的经济状况非常的糟糕，但是，决不能因为没有钱让孩子失学，否则她会自责一辈子。

母亲彭寂宽看到极度渴望读书的聂耳时，暗暗下定决心不管用什么办法都要供聂耳读书。母亲告诉聂耳说："孩子，只要你能好好读书，我一定想办法让你上学，我一定会尽最大的努力保障你的学习。"看着聂耳渴求的眼神，母亲彭寂宽做出了承诺，但是，回过头来母亲又得为没有着落的学杂费发愁了。

在昆明师范附属小学就读，要缴纳制服费和学杂费。母亲东拼西凑，凑到的所有的钱加在一起还是难以支付昆明师范附属小学的制服费和学杂费。于是，这件联系已故父亲和聂耳母亲以及三兄弟的极具纪念意义的八音钟就第一次进入了当铺，为聂耳进入初小置换了学杂费。

聂耳进入初小后，家里经过努力，经济条件有所好转，母亲彭寂宽又将八音钟赎了回来，仍将八音钟放置在八仙桌上。在八音钟的伴随下，一家人开启了忙碌的一天。

到了1923年，聂耳在求实小学的高小一年级升入二年级的时候，因为家庭贫困，又交不起学杂费了。母亲为了筹措聂耳的学杂费在亲戚朋友间四处借贷，借到的钱还是不够支付聂耳的学杂费，这些钱有时甚至会因为应对日常生活而不得不挪作他用。

聂耳看到家里的境况，看到羸弱的母亲因为自己的学杂费而四处奔走借贷，为了减轻家里的负担，便鼓起勇气跑向学校申请能否再次减免学杂费。学校了解聂耳的情况后同意了他的请求，但表示只可以减半收取，这已经是学校最大程度可以做到的了。

尽管只是减半收取学杂费，这对于聂耳一家来说已是莫大的幸事了。聂耳兴高采烈地回到家里，把这件事告诉了母亲。母亲得知消息后感激涕零，但是，母亲还是没办法凑够学杂费。走投无路之际，她只得决定典当八音钟，这是唯一能凑够聂耳学杂费的方法。

孩子们知道妈妈的想法，都表示不同意。

孩子们提议："妈妈，先向亲戚们借一点，慢慢再还吧。"

"已经借过了，还没等给守信交学杂费，钱就被我用来买米了，没米下锅，我也没有办法啊。再去向亲戚借钱，不好开口了。"话未说完，母亲的眼里含满了泪水。"不卖了八音钟，哪有钱供老四读书呀？我好不容易把他供到高小，还差两年就毕业了，再大的困难也要让他读下去呀。现在借钱无门，家里又没有值钱的东西，只能卖了八音钟了。妈对不住你们，也对不住你们的父亲，没有当好这个家，连个小小的八音钟都保存不下来。"说着说着，母亲伤心地哭了起来。

聂耳看到母亲哭了，赶忙走到母亲身边安慰道："妈妈，您别难过。我明白了。八音钟是爸爸的遗物，能保留下来当然好，实在留不下来也没关系。我一定好好读书，长大了挣很多钱。到时候，我们再买一架新的八音钟。很快就要开学了，您就把八音钟卖了吧"。

八音钟卖掉了，家里变得更安静了，聂耳得以继续读书。在这曲折艰辛的过程中，聂耳越发意识到了读书机会的难得，也就愈加奋发勤勉，珍惜这日月时光。

19. 兄弟仨摆摊卖字

母亲彭寂宽在无处筹资的境况下，经过深思熟虑，不得不卖了八音钟，解决了聂耳高小二年级的学费问题，但是还是不能改变家里贫困的情况。聂耳兄弟三人也深知家里的困难情况，从不要求吃好穿好，也从不羡慕富有人家的豪华生活。所以，虽然家境贫困，但是母子之间互相关爱，感情和睦，相处和谐。

年关将至，家家户户忙着挂灯笼、做新衣，准备辞旧迎新，而聂耳兄弟三人身上的衣服鞋袜却破旧不堪了。但是为了不给家里增加负担，也为了减轻母亲的经济压力，兄弟三人在一起商量，利用寒假的时间做点临时工，赚点钱，帮衬帮衬家里。

可是，三兄弟年纪太小，在找工作的过程中连连碰壁，没有一个地方愿意收留他们干活。对此三兄弟异常苦恼，不知道去哪里找份工作挣点钱帮助一下母亲，缓解一下母亲的压力。

聪明的聂耳经过冥思苦想，拍了拍自己的小脑袋，提议："我们可以在临近春节的时候，摆个写字摊，帮不识字的农民代写春联，收点写字费。用这些收入添置新衣和补贴家用。"两个哥哥听完聂耳的提议，直夸聂耳聪明，一致同意。于是摆摊卖字便成了兄弟三人为家里增加经济收入、为母亲减少压力、给自己置换新衣的途径。

在聂耳读高小的后两年时间里，每到寒假，兄弟三人都在昆明市南城的三市街摆摊写字。要写对联让客人买，但是兄弟三人不知道该写什么内容，他们就去昆明的闹市区和城郊的住宅区，挨家挨户地抄写人家大门上的对联，从中选择文句优美的对联作为参考。这样，前期准备工作就好了。

兄弟三人的写字摊终于经营起来了。因为人手充足，顾客随时到，作品随时写，作品当场交付，加之书写工整认真，服务灵活周到，兄弟三人的写字摊很快就受到了顾客的欢迎和好评。

在摆摊这个事情上，聂耳特别地活跃。只要农民来到摊前，不等他们开口，聂耳就主动迎上前去，先请他们坐在摊前，然后

把对联的内容介绍给他们，根据他们的需求进行设计，等农民朋友们满意了，再动笔书写。兄弟三人的服务热情周到，来的农民朋友都能在这里挑选到符合他们心意的对联。

有了良好的口碑，兄弟三人的生意非常不错，从早上出摊到晚上收摊，一直忙个不停。虽然，每年摆摊的时间就集中在过年前的几天，聂耳三兄弟写的每副对联的利润也很微薄，但是到结业盘点时，总的收益还是很可观的。这些收入可以为兄弟三人每人添置一件雅布长衫，还可以给家里添购一些日常生活用品，这对于三个平均年龄只有十岁的孩子来说已经算是一笔不菲的财富了。

孩子们在年关时节挣来的钱在很大程度上减轻了母亲的压力，也缓解了一些因为过年而面临的经济压力，还能匀出一点钱买一些肉，在年三十晚上做几样荤菜，打一场小"牙祭"。母亲也好像看到了一点把孩子培养成人的曙光，连连说："孩子好像长大了！孩子好像长大了！有能力分担家庭的重担了！"

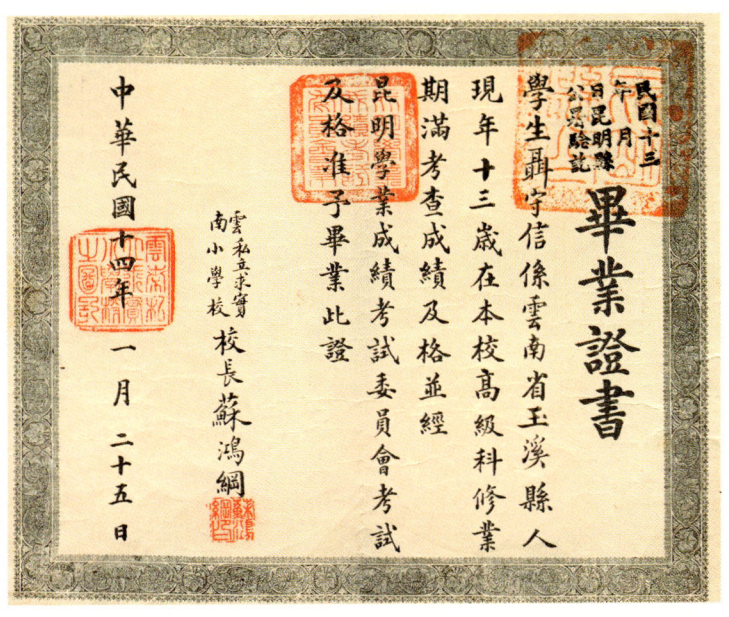

◆聂耳在云南私立求实小学的毕业证书

20. 升入联合中学

1925年，聂耳高小毕业了。毫无疑问，聂耳又一次面临升学后需要缴纳学杂费的艰难问题。

即将在求实小学高小毕业的聂耳又来到了人生的十字路口。这时，摆在他面前的路有两条：一是进入社会工作，二是继续进入中学学习。去工作呢，年纪还小，会做的事情很有限，再加上社会动荡，也不知道去哪里谋个合适的差事。升学吧，中学的学杂费要比小学的学杂费高得多。特别是，进入中学，食宿都要在学校里，要制备一套新铺盖，还要按月交伙食费，家里也没能力供给聂耳读书。虽然聂耳迫切地想要升入中学继续读书，但是经济上的困难又让他望而却步。

思考了很久，聂耳还是拿不定主意。他决定向求实小学的杨实之老师请教，请求老师在这人生的关键时刻为他指点迷津。

"你想继续读书吗？想去哪所学校？"杨实之老师关切地询问。

"成德中学比较好，但是入学后要在学校食宿，每月都要交伙食费，负担太大了。家里没有钱，难以承担这些费用。"聂耳回答说。

"在学校里吃住，肯定会比较费钱。既然经济上有困难，那就不一定去成德中学了。可以报考省十一县属联合中学。这个学校主要招收昆明等十一县属的学生，外县的学生要住校，昆明的学生可以走读，也可以回家吃饭。这样的话，就极大地降低了食宿费的压力。依我看，你可以考虑报考联合中学。"杨实之老师建议道。

"老师，到联合中学走读，虽然不用缴纳食宿费，但是对我来说，单交学杂费，已是一笔巨额开支。看来，上学这条路是走不通了。唉！我还是看看去哪里找份工作吧！"聂耳回答道。

"还是升学好，你年纪太小，做不了什么工作。要不这样，你回去好好准备考试，如果你能考上联合中学，你的学杂费，我先给你出，等你家经济宽裕的时候，你再还给我。"杨实之老师

平静地说道。

听到这话,聂耳的眼眶湿润了。聂耳紧紧地握着杨实之老师的手,激动地说:"老师,感谢您对我的关心,我决定去报考联合中学了。如果能录取了,再向您来借学杂费。不管如何节衣缩食,学杂费一定会归还给您的。"

聂耳看到了升学的希望,赶紧去报名。没想到,联合中学只招收初中一年级的插班生,他有些犹豫了。虽然这样可以节约半年的费用,但是需要通过考试,这个考试的难度还比较大。但是经过再三思量,聂耳还是决定报名试试看。

报名以后,聂耳就在家里认真准备起了考试。每天从早到晚都埋头苦读,认真思考,努力复习。经过几个月认真地准备,聂耳在考试的时候取得不错的成绩,成功被联合中学录取。他向杨实之老师报告了被录取的消息,杨实之老师很高兴,立即借给了他学杂费。于是,聂耳便如愿以偿地去中学读书了。

"一寸光阴一寸金,寸金难买寸光阴。"这句话在聂耳的身上真的是体现得淋漓尽致,进入联合中学后,聂耳不放过在学校的每一分每一秒,时刻抓紧学习,聂耳以及像聂耳这样的一群穷学生们奋发读书,与其他富裕家庭中的阔绰子弟每天相约蹲茶馆的现象形成鲜明的对比。

虽然聂耳学习任务很重,但他从不忘记帮助母亲干一些力所能及的家务活,以减轻母亲的负担。做家务的同时,聂耳也会注意锻炼身体,每天早起锻炼,学习累了就做家务或者散步,做几套"八段锦",搞一搞柔软体操,接着又继续学习,从不浪费每一分钟。正因为如此,聂耳在联合中学中德智体三方面的发展都比较均衡,这也为他青年时期优良的品德、聪明的智慧和强壮的身体得到全面发展奠定了基础。

◆20世纪50年代的昆明第二中学,为聂耳曾就读过的联合中学(即省十一县属联合中学)旧址

◆联合中学校园

21. 积极参加五卅惨案后援会

1925年5月30日,在上海发生了震惊中外的"五卅惨案",随后"五卅运动"在全国范围内爆发。为了支援上海的罢工工人,云南也响应号召,组织成立了"五卅惨案后援会",工人、学生、手工业者以及部分民族工商业者都积极投入这个运动中,从政治上、经济上支援上海工人罢工。

在共产党和共青团地下组织的领导下,昆明市的大中小学校都先后组织了学生自治会,学生运动迅速高涨起来。联合中学的进步师生,通过学生自治会,积极开展支援上海工人、抵制日货的运动。五卅惨案后援会主要采用两种形式:一是举办游艺会,以销售观看票券的方式募集资金;二是组织宣传队,在街头和公共场所,向群众演讲"五卅惨案"的经过,号召大家捐钱,援助上海工人。聂耳就是这次运动中的一个积极的参加者和活动者。

聂耳参加了游艺会演出,他是节目"双簧""清唱"和"器乐演奏"的主要成员。在联合中学学生自治会的领导下,聂耳还和他的同学孙叔明组成了一个宣传小组,在昆明热闹的区域进行宣传活动。聂耳认为,茶馆是一个非常适合宣传的地方,因为茶馆里人来人往,不仅人流量大,人员组成也非常复杂。

聂耳为了在茶馆里达到最佳的宣传效果,往往在宣传活动中加入节目表演。聂耳和孙叔明设计,先由聂耳跳一段黑人的"踢踏舞",把群众吸引住,然后再开始宣传工作。

按照计划,他俩先用锅底灰把脸、手、脚都涂成黑色,扮成小黑人,打着一面"五卅惨案后援会宣传小组"的小纸旗,走进了华丰茶楼。在茶楼里一条宽阔的过道上,聂耳就"噼里啪啦"地跳起了踢踏舞,吸引了许多茶客鼓掌叫好。跳完踢踏舞,趁着大家注意力还集中在他俩身上,他们便开始揭露日、英帝国主义在工厂里屠杀工人的罪行,揭露帝国主义随意杀戮中国群众的罪行,随后呼吁"国家兴亡,匹夫有责",号召大家发扬爱国主义精神,大力支援上海罢工工人,有钱的出钱,有力的出力。

然后，他俩逐桌进行募捐，一边募捐，一边把捐款的数额大声地报出来。当听到数额较大的捐款时，群众都会报以热烈的掌声，这也使得捐款人受到了很大的鼓舞。就在这样一个小茶馆里，他俩掀起了一个支援上海工人运动的热潮，群众纷纷慷慨解囊相助。在结束的时候，他俩还当众清点钱数，请茶客签字证明，然后将款项送交五卅惨案后援会，一并汇往上海，支援受难的工人。这样的宣传活动一连进行了好多次，效果都很好。

在为上海工人进行募捐的同时，人民群众还开展了抵制日货的运动。人民群众在得知日本帝国主义暴虐血腥、惨无人道地对待中国劳苦大众的真相后，对日本帝国主义恨之入骨，越来越多的人自觉不购买日货，不用日货。有些购买了日货的群众，还当众将日货销毁，以表示抗日的决心。

聂耳在支援上海工人运动和抵制日货的运动中，都表现得非常积极，每天天不亮就出门，到了深夜才回家，有时回家吃饭，也是匆匆忙忙。他时常在家里背诵讲稿，为街头宣传做准备。通过这次运动，他对帝国主义的侵略本质有了新的认识，爱国主义思想也在他的心中生根发芽。

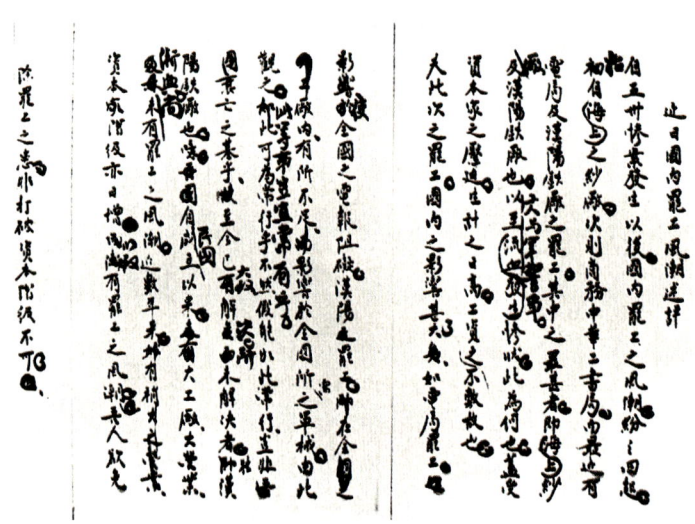

◆ 1925 年，聂耳在联合中学就读时的作文《近日国内罢工风潮述评》

22. 聂耳的英文老师柏希文

进入联合中学后,聂耳更加奋发向上,在努力学习相关课程知识的同时,聂耳渐渐地意识到学习外语的重要性,所以虽然联合中学的功课已经够多的了,但他还是经常在晚上抽出时间去英语学会补习英语,有时也会去基督教青年会去听英语课。在学习英语的过程中,聂耳遇到了英文老师柏希文。

联合中学的学生中有一部分是官宦或豪绅的子弟。他们一到晚间就邀约泡茶馆、看电影、看戏,根本无心学习。像聂耳这样的穷学生们却发奋读书,一刻也不敢松懈。

升入了中学,功课比小学时候要紧张得多。由于聂耳是走读,他每天从家到学校、从学校回家要往返四趟,每天花费在路上的时间要两三个小时。聂耳深感自己的学习时间不够,因此他非常珍惜时间,常常念叨:"一寸光阴一寸金,寸金难买寸光阴。"他每天回到家,一放下书包,就抓紧时间复习功课,认真写作业,一定要把当天学习的内容弄懂,弄不懂的就第二天向老师请教。每一门功课,聂耳都下功夫去研究,所以,聂耳是班级里成绩最好的学生。

聂耳不满足于当下的学习,自己总是抽出时间学习英语,经常去英语学会补习英语。英语学会的创始人是柏希文先生。柏希文,1866年生于广州,父亲是法国人,母亲是广东人。柏希文先生精通英文、德文、法文和拉丁文,也懂中文。他反对帝国主义,热衷于革命斗争,同时也热心教育事业,英语学会就是他筹办的。在学会中,柏希文先生亲自担任教师,为学会师生补习英语。学校的经费请富户捐助,因此对学生的收费很少,对无力负担的学生则完全免费。聂耳就是免收学费的学生之一。

学会的经费由学生选出管理人员负责管理,柏希文先生只领取维持生活的最低工资,有时连买烟的钱都没有。一些富裕的学生有时也资助他,他也不太推辞,但他常常又将这些钱转送给贫苦的学生。他偶尔在家里做一点好吃的饭菜,还要约上几个贫困的同学来分享。

柏希文先生一生未婚，没有家庭，也无财产，一心为教育事业作奉献。聂耳非常敬重柏希文先生，也很关心柏希文先生的生活和健康。有一次，聂耳发现柏希文先生没来上课，就去他住的客栈里找他。原来，柏希文先生患重感冒，卧床不起。于是，聂耳就毫不犹豫地请假去照顾柏希文先生，给他送饭、煨药、烧开水，直到柏希文先生康复。

柏希文先生教学非常认真，讲解也非常详细。他认为学英语要"多读、快读，仔细理解，不要死记硬背"。他解释说，多读英语，就有更多的机会接触英语，就能多角度地理解英语。经常读英文书，也就能接触到更多的单词，经年累月，英语水平自然就提高了。在柏希文先生的指导下，聂耳读了不少英文书，英语阅读能力提升很快。在联合中学的两年半时间中，聂耳就从英语学会的初级班升到高级班了。在学会，聂耳读了《天方夜谭》《鲁滨孙漂流记》等。到中学毕业时，聂耳已经可以流畅地阅读英文读物和进行基本的英语会话了，并且还时常在日记中使用英文。

柏希文先生是无神论者，在讲课中经常会提到达尔文和哥白尼，还时常揭露帝国主义对中国的侵略罪行。柏希文先生知道聂耳爱好音乐，在闲暇之时，还给聂耳讲解乐理知识、教聂耳弹钢琴。这些事情都为聂耳以后的音乐创作奠定了基础。

◆ 1927年2月4日，聂耳的英文日记

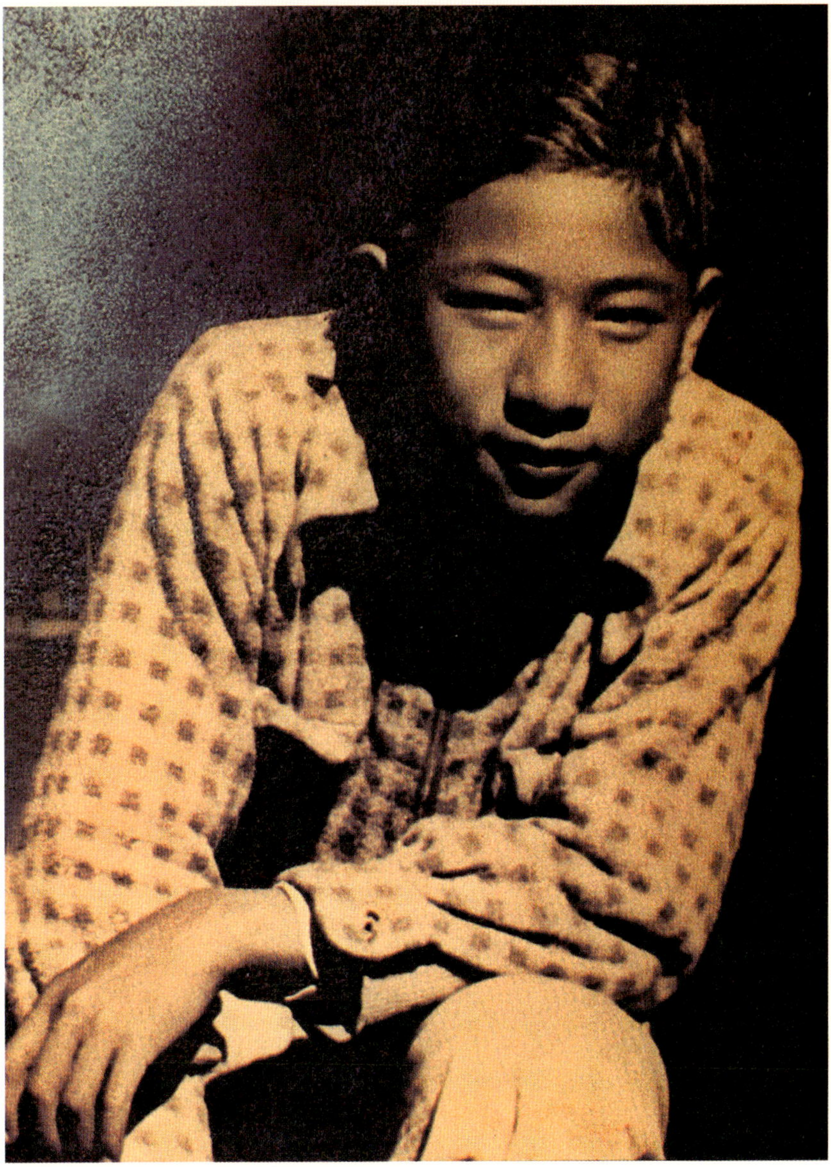

◆聂耳15岁在联合中学读书时的照片

23. 家庭音乐会

聂耳兄弟三人,每人都能摆弄几样乐器,他们经常在一起练习,自然而然地就形成了一个家庭音乐会,聂耳就是这个音乐会的小指挥。每天晚饭后,兄弟三人常聚集在家里合奏一两个小时。这样的活动不仅丰富了聂耳的娱乐生活,还加强了他的音乐素养。

聂耳兄弟三人经常使用的乐器有笛子、胡琴、三弦、月琴和洞箫,表演的曲目有当时流行的《梅花三弄》《苏武牧羊》《木兰辞》《昭君出塞》《山国情侣》以及《孟姜女》等。

家庭音乐会每天晚上都会在聂耳家的临街药铺里上演。乐声响起后,时常吸引路过的街坊邻居,甚至是陌生的路人都会驻足观看,聆听聂耳三兄弟的演奏。乐声停了,人们纷纷鼓掌,有时还有起哄声,要求"再来一个"。邻居和亲友经常称赞说:"这是聂家兄弟的家庭音乐会。"聂耳家的音乐会,主要演员是聂家兄弟,有时也会邀约其他会演奏乐器的小伙伴来参加演出。这时,就更加热闹了,来观看的人也就更多了。他们在群众的要求下,常常是奏了一曲又一曲。

聂耳的母亲彭寂宽也是一个音乐爱好者,更是家庭音乐会的听众之一。她不仅不反对孩子们搞音乐演奏,还支持孩子们这样做。在孩子们演奏时,她为他们烧开水,做后勤。她说:"劳累了一天,坐下来听听音乐,可以消除疲劳,快慰身心。"

聂耳家的家庭音乐会不仅在家里举办,还时常在昆明的西山、圆通山、金殿、黑龙潭、筇竹寺、昙华寺等风景优美的地方举办。尤其是在假期,聂耳兄弟三人常常带着乐器去外边玩。他们最喜欢在月明风清之夜的翠

◆聂耳与三哥聂叙伦在昆明大观楼外堤桥上拉小提琴

湖堤岸上演奏。兄弟三人,一个洞箫婉转,一个三弦清越,一个歌声悠扬……翠湖的水中,倒映出三人的影子,充满了诗情画意。

有一年的中秋节,聂耳在联合中学的两位同学来访,他俩擅长各种民族乐器。他们合奏了几曲,非常和谐。于是聂耳提议:"今晚中秋佳节,月亮也这么明亮,不到翠湖欣赏音乐、欢度佳节,太可惜了。"这时已经晚上10点了,但聂耳还是想办法说服了大家,于是,一行五人来到翠湖边。

到了翠湖边,没想到,游玩的人还不少,有些人还在湖对岸唱着山歌。他们选了一个安静的地方,围坐在一起,时而合奏,时而独奏,时而合唱,时而独唱,引得游人围拢来观看,一直到深夜,游人也不散去。他们几次准备回家,都被游人的"再来一曲"给阻止了。在大家的鼓励下,他们也精神倍增,演奏了一曲又一曲。一直到东方泛起了鱼肚白,游人散去,他们才回家。

在家庭音乐会上,聂耳不仅娱乐了自己,更是了解了劳苦大众的兴趣与喜好,这些经历与经验都在聂耳以后的音乐创作中发挥了重要的作用。

◆ 1928年聂耳全家合影。左一为聂叙伦,左二为聂耳,右一为聂耳二姐

24. 学洋人"吵架"

1927年夏,聂耳从联合中学毕业了,他的成绩又是全班第一。但是,毕业之后又该何去何从呢?继续读高中,家庭经济无力负担,去工作,又干不了什么。聂耳又一次站在了人生的十字路口。

当时的昆明,学费压力小的公立学校只有云南省立第一师范学校一家,报考的人数非常多,被录取的难度也极高。但是,对于聂耳来说,他根本没有选择的余地,即使考取了云南省立第一师范学校,也还要缴纳一笔保证金,以及制备铺盖,这些花费对于家庭来说也是不小的负担。

为了考取云南省立第一师范学校,聂耳专门回到僻静的玉溪老家复习。经过充分的准备,聂耳终于如愿以偿地被云南省立第一师范学校录取了。母亲彭寂宽东奔西走,从亲戚那里凑够了需要的钱。聂耳要去住校,置办铺盖成了一个大问题。兄弟三人一直合用着一床铺盖,总不能为了聂耳住校方便,让两个哥哥在寒风中发抖吧。正当大家为聂耳住校的铺盖发愁时,恰巧来了一位亲戚,知道这件事后,主动提出借给聂耳一套旧铺盖。于是,聂耳入学的问题算是解决了。

聂耳尤其珍惜这个来之不易的求学机会,在学习上极其努力刻苦,分秒必争,毫不懈怠。在云南省立第一师范学校这个清幽雅致的环境里,聂耳时常带上一把小凳子在树下静坐看书,他时而低头锁眉,时而抬头念念有词,尽情地汲取着知识的养料。

聂耳并不满足于课堂上老师教授的内容,在课外时间也是争分夺秒地学习知识。比如聂耳在来云南省立第一师范学校前就有一定的英语基础了,但是聂耳不满足于现在的水平,还坚持在课外阅读英文作品,遇到不懂的问题就向老师请教。对英语的生词、习语,聂耳都认真地用卡纸记下来,随身携带,随时复习,每天都坚持复习好几遍。他还坚持学用结合,秉持学以致用的理念,用英文写日记、作诗,在写作过程中锻炼运用英语的能力,更好地巩固、提升复习单词和习语的效果。

为了锻炼英语会话能力和纠正英语发音,聂耳花了很大的功夫。他认为,学习英语要在平常多练习,在实际使用时才能自然流畅。为此,他不仅反复朗读会话课文,还会把会话内容改编成对话,自己表演。有一天,聂耳的三哥聂叙伦回到家里,还未进门便听到家里传来两个外国男人的争吵声,中间还有一个外国女人也插话。

Dad, Why did you throw away my coat?(爸爸,你为什么扔了我的外套?)

What! You call that thing a coat? What's wrong with you?(什么,你把那个东西也叫外套,你有毛病吧?)

Stop, you guys shut up!(停,你们俩闭嘴!)

I hate you! I don't want to see you anymore!(我讨厌你!我再也不想见到你!)

Don't talk to me like that!(别用那种方式和我说话!)

聂叙伦疑惑地推开家门,见家里只有满头大汗的聂耳一人,便问道:"家里来外国人啦?怎么还吵起来了?"聂耳笑着回答:"我学洋人'吵架'呢!"

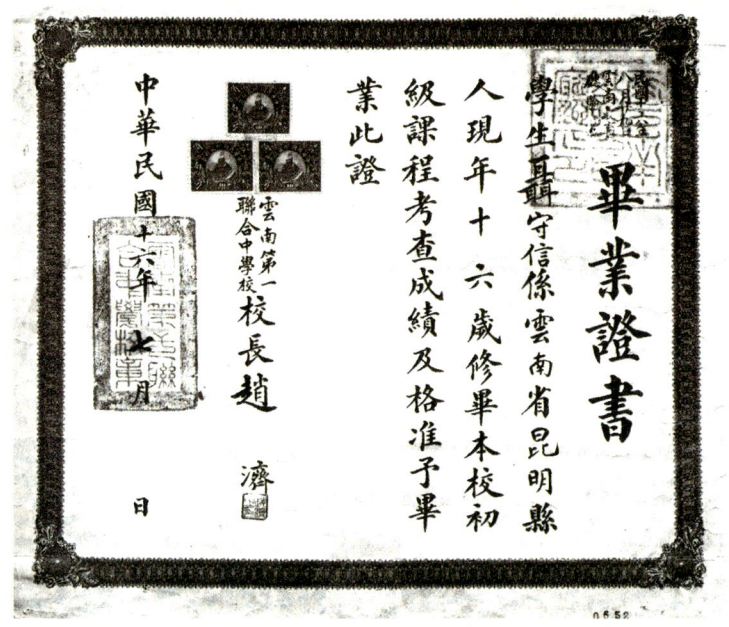

◆聂耳在联合中学的毕业证书

25. 要进云南省立第一师范学校的理由

1927年秋,少年聂耳大步流星走在昆明老街上,奔着回家的方向,一路哼着小曲。他的心情并没有因为叶落的季节而感伤,反倒因为愉悦而激动。这一天对聂耳而言是个值得纪念的日子,他考入了自己心中憧憬已久的学校——云南省立第一师范学校。这是当时云南唯一的公费学校,其前身是云南省师范学堂,于1912年更名为云南省立第一师范学校,校址由五华山迁至清代云贵总督府驻地光华街,即如今的抗战胜利纪念堂位置。

这所学校之所以成为聂耳向往的地方,不仅是因为它作为全省唯一的公费学校,学生的部分学杂费和膳宿费纳入政府财政支出,还在于这所学校是当时云南学生运动的中心。作为深受五四运动影响的少年,受到五四精神的感召,他那颗年轻的心是多么渴望接触进步思想啊!

聂耳在考入这所学校之前,可谓经历了思想上的种种挣扎。最直接的阻碍还是经济上的窘困,生存这道难题早已毫不留情地摆在他的面前。聂耳心里很清楚,这个由母亲一人苦苦支撑的家庭,能让他得以读完初中,这已是来之不易。他看着眼前身体羸弱的母亲,已不敢做过多的奢求,但聂耳内心渴望知识、渴望奔向广大世界的心却一刻也没有停止过。

1927年夏,聂耳初中刚毕业,他的母亲彭寂宽在带着他回玉溪探亲的间隙,便准备给他谋一份职业。返乡途中,聂耳的心随滇池的水上下波动,忐忑不安。他暗自思忖:"是选择继续求学还是直接步入社会?是选择成为对社会更有用的人还是如芸芸众生般了此一生?"经过思想上的反复较量,冷静分析工作与升学的利弊后,聂耳最终选择了升学之路。在当年农历七月初十的日记中他写道:

Ⅰ. 我要进云南省立第一师范学校的理由:
(一)在从前的时候,哪家有一个子弟是读书的,大家都认为是光荣的。现在我们就有三个儿子,两个做事,可以供一个上进深造。

（二）云南省立第一师院学校虽然不是完全公费，但供有伙食。即使不进学校，在家还是要开伙食。计算此项伙食费，每月约计十元，四年即可省四百八十元。

（三）初入校时所缴的费用共十六元。十元的保证金，毕业尚可退还，每年不过六元。假使不进此校，英文是要上的，计算此项学费，每月一元，四年须要四十八元。该校所需用四年不过二十四元，这又可省二十四元。

（四）若果不进此学校，在家闲着，当然是不可能的。去做事呢，恐怕人家说年龄幼了，做事没有经验、把握。假使能有合格的事，还要听候机会，并且哪天能有事还不知道。假使有了合格的事，每月不过一二十日，除伙食零用外，哪里还有补助家庭的钱呢？

（五）进云南省立第一师范学校的外国语组，专门研究英文和选修别的科学，毕业后恐怕有出外的机会。假若不能，最低限度总有一个中学教员的职任。

Ⅱ．我要进云南省立第一师范学校的困难

（一）初入校时需缴若干费用：1.保证金十元；2.讲

◆ 1927年，聂耳在日记中对自己继续上学的可能性和存在困难进行分析

义费四元；3.体育费二元；4.书籍费等。共计二十元。这项费用是最初要用的，现在家庭中一文没有，哪里能缴呢？

（二）省师是一个不能通学的学校①，要迁入学校寄宿，寝具当然就是一个困难问题。

Ⅲ．我要进云南省立第一师范学校之困难的解决方法

有了困难必要战胜，所以有解决的方法。

（一）我们家里并不是常常如此的，总有发展的一天。现在二哥考取邮局，俟有缺时，他总要来传②，最初的一个总是二哥。三哥已经入银行差不多一个月，俟学习期满即可领得薪水。所以第一个困难依我的解决法现在和朋友处暂借一时，以后可以慢慢偿还。

（二）一个人的寝具甚为简单，垫的已经有了，盖的可以向朋友暂借。

以上困难问题依这解决法去做，若做得到就可以进，做不到就不能进。

如此冷静、清晰的规划，很难想象，这是年仅15岁的聂耳所能想得出来的，但事实就是如此。聂耳用他的勤奋与才华创造了无数个奇迹。在玉溪这个山明水秀的环境里，聂耳在舅舅家勤奋苦学，抱着学有所成、改造社会的坚定信念，历经无数个夜晚的挑灯苦战，历经三次考试后，他终于考入了云南省立第一师范学校高级部外语组。

◆聂耳上学期间使用的木制印章"聂紫艺印"

---

① 必须在学校里食宿，不能走读。

② 通知候补者到任补缺。

26. 参加云南省立第一师范学校戏剧研究会

1929年,聂耳在云南省立第一师范学校读书。

此时的云南,是"云南王"龙云的天下,这引起了云南军阀胡若愚、张汝骥的不满。他们密谋发动政变,刺杀龙云,推翻龙云的统治。天下没有不透风的墙,这一消息很快就传到了龙云的耳朵里。为了守住昆明城,巩固自己的统治,7月初,龙云调用牛车将弹药从城外运进城里,储存在北门街的江内会馆中。

7月11日,弹药在运输途中发生了大爆炸,可能是连锁反应,已经存放在北门街会馆内的弹药也发生了大爆炸。伴随着几声震耳欲聋的巨响,整个昆明市的天空随即被滚滚升腾的黑烟笼罩得严严实实,市内的群众也顿时陷入了大混乱之中。大家奔走相告:"打仗了,打仗了""不对,城外向城内打炮了""胡扯,是地雷爆炸了"……一时间,各种猜测、各种谣言也甚嚣尘上,搞得群众人心惶惶。北门街、青云街一带,无数房屋被炸毁,几千人被炸死,上万人被炸伤。

东陆大学、云南省立第一师范学校、成德中学等学校,成立了以共青团员为核心的学生救济组织"七一一青年救济团",聂耳也参与其中。

由于政府救灾安置工作执行不力,灾民的住宿和饮食问题都没能很好地解决。这引起了灾民的极大不满,灾民和青年救济团的成员一起去云南省人民政府抗议,并要求追究事故责任,以及赔偿灾民的损失。龙云政府认为,这是共产党领导的青年救济团在幕后操纵,因此逮捕了几名救济团成员。学生们知道后,群情激愤,包围了关押学生的警察所。省政府看到事态失控了,不得不释放被捕的学生。

之后,省政府为了安抚民心,在陆军讲武堂召开慰问大会。蒋介石的特使李宗黄登台致辞时,台下高喊:"打倒国民党!""打倒蒋介石!"还有人在现场燃放鞭炮。顿时,会场大乱,人们四

散奔逃。慰问大会被迫中断，李宗黄、龙云等人颜面扫地。他们恼羞成怒，逮捕了学生甘汝松等七人，解散了"七一一青年救济团"。三个月后，甘汝松等被枪杀。

甘汝松等同学的牺牲，给昆明的学生运动蒙上了一层阴影。学生运动也随即进入低潮。聂耳无比苦闷。为了驱散内心的苦闷，聂耳将精力都放在戏剧表演上。之后，云南省立第一师范学校以聂耳为中心，成立了戏剧研究会。

当时的昆明，男女分校读书，云南省立第一师范学校是男校，表演这些话剧的女角只能由男生来扮演。但是，男生演女角，难度大，还难为情，大多数男生不愿意扮演女角。聂耳认为，话剧最能起到宣传作用，不管扮演什么角色，都要为这一目的服务。所以，聂耳承担了扮演女角的任务。

11月14日，他们在学校礼堂举行了第一次公演，演出的剧目有：莎士比亚的《罗密欧与朱丽叶》，聂耳饰朱丽叶；丁玲的《莎菲女士的日记》，聂耳饰华宁；郑伯奇的《抗争》，聂耳饰沈小莺。后来还演了焦菊隐的话剧《女店主》，聂耳饰杜九姑；歌德的五幕悲剧《克拉维歌》，聂耳饰玛丽亚。

在表演前，聂耳都会认真领会剧情，反复琢磨，并精心观察和研究女性的思想表情、姿态、动作和言谈等。因此，他的表演

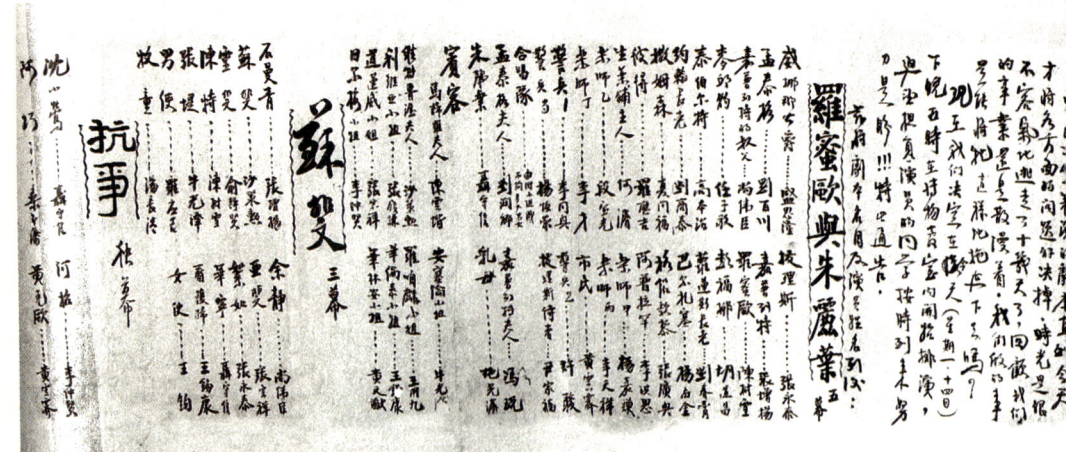

◆ 1929年，云南省立第一师范学校戏剧研究会游艺会通告（含演员表，聂耳饰演朱丽叶）

惟妙惟肖，寓庄于谐。尤其是演出《抗争》时，聂耳扮演的沈小莺被外国兵欺负，全场一片寂静，唯有观众席传出了抽泣声。这些细节，都是观众对聂耳精湛演技的充分肯定。

在这一段革命斗争由高潮转入低潮的时期，聂耳也有了充足的时间把他对戏剧的理解付诸实践，从小时候看名角男扮女装，到自己登台实践追求表演的真谛，都记录了聂耳艺术成长的脚印。

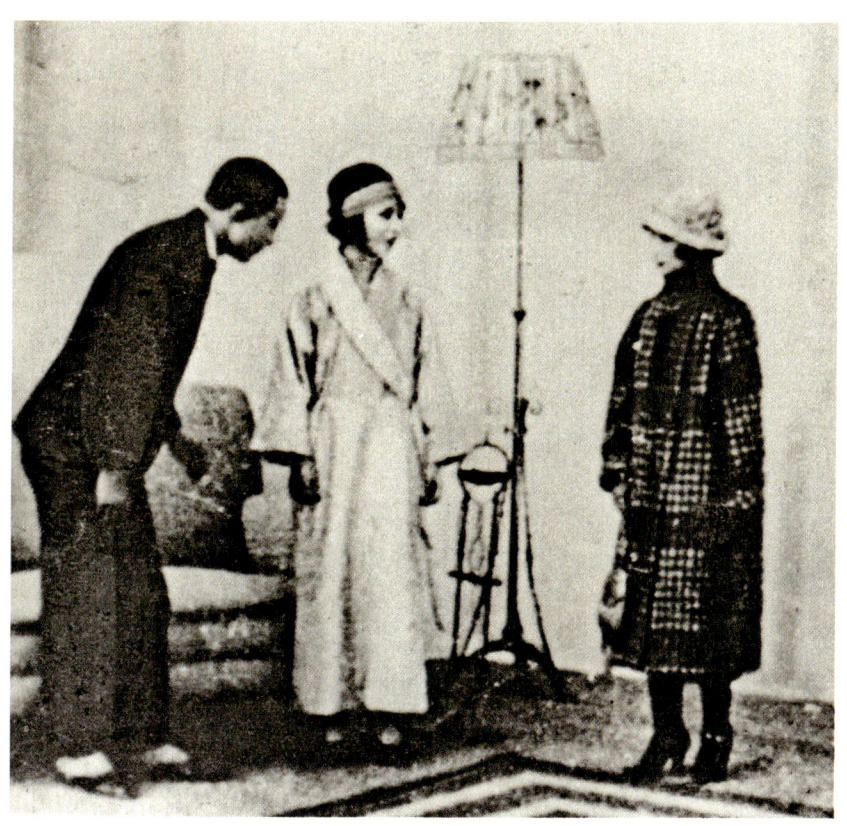

◆ 1929年，聂耳在云南省立第一师范学校戏剧研究会演出歌德话剧《克拉维歌》的剧照，右为聂耳扮演的玛丽亚

27. 与张庾侯的师友情

在聂耳短暂的生命历程中,亦师亦友的张庾侯见证了他的一生,见证了他的家庭、他的爱情、他的音乐天赋、他从纯文艺青年转变成革命文艺青年的历程。张庾侯的帮助也促进了聂耳音乐才华的觉醒。

张庾侯,原名张仓荣,他从云南省立第一师范学校毕业后,就近任职省师附小,当音乐教师。张庾侯与聂耳的相识可谓"高山流水遇知音"。他曾与聂耳比邻而居,家住在昆明端仕街二十四号,离聂耳家的成春堂药铺只隔一间铺面。

聂耳和哥哥们在晚饭后总喜欢在自家药铺里把玩各种乐器,悠扬的乐声时常从药铺里传出来,门外路过的张庾侯每每听得如醉如痴。久而久之,这位同样爱好乐器的率性汉子索性推门进去与聂耳兄弟三人攀谈,他们就此结缘。此时的聂耳还不满14岁。

张庾侯为人热情开朗,仗义疏财,又精通音律,多才多艺,任谁与他相处,必会感到轻松愉快。他在西洋乐器方面的造诣颇高,对聂耳倾心传授小提琴、曼陀林、口琴等西洋乐器的乐理基础知识。后来聂耳能成为赫赫有名的小提琴手,离不开张庾侯的精心指导。

在乐器演奏方面,张庾侯和聂耳也极有默契,在月朗风清的走廊上,在落日余晖照耀下的美人峰顶,在碧绿的翠湖畔,在幽香醉人的玫瑰田里,以及在省师附小和云南省立第一师范学校的校园内,他们都能尽情地合奏,引得路人驻足聆听,久不散去。据聂耳三哥回忆,张庾侯曾和聂耳一起合作创作了《省师附小校歌》,受到了校内外学生们的喜爱,直至今天都还在传唱。这也是聂耳的第一首音乐作品。

除了音乐方面的共同爱好外,他们还会一起阅读进步书籍,一起学习英语,一起为混乱的时局而忧虑。即便后来聂耳东行上海,他们之间也一直进行着紧密的通信联络。聂耳时常会向这位知心友人袒露自己的生活近况,国家危难中的精神抑郁,事业上的明确计划,还有那爱而不得的初恋女友等。在聂耳去日本的前一年冬天,

他们还在上海相聚了一月。令人叹惋的是,这对挚友的这次分别竟成了永诀。

聂耳与初恋女友袁春晖能够得以相爱相知,得益于张庚侯的搭线。此外,通过张庚侯的介绍,聂耳"朋友圈"进一步扩大,除了袁氏姐妹外,还结识了廖伯民、李家珍等一批喜欢音乐的友人。这些朋友为聂耳在音乐道路上走得更加长远,营造了浓厚的艺术氛围。

在晚年,当人们向张庚侯提起聂耳,这位古稀老人默默听着,眼角湿润,但当谈到他与聂耳的合奏场景时,他总会嘴角上扬着笑容,仿佛聂耳活脱脱地就在眼前,他们合奏的旋律正在悠悠地飘荡在翠湖边、西山上、桃花庵里。

◆ 1930年1月26日,聂耳与省师附小音乐教师张庚侯的合影

28. 与艾思奇的总角之交

艾思奇（1910—1966），原名李生萱，云南腾冲人，蒙古族。中国著名的哲学家、思想家、革命家，担任过中央党校校长。他早年留学日本，1935年加入中国共产党。他的一生为马克思主义哲学中国化做出了杰出的贡献，著作有《大众哲学》《哲学与生活》《艾思奇文集》等，主编过《辩证唯物主义与历史唯物主义》。他写过许多通俗易懂的哲学文章，收录在《大众哲学》里。这本书曾被毛泽东称赞为"通俗而有价值的著作"。据说，蒋介石曾认为："一本《大众哲学》击垮了三民主义的思想防线。"因此，人们亲切地称艾思奇为"人民的哲学家"。

艾思奇与聂耳是总角之交。1921年，在昆明市第三国民小学上四年级的艾思奇认识了当时在昆明师范附属小学上学的聂耳，天真烂漫的他们有着相同的兴趣爱好，打球、游泳、演出，还经常邀请其他同学举行小型音乐会。

有一天，艾思奇与聂耳走在昆明的街巷里，路过一家小乐器店，店门口摆放着做工精巧的竹制乐器。聂耳一眼便相中其中一支咖啡色的竹笛，两眼放光，久久不愿离去，脸上尽是渴慕夹杂着无奈的表情。艾思奇看在眼里，他知道聂耳虽然很想买下这支竹笛，但囊中羞涩又不愿意向终日劳苦的母亲开口。为了帮助这位颇具音乐天赋的朋友实现这个小小的心愿，他下定决心积攒自己的零花钱，买下竹笛送给聂耳，给他一个意外惊喜。从这件小事可见，他们之间的友谊可谓是惺惺相惜。

光阴荏苒，岁月如梭，少年时代的艾思奇和聂耳之间的友谊愈加笃厚。这时期，聂耳在音乐上的天分已渐渐显露，但其思想比较稚嫩，音乐对社会的作用他还无暇考虑。他平常听的、演奏的，大多是些哀婉缠绵、格调凄清的传统感伤音乐，如《明妃曲》《寒衣曲》《悲秋》等此类当时流行的歌曲。

这时候艾思奇就直率地对聂耳说："你要是能演奏些振奋人心的曲子，效果一定比现在好得多！"聂耳道出自己的苦衷：

"我也是这么想的,可没有这样的曲子呀!"艾思奇就郑重地提醒他:"你可以自己动手作曲。你要搞音乐,想成为音乐家,你就应该自己作曲,你一定能够作曲。不会作曲,至多是个吹鼓手!"这番贴心的话使聂耳深受鼓舞:"对!我一定要作曲,要做个为中国争光的音乐家!我要谱写振奋中国人的曲子!"

在和聂耳的相处中,艾思奇见聂耳喜欢读书,便常借一些进步书刊给他读,如《新青年》《世界周刊》《呐喊》《彷徨》等,不断向他宣传反帝反封建的思想。在艾思奇的影响下,聂耳的革命意识更加自觉了,革命信念更加坚定了。这一条战线上的密友啊,他们那两颗年轻的滚烫的心贴得更近了!

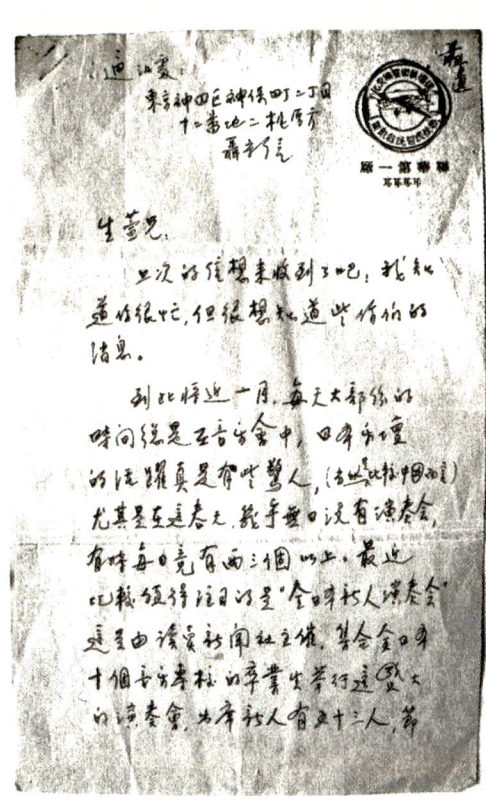

◆聂耳写给艾思奇的信

◆青年艾思奇

29."济难会"秘密探监

1927年，蒋介石悍然发动了震惊中外的"四一二"反革命政变，血腥屠杀共产党员和革命群众，大搞清党运动。处在西南边疆的昆明也顿时被白色恐怖所笼罩，一时间人心惶惶。

在清党被捕的革命者中，有一位在云南省立第一师范学校教化学的段老师，年仅28岁，被捕后便判处死刑。没过几天，又有几位老师和同学相继被捕，其中就有聂耳认识的恩光小学教师赵琼仙（中共地下党员）以及自己的同学陈祖武。中共地下党组织为了救援狱中的同志，开始多方运作，秘密成立了"济难会"。聂耳也参加了"济难会"。组织上综合聂耳的平时表现且再三考虑后，让聂耳以学生代表的身份去探望段老师。

聂耳生平第一次进入监狱。在监狱门口，有个狱警盘问了他的身份，对他进行搜身检查后，便让另一个狱警带他去见段老师。他刚进监狱没走几步，就有一股血腥味扑鼻而来。聂耳感到些许紧张，但他还是装作镇定地继续向前走，往左拐后一排排低矮的房间映入他的眼帘。狱警把他带到正中间一个阴暗潮湿且透着一股股霉味的房间里，让他在那里等候。

过了一会儿，聂耳听到一阵沉重、刺耳的声音向他靠近。在那房间的大柜台后，聂耳终于见到了段老师。聂耳差点没有认出他，段老师的脸上、手上都是深深的淤青，戴着镣铐的手腕上还有斑斑血迹，左脸颊上有一个大肿块。看到这种样子，聂耳心里一阵酸楚，手心也开始不受控制地出汗。聂耳隔着大柜台大声叫道："段老师，我来看看你。"段老师用十分惊奇的目光望着眼前的年轻人问道："你是谁？我怎么不认识你？"

"我姓聂，是你的学生。"聂耳回答道。

"我的学生多，记不清了。你怎么还敢来看我啊？"段老师脸上伴随着浅浅的苦笑问道。

"我带来一斤鸡蛋糕，两块银圆，请老师收下。"聂耳把食品和银圆递给看守员。经过检查，看守员当场把东西递给了段老师。

段老师颤抖着双手接过东西，此刻，他的心情激动不已。他一想到在如此艰难的情形下，自己的学生还敢冒着危险来看自己，便感激得说不出话来。

　　探监时间到了，聂耳只好与段老师告辞。看着段老师离去时刚毅的眼神和佝偻的背影，聂耳的脑海中浮现出谭嗣同的两句诗："我自横刀向天笑，去留肝胆两昆仑。"在组织的安排下，聂耳先后两次去监狱探望过段老师，每次都带给段老师一斤鸡蛋糕和两块银圆。两次探监的经历让他也变得越来越勇敢机智。

　　后来，在党组织的多方营救下，段老师被免去死刑，释放出狱。出狱后，他经过打听了解到，几次冒着危险去探监的学生就是聂守信。他心里暗暗地敬佩这个少年，也为有这样的好学生而感到自豪。

　　随着清党的加剧，对聂耳触动最大的是三位共产党员惨遭杀害，其中就有自己的同学陈祖武和老师赵琼仙，昔日的同学与老师就这样血淋淋地倒在了聂耳的面前。更残忍的是一名凶手走到赵琼仙老师遗体旁边，奸诈地笑着把她的头发揪起来，用刀割下她的头颅；觉得还不够刺激，又拿起锋利的刀对着她的心窝狠狠地划了几刀，掏出那颗还在散发着热气的心脏。一些围观的人认为吃了人心能治病，便发疯似的挤着抢这颗心。

　　聂耳想起了鲁迅小说《药》里的场景。他咬紧牙关，攥着拳头，眼泪不听使唤地滑落着。他胸腔里此时此刻被怒火塞满了，国民的愚昧、反革命政府的残忍，在这一刻他才深有体会。对国民党反动派的愤恨，让他决定要做点实际的事了。

◆ 1925年，聂耳在联合中学就读时写的作文《戏剧为社会教育之利器》

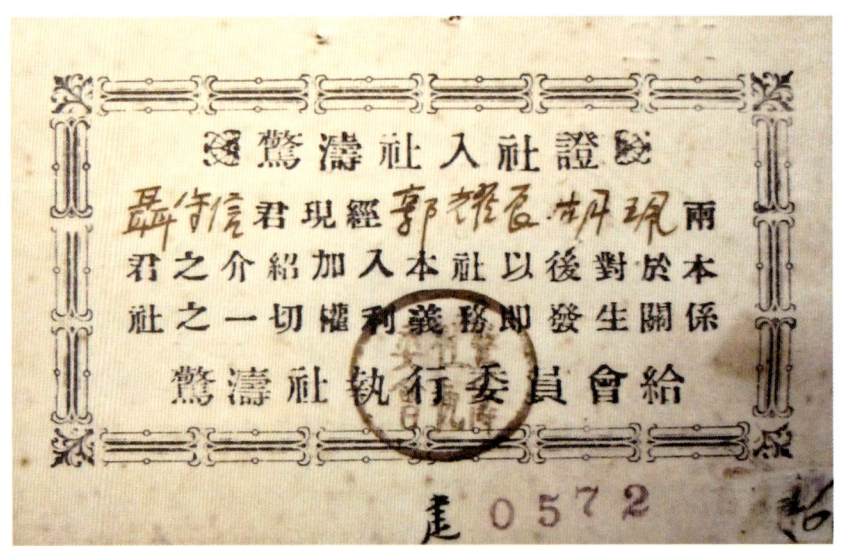

◆ 1927年12月，聂耳参加学生社团"惊涛社"的证书

30. 加入共青团

1927年，聂耳考入云南省立第一师范学校就读后，学习上更加勤奋刻苦，思想上也不断要求进步，还参加了本校共青团的外围组织"读书会"，渐渐接触到了马克思主义。他除了阅读《学生杂志》《小说世界》等进步刊物外，还专门阅读了《东方杂志》的"列宁专号"。聂耳每次看完一本书，总会和进步同学一起讨论所看的内容，由于对书中某个问题的看法不同，有时候他们还会争得面红耳赤。这些进步书籍给聂耳的思想带来了很大的影响。

云南省立第一师范学校是当时昆明学生运动的中心。国民党反动派不遗余力地打入学校内部，破坏学生运动。在反对军阀唐继尧拍卖学校校产和反对国民党反动派枪杀梁元斌的事件中，学校爆发了声势浩大的学生运动。运动的洗礼锤炼了学生的思想，有觉悟的学生纷纷加入中国共产党和中国共产主义青年团。聂耳在他们的影响下，参加了中国共产主义青年团外围组织"读书会"，如饥似渴地阅读了马克思的不少著作，思想觉悟有了明显的提高。他曾经在初中二年级第一学期的一篇课堂作文里，针对当时的罢工风潮，一针见血地指出："欲免除罢工之患，非打倒资产阶级不可！"

打倒资产阶级，就需要坚持马克思主义，这就是前文所述他认真摘录马克思生平的强大动因。打倒资产阶级，还需要积极加入马克思主义的先进组织。这样的机会很快就到来了。

1927年8月的一个傍晚，翠湖边上走着两个行色匆匆的年轻人，是聂耳和他的同学郭辉南。走着走着，他们发现前面有一个穿长衫的人影。他俩加快脚步，赶了上去，与那人走成一排。

"老克！"郭辉南喊道。

穿长衫的人绰号"老克"，是当时共青团云南省委书记李国柱，因他崇敬德国共产党创始人李卜克内西，因此在党内有"老克"的别名。李国柱是中共党员，巧家县人。早前他在云南省立第一中学任图书管理员，后来因身份暴露不便工作，组织上送他到苏

联去,在莫斯科东方大学学习,毕业后才秘密回滇工作。

李国柱听到有人叫他,扭过头来。"老克,这就是聂守信同学。"郭辉南介绍道。李国柱紧紧地握着聂耳的手说:"守信同学,见到你很高兴。你的许多情况我早就听说了,你是一位好青年。你和同学们很打得拢,群众关系好,并且你还有很好的音乐才能和表演才能。希望你更加努力,取得更大的进步!"

聂耳受到很大鼓舞。他表示说:"我什么都很差,还希望您多多帮助我。我看书很少,知识很不够,请您多给指导。希望有一天能够做一个共青团员,这是我最大的愿望!"李国柱点了点头,高兴地说:"很好!你愿意参加工作,我们是非常欢迎的。"为了避免旁人的注意,他们很快就分手了。

在随后的日子里,在严重的白色恐怖和无数革命者被屠杀的血海面前,聂耳立场坚定,经受了严峻的考验。终于,他的入团申请被批准了,他成了一名光荣的中国共产主义青年团团员。从此,他义无反顾地笃信共产主义,投身到革命的洪流中去。

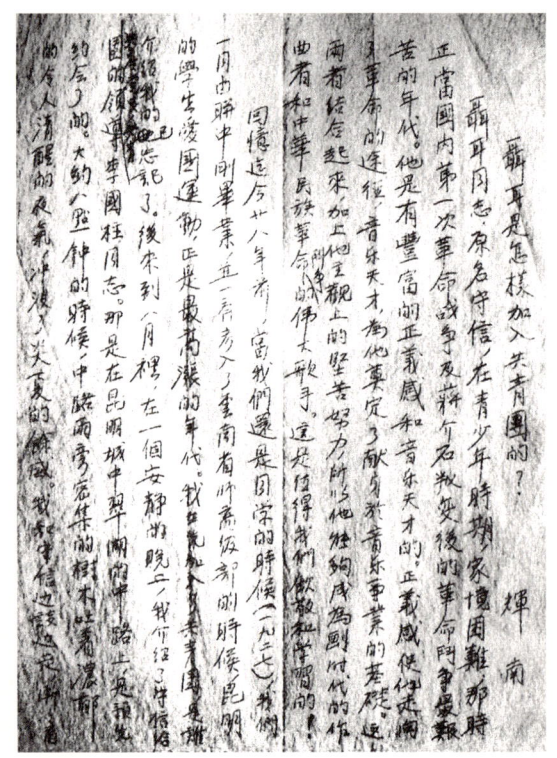

◆聂耳的革命战友和同学郭辉南撰写的回忆文章《聂耳是怎样加入共青团的》

◆聂耳与他的好友、共青团小组长邓象涟合影

31.《我的人生观》之前后

聂耳，在他刹那芳华的璀璨生命历程中，曾写过两篇内容截然不同的同名作文《我的人生观》。

辛亥革命后，国内政局一直不稳，各方军阀对百姓更是苛政猛于虎，早已不堪重负的人民群众，还要承受帝国主义铁蹄的强压，"五卅惨案"便是一个血腥的例子。普通人的生命财产安全已没有任何保障，这就是1925年的社会现状。

这时候的聂耳刚考入联合中学，面对如此令人窒息的社会环境，还没有自觉接受进步思想，没有掌握与恶势力斗争的方法，就产生了人生无意义的想法。于是，初进联合中学的聂耳，在作文本中写下了带有消极的、隐逸念头的《我的人生观》。

在这篇习作中，聂耳表达了自己的人生观不是哲学家的，亦不是科学家的，他希望的是自己大学毕业后通过游历，在学术上有一些研究，而在有几个钱后便来到昆明的西山，买点极清幽的地方，或是在省外找一个山水清秀的地方，约得几个同志，盖点茅屋，一天研究点学问，弄点音乐。不受外人支配也不受政府管辖，如此终了一生。这便是聂耳当时的人生观。老师对其习作的批语是："青年志望宜远大，不宜做隐逸之想。"

在随后的日子里，随着年龄的增长以及对社会体验的进一步增加，聂耳开始体味到了理想与现实的巨大差距，当时的社会环境已经使他无法置身事外，欲隐逸而不得了。他曾经幻想着能长久带上他的竹笛，约上三五好友爬上西山的美人峰顶，走在旖旎的翠湖旁边，走进绮丽的大观楼里，在那些地方时而演奏着他们喜欢的音乐，时而高歌一曲，时而畅谈点诗词歌赋，效仿魏晋之流。然而，不问世事的理想生活终究被残酷的现实彻底打碎了。他在日记中写道："最近一些天只是在谈革命……什么享乐，什么跳舞唱歌，一切一切都过去了！现在只落得一个空幻的回忆。"

1928年，国内各方面的环境可谓恶劣到了极点。蒋介石的叛变、大革命的失败、白色恐怖的盛行，使百姓苦不堪言，一片哀号遍

地的场景布满了中国大地。这时期在云南省立第一师范学校上学的聂耳已经认识了不少进步人士,还接触到了进步思想,成为一名光荣的共青团员。在组织的关怀下,他已经掌握了一些斗争的方法,面对如此民不聊生的世道,他已经变得越来越勇敢,他的人生观也随之发生了改变。

在此阶段写的同名作文《我的人生观》中,聂耳表达了自己对反动政府和反动军阀深深的厌恶之情,希望革除旧礼教,打倒旧社会,建立自由的、民主的、科学的新社会的思想。聂耳作为五四启蒙思想下觉醒的一代,受到当年陈独秀《敬告青年》六条箴言的鞭策和激励。他认为学习工科可以有助于社会的发展,因此他还在这篇作文中写道:"我的个性是很喜欢工业。假使我有升学的机会,我希望入工科。"务实的聂耳并不仅仅满足于此,他还希望自己有机会可以去世界各地考察,带来新思想、新技术等,建立新的社会。他写道:"还有我也希望做一个游历家(并不是鲁滨孙那种个人主义的思想),游历世界一周,由实地考察之所得以建设新的社会。"

从上述两篇谈人生观的作文中,我们清楚地看到了处在不同时期的聂耳对人生观的迥然看法,他已经从一个幻想隐逸世外的少年,蜕变成为一个忧国忧民的"孤勇者"。聂耳不断地修正自己的人生坐标,将个人命运和国家民族命运绑在一起,才使自己日后成长为伟大的、不朽的人民音乐家。

◆ 聂耳在云南省立第一师范学校上学时作文《我的人生观》

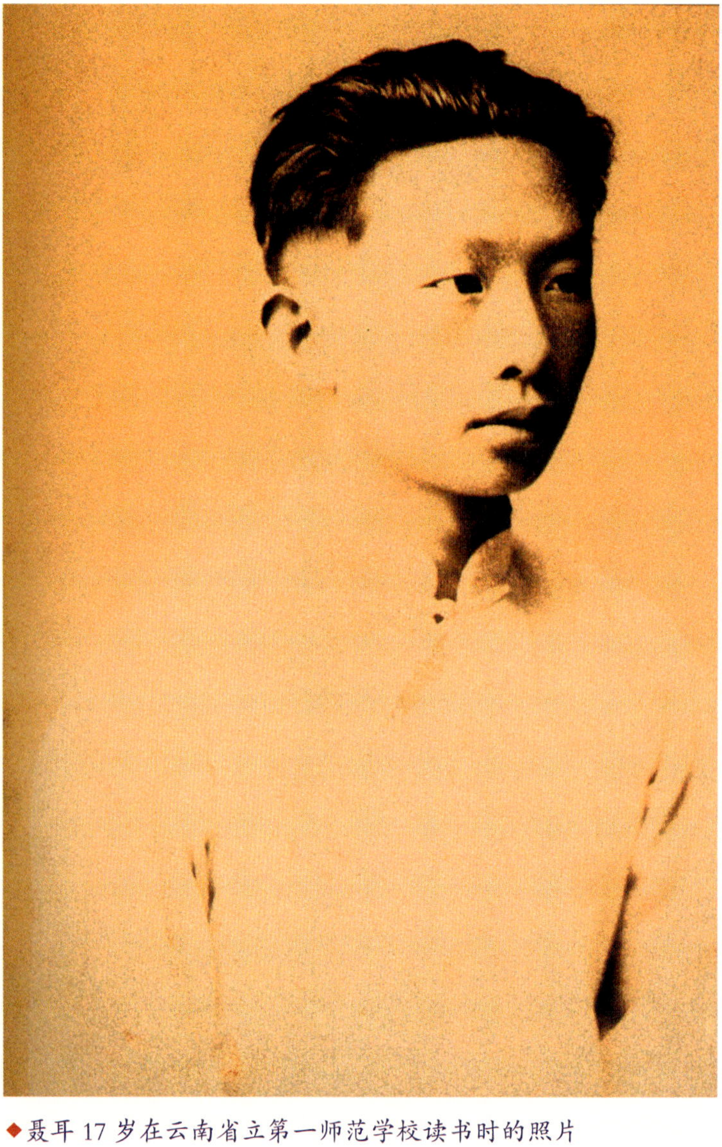

◆聂耳 17 岁在云南省立第一师范学校读书时的照片

32. 创作《省师附小校歌》

迄今为止，聂耳创作的有据可查的遗世音乐作品共计45首，包括《义勇军进行曲》《毕业歌》《卖报歌》《大路歌》《开矿歌》等歌曲36首、民族乐器合奏曲6首、口琴曲2首、歌舞曲1首。按照聂叙伦的叙述，聂耳在1928年投考学生军之前，创作了一首名为《省师附小校歌》的歌曲。

当年聂耳在云南省立第一师范学校苦读时，每日进出学校都要经过昆明师范附属小学旁边。课余闲暇，他时常到附小找张庚侯摆摆龙门阵、切磋音乐。张庚侯与聂耳年岁相仿，刚从省师毕业在附小任教。二人比邻而居，早已是多年的挚友。因张庚侯的缘故，聂耳经常出入附小，结识了一群比较进步的教师。天生幽默感十足的聂耳很快博得了师生的喜爱。附小的同学得知他会小提琴、钢琴、笛子、二胡等乐器，纷纷请他登台表演，聂耳还教给他们一些当时大上海流行的时髦音乐，不过很快他和张庚侯就发现那些格调柔媚

◆ 1928年，聂耳（左）、张庚侯（后）、张铭绶（右）在昆明合影

的流行歌过于绮丽无骨，脱离了救亡图存的时代语境，也不能激励孩子志存高远、奋发向上。

他们觉得附小需要有自己的歌曲，以期培养小学生的责任感和自强自立精神。二人一拍即合，决定立刻分工协作，张庚侯负责作词，聂耳负责谱曲。在创作校歌时，聂耳根据歌词反复琢磨，并在屋里高声试唱，边唱边改，没有几天就完成了。这首校歌，不仅在校内流行，也成了校外学生普遍喜爱的一首歌曲了。

于是，少年聂耳完成了自己人生中的第一首歌曲的创作——《省师附小校歌》。聂耳的同学和朋友只知道他会捣鼓各种乐器，谁也未曾料到16岁的他在作曲方面也有着一鸣惊人的爆发力。此歌格调清扬，旋律明快，语词铿锵，富有朝气。歌的开头写道："同学们，大家起来，锻炼勤苦耐劳的个性。"歌词结尾处有"我们努力！我们前进！"的字样，这不禁让人联想起聂耳在上海谱写的《毕业歌》和《义勇军进行曲》。

多年以后，时为附小学生的李同生回忆说："大约1928年，他与学校的音乐老师合写了一首《省师附小校歌》。这是他歌曲创作的初期作品，曾在省图书馆的学校增刊上面的序言中介绍了这支歌。"

省师附小校歌

张庚侯 词
聂守信 曲

1=F 2/4
中速，有朝气地

| 1 3 | 5 - | 6 5 4 5 | 3 1 | 2 3 2 1 | 7 1 2 3 |
同学 们！ 大家 起来， 锻炼勤苦 耐劳的个

| 2 0 5 3 | 2 1 7 2 | 2 3 1 0 | 6 7 6 5 | 1 5 1 3 |
性， 养成 服务社会 的能力， 造就健全 生活的本

| 5 - | 3 5 | 1 2 0 | 2 3 | 2 1 0 | 1 7 1 2 | 5 3 2 |
领。 我们要学， 还要 能做， 我们 要知，

| 5 3 2 1 | 7 2 | 5 5 | 1 0 | 5 5 | 2 2 0 | 3 4 3 2 |
更要 能行， 我们 努力！ 我们 前进！ 总理

| 1 5 7 | 2 - | 3 6 5 4 | 3 2 1 | 0 5·5 | 2 2 |
的明 灯， 照视着光明， 我们 努力！

| 2 3·2 | 1 1 ‖
我们 前进！

33. 投考"学生军"

1928年的云南，反革命势力猖獗，政局动荡不安。随着国民党反动派对革命者、进步教师以及学生的疯狂镇压，在云南省立第一师范学校就读高二的聂耳早已无心学习。一天早上，还在睡眼蒙眬的聂耳听到了共青团云南省委书记李国柱被捕的消息，这让早就对反动派无比憎恨的他更加怒不可遏。这时候的聂耳只想远离故乡去寻找新的出路。

恶劣的社会环境使聂耳变得抑郁了，他越来越沉默，他实在一刻也不想在这里待下去。有什么法子可以减缓自己的苦闷呢？在看了不少进步书刊后，聂耳逐渐产生了去省外学习或者谋取职业的想法，他认为当时一些进步人士即使没留过学，那也是行过万里路见识广博的人，自己虽无法担负去国外的费用，出省却还是可以考虑的。这种想法，聂耳多次向兄长流露过，奈何他三哥只把他的话当作发牢骚，当作开玩笑，并不以为然。

1928年深秋，驻扎在湖南的国民革命军十六军来云南招"学生军"。军长范石生是云南玉溪峨山人，在云南陆军讲武堂学习期间与朱德成为同窗好友，他后来还多次帮助朱德领导的红军队伍化险为夷。由于范石生反对过蒋介石，又与朱德率领的红军有过患难之交，因而当时的进步青年和学生们一般都认为十六军是一支有革命倾向的部队，所以十六军在云南招"学生军"的消息一出，几天之中报考人数就达到了两百多人。

已经报名且被录取了的聂耳有

◆ 1929年，聂耳从军时佩戴的军官教导团徽章

点迟疑了。他从来没有出过远门,没有离开过供养自己的故乡,没有离开过自己温馨的家庭,也没有远离过那些可爱可敬的朋友,最让他放心不下的还是那个体弱多病的母亲。如果他真的走了,那茫茫的前方啊,不知道他这只孤雁何年何月才能归巢与他们相聚,也有可能永生都见不到了。他清楚地知道,那个年代的军人从事的是多么危险的一种职业啊!

可是他想,如果他不走,这个令他郁闷的环境就要吞噬掉他的人生理想了,他可能就要蝇营狗苟了此一生。很多个深秋的夜晚,他躺在床上辗转反侧,"走"与"不走"一直令他犹豫不决。1928年11月30日的清晨,聂耳在宿舍知道了他的舍友李云龙等一些同学要走的消息,心想:"别人都有追求自己梦想的勇气,难道我就没有?男子汉大丈夫志在远方,干大事就不能拘于小节。云南不是我在的地方,我宁肯牺牲一切也要离开这里。"

次日,天刚破晓,月亮还没有完全落下去,聂耳瞒着家人,在朋友邓象涟的相送下,与一批投考"学生军"的同学坐上了火车,既忐忑不安又满怀希望地奔向新的生活。当时从昆明去湖南要先乘火车由滇越铁路到越南海防,再搭轮船到香港、广州再转湖南。这一路上的经历,让聂耳由开始时的兴奋逐渐变得越来越落寞,可谓是历经了世间百态。

一路上饥寒交迫不说,还遇到了几件令他很气愤的事。先是经由滇越铁路时遇到了法帝国主义的狗奴才欺负中国人,后"学生军"在从越南到香港的轮船上被以最低等乘客来对待。到湖南郴州时,聂耳看到了新兵的惨状,而且这里还是一个极其偏僻又落后的地方,发展程度还不及当时玉溪的二十分之一。但当时聂耳依然怀着对未来美好生活的信念,他在写给哥哥的信中说:"你不要以为我是消极,我并不消极的。我的英勇,我的热血,还是继续地沸腾着,决意向着光明前途上走去。"

随着对新兵队认识的增加,聂耳深刻地感受到了人间的不平等和下层劳苦大众生存的凄凉,这给他今后的音乐创作积累了更多的素材和灵感来源。

◆ 1929年，聂耳在湖南军营写的日记

◆ 聂耳把马克思生平抄录在笔记本上

34. 一件令聂耳毕生难忘的事

"血染南溪河，尸铺滇越路。千山遍白骨，万壑血泪流。"这首诗便是对当年修筑滇越铁路情景的真实写照。

一件令聂耳毕生难忘的事就发生在这条铁路上。1928年冬，聂耳瞒着家人考取了范石生将军所在的国民革命军十六军的"学生军"后，便与家人不辞而别，仓促地乘火车离开了昆明。

在行经滇越铁路的途中，一个阴晴不定的冬日早晨里，当聂耳和四十多位"学生军"在阿迷州火车站等候发往河口的那趟火车时，和聂耳同行的一个同学神色匆匆地从他右手边跑过来，撞到了几个行人的肩膀。那个同学都顾不上道歉，嘴里直喊道："守信，出事了，出大事了！那边有一个可怜的小女孩，她的双腿被车轮碾断了。"聂耳和同行的几个人感到很吃惊，立马跟着那个同学跑到事发点，只见一个十岁光景、衣着褴褛的女孩躺在一片血泊之中。这个可怜的女孩，她的双腿从膝盖以下都被碾断了，地上只见破碎的骨头和血肉，血肉模糊的，已经分辨不出哪里是脚掌了。

小女孩痛苦而绝望地号叫着："你们哪个有刀或枪可以快些地把我杀死，我受不了了！哎哟……"听着小女孩的哀号，旁边不少人已潸然泪下。这时，已有人下去把小女孩抱到了站台上。

聂耳的心里一阵阵酸楚。他向周围的人打听这件事情的始末，了解到这小女孩是当地穷苦人家的孩子。她家里非常贫穷，懂事的她为了减轻家里的负担，每天从阿迷州到小龙潭去拾些碎煤炭到城里卖，但那少得可怜的几毛钱收益让她根本买不起车票，她只能偷偷地搭一段便车。以往的列车员对此都习以为常，十分可怜这个小女孩，佯装没有看见。然而就在今天，她和往常一样拎着破烂的竹篮，敏捷地跃到火车踏板上，正准备拉着扶手往上攀时，从车内走出了一个矮小猥琐的越南人，他手持红色信号旗，穿着法国制服，一脸皮笑肉不笑的模样，二话不说大骂一声后，就把小女孩猛推了下去。小女孩正好摔落在了两条火车铁轨拔车的交点上，她还没来得及爬起来，火车就从她腿上碾压过去……听到

这里，聂耳紧紧地攥着拳头，大骂道："妈的，法帝国主义的狗奴才，总有一天要向你们讨回这笔血债！"

就在这个时候，聂耳乘坐的火车鸣响了汽笛，而小女孩周围也聚集了一群人，正帮助她止血。他只能哀怜地看了一眼躺在地上的无辜者，便转身上车去了。聂耳回去后，原原本本地在日记里记录下了这个令他印象深刻的、触目惊心的场景。

在之后的日子里，这件悲惨的事情总是在聂耳的心头久久萦绕，悲愤之情促使他后来根据这件事创作了一篇题为《碎煤》的短篇小说。可惜这篇小说未能保存下来，此惨状也促成了聂耳音乐中隐含着的悲慨之声。

◆ 1929年，聂耳在广州与十六军军官团的友人合影

35. 脱离新兵队

1928年12月15日,聂耳所在的"学生军"队伍经过数十天的长途奔波后终于到达了湖南郴州。

一下车,看着眼前的景象,大部分新兵开始偷偷抹眼泪,有些新兵表示后悔参军了,嘟囔着要回去。他们的确是该难过的,当他们从繁华的广州出发的时候,他们以为再坐几小时的车便到郴州了,可坐了一天又一天、一夜又一夜,还是没有到达。此时疲惫不堪又饥寒交迫的他们心想或许到了郴州就好了。

整整坐了六天的车后,他们终于到达了理想中的目的地,可看到眼前的一切,他们的心里终究还是感到了凄凉。这里的军营破败不堪。一路走来,郴州更是地处偏僻之处,交通又极其落后。在聂耳的眼里,这里的发展程度还不及玉溪的二十分之一。新兵心里普遍都在想,如此偏远的地方,能有什么发展前途?可是情绪冷静下来的他们,还是寄希望于这支军队。他们心想,只要踏踏实实、勤勤恳恳地干,总有一天他们定能大展拳脚。这样宽慰了自己一番后,大家心态逐渐好了些,又开始有说有笑了。

经过两天的休整,部队里给这些新兵每人发了一套制服和油布雨衣、皮带、绑腿等物资,他们满是兴奋地期待着自己的军旅生活。但没过几天,他们还是对军营的生活深深失望了。

当时正值寒冬,但新兵的生活待遇却没有改善。他们居住的屋子阴暗潮湿,捉虱子更是一件稀松平常的事。生活的困苦继续延伸,吃不饱穿不暖是常有的事。为了填饱肚子,大家经常到厨房争抢锅巴吃,其场面像极了匪兵抢劫现场。此外,大家穿的衣服、用的被盖都很单薄,躺在床上几个钟头过去了,脚掌也很难暖和。在这样的情况下,他们还被要求每天出操,并认真地完成那些高难度的动作,但凡有一点跟不上或不达标,便要受到教官的惩处。

在如此环境下,几乎每天都有逃营的新兵。那些逃兵若被抓回来,不是被打死,便是被打残。经过了十天的新兵生活后,聂耳渐渐地明白了,这根本就不是他们想象中的革命军队,而所谓

的新兵也不过是军阀之间争权夺利的炮灰。茫茫前途，何处才是理想之地？聂耳感到很是苦闷。他选择了和朋友倾诉，于是大家产生了脱离新兵队前往江西的念头，但苦于去江西没有出路，只能求助于几位老乡军官。

在这里，聂耳平常用才华、用善意积累起来的人脉发挥了极大作用。当时新兵队驻在宪兵队里，宪兵队队长毛本芳正好是聂耳的玉溪同乡，与聂耳相识于玉溪青年改进会。另一位分队长张树义，是聂耳高中同学的朋友。还有军官柳恒藻、冯元庆等。他们都是云南玉溪老乡，都非常关心聂耳的前途问题，为其出钱出力。在各方努力下，聂耳终于在1928年12月26日离开了新兵队，调到十六军一三七团二营六连担任文书上士。

聂耳对这份工作并不满意，只当是权宜之计罢了。一时找不到更好出路的他迷茫了，他的心情抑郁到了极点，犹如郴州连绵不断的冷雨般看不到尽头。失望的他在日记中写道："冰雪森严的冬天早已摆在面前。我已知道我的事业，我的希望，都同冬日的积雪遇到日光消融了；夏日的游丝，遇到罡风飘逝了。以前的一切希望，现在只是投入失望的海底"。他当时给家里写的信，也表露了自己的心理状况，他认为自己不过是孤雁，所谓的理想也只是骗人骗己罢了。冷静下来后，聂耳准备投考上海的公费学校，但部队里驳回了他的申请，这又一次令聂耳失望了。

不久，随军在广州的聂耳听到了十六军军官团被编遣收容的消息，他认为这是一次好机会，只要能进入军官学校就还有发展的希望。聂耳多方努力后见到了范石生将军，拿到了保荐信。

36. 投考广东戏剧研究所

1929年3月上旬，在得知范石生将军部队不日将启程南行赴粤的消息后，聂耳独自在练兵场沉思良久。

回首过去的100多天，自己瞒着可怜的老母亲如脱缰野马一般加入范石生将军的部队，曾希冀着铁马金戈的军旅生涯，一路颠簸着翻山越岭、漂洋过海，这才晕晕乎乎到了湖南郴州驻地。行军途中拾煤小女孩被狗腿子推下火车压断双腿，那生不如死的泣血哀号实在让人悲愤难当；军营里缺衣少食的窘境，以及诸多不合情理的草菅人命的军法，再次让他怀疑投笔从戎的选择是不是来错了地方。冬春换季，湘南淫雨霏霏，聂耳的心也如那潮潮的发霉天气，压抑苦闷了好久。

终于时来运转，部队即将挪位。想到参军三个多月仍寸功未立，还蹉跎了本该在云南省立第一师范学校苦读的大好年华，他决定先试探着一步步走走，看看能否换一个环境，学点真正的"实学"。恰好得知上海某公费学校招生，事不宜迟，他即刻给十六军军部写了一份申请，期望军部能允许并推荐他到上海投考深造。军部很快给了回复，可批文立刻泼了他一盆凉水——现在缩编在即，关于该员到沪修学事，俟缩编后再为决定。第一个如意算盘就此夭折。

先头部队开到广州不久，十六军军官团就地被当局编遣了，暂时收容在第八路总部的军官学校。聂耳认为广州是北伐大革命的摇篮，黄埔军校更是无数中国血性男儿梦寐以求的军事学校，到羊城暂住未必不是一次机遇。但聂耳的如意算盘再次落空了。第八路总部的这个军官学校有个不成文规定，仅收容部队在职编遣的军官。聂耳虽然就学历和才华而论可谓出类拔萃，又得到有关长官的极力保荐，但他不属于在职军官，未被接纳，只能做遣散处理，发给75元的遣散费。以军官身份为跳板投考黄埔军校的将军梦就此湮灭。当年的4月9日，聂耳即由军官学校搬到了广州街头一家便宜的客栈，草草结束了极不如意的军旅生涯。

上述两条道路行不通，聂耳在广州又无依无靠，想回家抱着亲人痛哭一场又觉得不甘心，一度悲从中来不可断绝，陷入了深深的彷徨苦闷之中。到上海报考公费学校吧，路途遥远，这点遣散费恐怕难以为继，且没有必胜的把握；若是留在广州等考张惠良先生创办的航空学校，又得等好几个月才招生。

正走投无路之际，报上一则醒目的招生简章令聂耳顿觉眼前一亮，仿佛从天而降的救命稻草。聂耳捧着报纸读了一遍又一遍，一边看一边展颜欢笑，原来是广东戏剧研究所附设的演剧学校在城里招考公费生，更为重要的是该学校不限地域籍贯，不看出身阶层，凡有真才实学通过初试者一概欢迎。聂耳阴郁已久的心情总算射进了一抹金色的阳光。一来搞戏剧符合聂耳的志趣，二来公费入学省去了家中负担，三来该剧校由大名鼎鼎的戏剧家欧阳予倩主持。于是乎他化名聂紫艺，火速报名参加考试，凭借过人的艺术功底和文笔天资，如愿以偿地被剧校音乐班录取。

聂耳常说"理想是直线，但事实是曲线的"，命途多舛的他仅仅过了一天的剧校生活即拂袖而去。他在日记中写道："事之出人意外谁又知道呢？我头天迁入学校，第二天就迁出学校，原来这学校是一个造就广东戏子的机关，所学的就是广戏和京戏。所谓音乐班就是学广戏锣鼓、丝弦，你想我怎么能插足在这里呢？这时我钱也没有了，一切远大的希望也不敢想了！……只有决定回家的主意……"

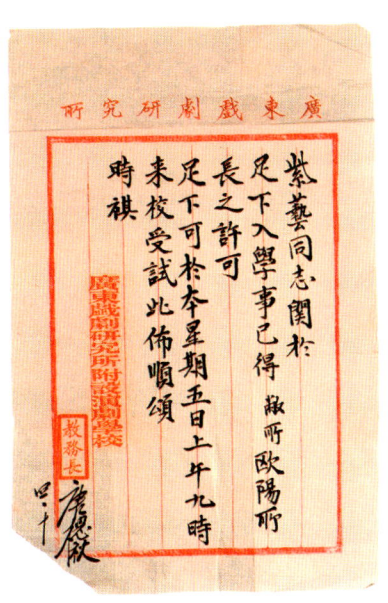

◆聂耳报考广东戏剧研究所的录取通知书

37. 重返云南省立第一师范学校

1929年5月6日,饱受千磨万险几乎死里逃生的聂耳,终于在同乡教官阮守诚的资助下由广州返回昆明家中。此时此刻的聂耳刚过十七岁生日不久,上溯其意气用事不辞而别,已经过去整整小半年。

三哥聂叙伦抬头见到为之提心吊胆的胞弟终于平安归来,又惊又喜,既怨且怜,竟一时语塞,默默帮他拎着行李迎进家门。聂耳愧悔于自己的莽撞不孝,怀着忐忑之心,默默地跟着。

母亲闻声而来。母子久别重逢,彭寂宽顿时放声哭了起来,分开五个多月,一家人终于又团聚在一起。聂耳归家不久,便与母亲、三哥、大姐、二姐等家人合影。

聂耳返乡之前经历了无数次痛苦的思想斗争,多次挣扎,多次命运的抉择,让聂耳在艰难困苦的社会里意识到:必须把自我有限的生命投入到光辉的革命事业中去。

实际上,聂耳坚定执着的革命觉悟,早在他1928年秋秘密加入中国共产主义青年团时便已经笃定。李国柱等云南早期共产党员见他志虑忠纯、聪慧热诚,便积极指导他学习《共产党宣言》《共产主义ABC》等革命书籍。聂耳对马克思主义哲学、社会学尤为感兴趣,在云南省立第一师范学校求学时,写了一篇《资本主义与社会问题》的作文,探讨资本家与劳动者的矛盾问题。他敏锐地意识到自由竞争与私有财产的扩张没有得到限制,这必然会导致资产阶级与无产阶级的对抗。从那时候起,为共产主义事业奋斗终身的理想信念,就已经在他尚未成熟的价值体系中占据了重要位置。

少年聂耳投笔从戎半载后回到云南省立第一师范学校继续苦读。在学校最后一年的日子里,他被选举为云南省学生联合会宣传部部长,加入到更加广阔的进步思想宣传和革命文艺活动中。也是在他返回学校之后,袁春晖与他的朋友之情一步步发展为男女恋情,演绎出一段浪漫而哀婉的爱情故事。

◆聂耳在云南省立第一师范学校上学时写的作文《资本主义与社会问题》

◆聂耳在日记中记录学习马克思唯物史观和阶级斗争理论的心得体会

38. 初恋女友袁春晖

聂耳的初恋女友袁春晖，乳名小三晖。其父工于诗书，曾是云南省立第一师范学校国文教师。袁家祖上亦商亦儒，秉持生财有道、诗礼传家的观念。其伯祖父袁嘉谷乃是清末经济特科状元，也是科举时代云南唯一的状元才子。袁家破除了云南不点状元的谶语，风光一时无两。然而家族的显赫也未能拯救袁春晖命运的多舛，她父亲病故后，家庭迅速从小康之家堕入贫困，家道从此中落。袁春晖虽才貌出众，囿于窘境，初中毕业后不再升学，而是去昆明市第五小学担任本堂教员，教授国文、算数、音乐三门课，以微薄薪资奉养寡母。

春晖穷且益坚，爱笑爱闹，冰雪聪颖，极富音乐才华，时常与姐姐袁令晖到表妹李家珍家中玩耍，可以说李家的庭院便是这群五四后成长起来的新女性的沙龙圣地。按理说聂耳与李家并无交集，有意思的是与聂耳亦师亦友的张庾侯正是李家的亲戚，而袁春晖姐妹按照辈分得管张庾侯叫小舅爷爷。李家较之昆明同时代的人家显得开放自由，喜好丝竹之乐，聚集了许多新青年在此往来。

聂耳在青年人的聚会中风趣幽默，善于逗人捧腹，活跃气氛，同时他的小提琴已有一定造诣，娴熟悠扬的旋律让聚会青年折服，也令不少少女沉醉其中。袁春晖性格开朗大胆，嗓子甜美、舞姿曼妙，不时与女伴配合着聂耳等人的音乐翩翩起舞或放声高唱。为此，张庾侯等好友有意无意撮合二人登台献歌。一个是多才多艺倜傥少年，一个是兰质蕙心开朗女子。酷爱音乐、追求进步思想的共同志趣让聂耳和袁春晖两个年轻人很快成为亲密无间的知音。

在20世纪30年代初的昆明，袁春晖、聂耳等人钟情于《小小画家》《葡萄仙子》《三蝴蝶》等歌曲。很快，他们两人便不再止步于学唱，而是把目光投向古典诗词的现代改造，由聂耳谱曲、袁春晖翻唱的古风歌曲迅速在云南省立第一师范学校流行起来。同时，聂袁二人由音乐知音发展到暗生情愫，他们便不满足于群聚了，私下里常在昆明近郊名胜约会。

恋人之间通常都有互相专属的昵称,聂袁组合也不例外。聂耳故意把袁春晖叫成了"吹吹晖",而袁春晖则因着聂耳家里的黑狗想出了对策,佯怒着叫他"小四狗"。爱的足迹随着少年驿动的心在春城画出最美的纹理,他们在西坝河畔姹紫嫣红的玫瑰花田互诉衷肠,在水平如镜的翠湖戏说冲冠一怒为红颜的故事,在怪石嶙峋的骡峰山顶俯瞰圆通禅寺,在五百里烟波浩渺的滇池边吟诵孙髯翁的大观楼长联,在西山、筇竹寺、黑龙潭等地谈古论今、畅叙幽情。

少男少女彼此炽热的爱慕之情总会因拘谨而缄口,但碧海青天的情窦终究蔓延过羞涩的关口,爱情的熔浆在找一个机会喷薄而出。有一次,聂耳在话剧《雷雨》中扮演鲁贵,他邀请袁春晖出演四凤。

◆聂耳在昆明读书时的初恋女友袁春晖(右)

　　这本是极为普通的一次舞台剧表演，想不到袁春晖听后怫然不悦，气呼呼瞋目道："我不和你演这种隔着辈的角色。要演，就要演我们两个相般配的角色。"聂耳在感情方面虽然有几许呆头呆头的懵懂，然而对袁春晖说的这句话的言下之意却是再明白不过了，相般配的角色自然是情侣关系，这一次美人娇嗔轻怒成了最纯真的告白。

　　有一次，聂耳听到自己的心上人说起一种叫作巧克力的外国糖果，便想方设法攒钱买来，博得美人一笑。聂耳的心上人也会投桃报李。袁春晖家的院子里有一棵花繁叶茂的缅桂花树。缅桂花名为桂花，实则为白兰，香气甜润似桂花。杨万里曾赋诗道："熏风破晓碧莲苔，花意犹低白玉颜。"伶俐的袁春晖每每在胸前大襟纽扣上系上缅桂花，以待聂耳讨要。

　　情投意合的聂袁关系很快被聂耳的母亲彭寂宽觉察到了，考虑到一些不怀好意者的风言风语，也敏锐嗅出袁家某些亲戚对聂家清贫处境的微词。她对聂耳说："老四，我看你与袁家二姑娘处得很好，我也喜欢她。我想请人到她家为你提亲，你看怎么样？"未及加冠的聂耳虽然用情深切，但婚姻大事对十几岁的少年而言太过仓促和遥远，他回绝了母亲的好意，说："我现在高中还没有毕业。不管怎么样，过早地谈婚姻问题，对事业和前途肯定是会有影响的。我认为，如果结了婚，再生个小孩子，那就会陷在小家庭的圈子里拔不出来，还谈什么远大的志向呢？"

　　聂耳在凌云志与儿女情之间有过焦灼的博弈。1930年1月15日，他在日记中写道："我不能够把C从我的'想念'里除去……若是我牺牲了我的想念，我不可能满足C的希望。"可见苦恼、犹疑、矛盾之心让聂耳纠结不已，然而我们不能忽略聂耳终其一生对袁春晖的矢志不渝。在大上海打拼之时，聂耳多次给袁春晖写信，他也憧憬着自己有了足够的钱，把袁春晖接到外面一起学习音乐。

　　聂耳在日本藤泽市鹄沼海滨遇难后，人们整理他随身携带的行李箱，在箱底发现了许多干枯的缅桂花的花瓣。虽然花瓣会干枯，芬芳会飘散，但佳人的一颦一笑却陪伴着聂耳直至生命的尽头。

39. 组织"九九音乐社"

为了响应社会革命与文艺革命之号召，也为了团结一大批志同道合的前进力量，探索打倒旧社会建设新社会的道路，聂耳与好友张庚侯、廖伯民、袁春晖等觉醒的知识青年在昆明组织了"九九音乐社"。该音乐社成立之初并无明确的组织纲领和运作规划，只不过是以聂耳、张庚侯等青年才俊为核心形成的音乐、戏剧团体。这群与时俱进的年轻人从未奢望单纯地以艺术方式去达到启蒙大众、唤醒国人的任务，但却在不经意间将共产主义革命思想，以及世界进步文艺理论的火种播撒在昆明广大青年心中，这也是聂耳受到"爱美剧""文学研究会"影响后的大胆实践。

九九音乐社成员廖伯民比聂耳等人年长一些，此人音乐天赋平平，但对乐器、戏剧情有独钟，兼之经商有道，颇有家资，家中购得钢琴、小提琴、曼德琳、留声机、流行音乐唱片等时髦玩意儿。他性格豪爽开明，与张庚侯、聂耳等青年学子交情颇深。因此，廖伯民家在翠湖东路12号的豪宅顺理成章地充当音乐社的集会地。

◆ 1929年，九九音乐社的朋友合影（后排右起第一人为张庚侯、第二人为聂耳）

廖伯民家临湖而居，靠近湖边的楼上有一条长而宽的走廊。月明星稀的夜晚，聂耳诸人在楼上或琴箫合奏，或高歌一曲，或即兴起舞，或纵论时局，或唇枪舌剑为某个问题争得面红耳赤，或寂静无声如饥似渴沉浸在书籍的海洋。当他的小提琴肩垫部分靠近锁骨时，花样繁多的各色曲子仿佛分身术般飞到翠湖畔，高音部分明亮且有穿透力，中音部分洪亮圆润饱满，低音部分厚实婉转，引得路人称奇不已，驻足欣赏，久久不散。九九音乐社的傍晚集会成为翠湖一道别致的风景。

有一次长江水灾的消息传到昆明，看到同胞流离失所无家可归，大家组织了救济募捐的游艺会，会上，聂耳以反串角色演话剧《女店员》，其演技之高，雌雄莫辨。由于小提琴、曼德琳等新鲜事物属于舶来品，当时昆明老百姓亲切地称呼他们为洋吹鼓手，风头一时无两，简直要和美专音乐系的高才生们平分秋色了。

◆1929年，聂耳（前）与友人张庚侯（中左）、廖伯民（后）等在昆明合影

省师附小的教员、昆明高校文艺青年常去翠湖闲聊,聂耳拉小提琴,张庾侯弹曼德琳,李家珍、袁春晖、袁令晖三姐妹合唱,情到深处时袁春晖翩跹起舞。这段时间聂耳与袁春晖情意渐浓,很快升华为形影不离的热恋情侣。聂耳特别爱去西山,有时候甚至小住三四天。他最爱西山太华寺与三清阁之间的一座美人峰,站在美人峰顶远眺滇池和昆明,故乡像一缕袅娜的炊烟,大美风光一览无余。那时候他们恰同学少年,寄宿西山禅院,苍烟落照下,几杵疏钟传来,浩渺滇池奔来眼底,在渔舟唱晚中悄然入梦。

九九音乐社尤其钟爱《国际歌》《马赛曲》《伏尔加船夫曲》等歌曲。《伏尔加船夫曲》歌唱坚韧而勇敢的俄国人民,他们生活于沙皇残暴统治下,身处水深火热之中,他们任劳任怨却饥寒交迫,他们为生存而咬牙坚持踏着不平之路,担负起历史所赋予的重任。此曲雄浑低沉的调子"哎哟嗬,哎哟嗬,齐心合力把纤拉!哎哟嗬,哎哟嗬,拉完一把又一把",为之后聂耳创作《大路歌》埋下不平则鸣的种子。

◆聂耳在云南省立第一师范学校的毕业证书

40. 回到玉溪演话剧

聂耳一生先后五次从昆明返回玉溪老家，分别为：1921年，随母亲、二哥、三哥到玉溪峨山县城探望外祖父外祖母；1927年7月20日至8月7日，居玉溪老宅备考云南省立第一师范学校；1928年2月，为搜集整理学习玉溪音乐素材，食宿均在大姐家；1928年暑假，随"玉溪青年学术研究会"回玉溪举办游艺晚会；1930年寒假，同谢弼晋、马天柱等青年学子回乡办民众夜校，再次举办游艺晚会。

1928年暑假和1930年寒假，聂耳为文艺宣传前后两次回玉溪。聂耳曾参加在昆明中等学校读书的玉溪籍同学共同组织的"玉溪青年改进会"（后改名为"玉溪青年学术研究会"），该研究会的主要任务是促进玉溪教育发展，提高小学教育质量，改善教育设施，宣传新思想、新形势、新科学等。1928年，回乡举办游艺晚会，聂耳同研究会其他会员一起演出了《罗密欧与朱丽叶》《女店主》《少奶奶的扇子》等一批新剧。

1930年2月1日是农历大年初三，聂耳同谢弼晋、马天柱等人办民众夜校，再次举办游艺晚会，用群众喜闻乐见的方式向民众进行宣传。据当时与聂耳同台演出的玉溪县立女子小学学生杨璿波回忆道："演出地址选在玉溪乡村简易师范学校的操场上，即现在的玉溪军分区后院。聂耳参加演出的文艺节目有《高矮人讲话》《卖花姑娘》《外国女郎舞》和话剧《春闺怨》等。"聂耳曾经3次扮演女角出场，演得十分生动。

在这次演出中，聂耳首先出演的是《卖花姑娘》，他化装成一个昆明郊区的农村姑娘，上身穿大红姊妹装，下身穿一条黑裤，头上插满了鲜花，手提花篮，口唱卖花调子，时不时还扭扭腰、摆摆手，演得活灵活现。聂耳讲白时，用的是玉溪土话。他还在换幕时出来吹奏过笛子，表演过口技，学鸡叫、学狗叫都惟妙惟肖。聂耳的表演给玉溪观众留下了深刻的印象，赢得了全场观众的阵阵热烈的掌声。事实上，除了音乐，聂耳还喜欢说笑逗闹，他吹

竹笛、模仿别人说话、玩魔术、跳踢踏舞，总能充分发挥他的逗乐功夫，令亲朋好友乐不可支。聂耳性格里富有百变的幽默细胞，身边的朋友都羡慕他这种与生俱来的表演才华。

这次在表演《高矮人讲话》时，聂耳用了特技，化装成一个仅有二尺左右高的外国小老头。演出前，聂耳对杨璁波说："小三妹，帮忙到台下借顶红帽。"聂耳演的矮人说话很滑稽，模仿童话故事里奇列格勒的声调讲出来，全场观众都被他声情并茂的演绎逗得哈哈大笑。

聂耳还单独表演了《卖花姑娘》，他上身穿着农村女孩穿的红衣服，下身穿黑裤子，头上戴小姑娘戴的帽子，插上鲜艳的花，手上提着装满五颜六色鲜花的篮子，边走边唱边喊："卖花啦！卖花啦！"声音清脆优美，神似女孩的腔调，引得全场观众鼓掌欢呼。聂耳又表演了外国舞蹈，男扮女装，看上去真像一位美丽多姿的少女，窈窕迷人，翩翩起舞，观众看了痴迷忘返。

◆ 1929年，聂耳（第二排左二）参加玉溪青年学术研究会活动的集体照

41. 上了"黑名单"

1930年暮春时节，北国花潮日渐淡退，别处春意阑珊早已步入绿肥红瘦，昆明得天独厚的气候使得这片锦绣大地依旧弥散着杏雨梨云，古城里随处可见柳莺花燕争奇斗艳。

万紫千红的风景与暖风熏人的天气，稀释了云南省立第一师范学校学子毕业季的离情别绪。聂耳在走廊遇到跑得满头大汗的三哥聂叙伦，还以为是家里出什么不祥之事。不待他发问，三哥尚未止住喘息，拉着他到了一处僻静无人的角落，面色铁青一字一顿地把一个晴天霹雳的消息告诉聂耳。三哥满以为聂耳会悚然惊惧，抑或会手忙脚乱，想不到聂耳平静的脸上镇定而果敢。

事实上，聂耳并非没有惊慌之意，而是近几年刚毅顽强的性格兼之无所畏惧的革命精神支撑着他，自从为共产主义事业奋斗终身的浩然正气在他思想里萌芽后，他早就料到这个晴天霹雳的消息迟早会到来。聂耳不出意料上了反动当局的"黑名单"，这个欲加之罪何患无辞的白色恐怖迫使聂耳背井离乡，好在他入团之前即做好了万全准备。

三年前，蒋介石不顾国共合作的神圣使命，悍然发动"四一二"反革命政变，国民党反动派在上海、武汉、广州等地血腥屠杀共产党员和革命群众。神州大地上到处进行着血淋淋的清党运动，无数的革命志士和无辜群众就这样倒在了恐怖的血泊之中。

"云南王"龙云为了获取蒋介石的信任和支持，与刽子手李宗黄密切配合，也在云南各地尤其是昆明大搞清党运动，对中国共产党人和大中学校的进步师生恣意迫害，抓捕了中共云南省特委的负责人李鑫等四人。

中共云南地下党没有被反动当局的屠刀所吓倒，立刻发动广大人民群众进行激烈斗争，揭露蒋介石、汪精卫集团背叛革命的累累罪行。聂耳和云南省立第一师范学校进步的同学们一道不畏强暴与凶险，走上街头参加了中共地下组织策划的各种革命活动。他政治立场坚定，爱憎分明，同时又机敏果敢，注意斗争策略，

在揭露蒋介石反革命罪行的运动中锤炼了刚强的革命品质。

随着红色革命根据地如火如荼地扩大,白色恐怖的幽灵愈加肆无忌惮地对革命进步人士进行残酷戕害。那时候的中国共产主义青年团以"中学"为暗号,中国共产党以"大学"为接头密语。聂耳作为"中学"的一员主动参与印刷革命传单和小报的秘密任务,向觉醒的青年学子赠发宣扬马克思主义的手册。

1930年前后,尽管反动势力的特务组织暗中破坏,但诸多极富政治鼓动性的标语和传单依然张贴在了昆明的大街小巷,如打倒土豪恶绅、打倒日本帝国主义、打倒反动军阀等。饱含正义感、爱国心的艺术才子聂耳,正是在进步书籍的滋养下,在党团组织的培育中,在血与火的革命实践中,锻造出了铁一般的政治觉悟和殒身不逊的牺牲精神。

◆ 1930年,聂耳赴上海前与好友合影

正因为聂耳积极参加革命活动和文艺宣传,在同学中树立了较高的威望,所以他早被渗透到学校里的"军阀鹰犬"盯上了。他从玉溪参加话剧演出返回昆明后,云南省立第一师范学校一个叫马匡国的学生开始在暗中监视他的一举一动。由于聂耳注意斗争策略,应对得当,他才一次次在敌人眼皮底下全身而退。

然而,反革命狗腿子的鼻子还是嗅到了革命者的气味。1930年4月24日夜,聂耳被奇怪的"查夜"吵闹惊扰,次日睡眼惺忪间得知隔壁房间的三个同学被当局以危险的"共党分子"的理由逮捕。这几位同学,正是他在云南省立第一师范学校要好的革命同志,前一天大家还在一起有说有笑,此刻却不幸身陷囹圄。

这一切,向聂耳敲响了警钟——他们来了! 18岁的聂耳上了反动政府的"黑名单",在生死考验的当口他该何去何从?

◆聂耳锻炼身体时用过的拉力器

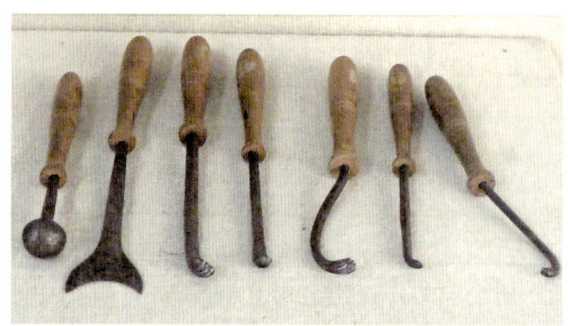

◆聂耳读书时使用过的刻花工具

◆聂耳读书时使用过的手提箱

42. 踏上万里征途

听到自己上了"黑名单"的噩耗,聂耳纵然浑身是胆铁骨铮铮,也不由得在心坎儿上战栗片刻,暗自盘算如何寻个去处躲此一劫。三哥聂叙伦陪他找云南省立第一师范学校管教务的教员请了长假,因是毕业班的学生,学校课业早就完结,只等几件常规毕业手续一办,学生便可如期毕业外出谋职,所以请假手续很容易就批了下来。

三哥聂叙伦向来办事心思缜密,在没有得到详细的可靠情报之前,不会轻易下决定,所以为了防止学校里反动学生的监视怀疑,他自己先行出校,等候聂耳简单收拾行装。

聂叙伦得到如此机密的情报,这还得归功于他在殖边银行工作时的同事李同文。其时,李同文的父亲正担任昆明法院院长,身居要职,自然常参与昆明地区重大会议。李同文无意间瞥见父亲放在办公桌上的一纸公文,赫然是一份抓捕昆明进步人士的"黑名单",聂守信等几个云南省立第一师范学校学生的名字映入眼帘。联想到昆明近几年死于非命或者锒铛入狱的革命人士,对爱国的革命者怀有敬意的李同文不敢有丝毫怠慢,况且聂叙伦和他也算是共过事的朋友,对聂耳的艺术天才也有所耳闻,故而急匆匆找到聂叙伦以实情相告,并建议聂叙伦设法让聂耳趁早离开昆明,以免惨遭祸害。聂耳后来得知,这一切都是源于云南省立第一师范学校一个姓饶的叛徒告密。为了升官发财,姓饶的暗中与云南反动政府当局联系,告发聂耳中国共产主义青年团的身份和参加革命进步活动的情况。

当聂耳与三哥回到家中,母亲彭寂宽、二姐、大哥等家里人早已如热锅上的蚂蚁焦虑不安,尤其是他的母亲彭寂宽恨不得把所有的神仙佛祖全部祈祷一遍,希望聂叙伦和聂耳平安归来。她害怕聂叙伦迟了一步,聂耳已被官府带走。这时候见聂耳回到家中,不由得惊喜交集,湿红眼眶里豆大的泪珠转来转去。她怕聂耳看到,背过身擦拭干净。原来,聂叙伦前往云南省立第一师范学校

之前已经先向家里人说了个大概。大哥聂守拙方才到家,啜泣的母亲和不善言辞的妹妹也没能把事情的来龙去脉讲清楚,也是干着急,现在见知情人三弟回家,他便掩住房门,一把扯住聂叙伦低声问道:"他们真的要抓守信?"聂叙伦本不想对母亲透露太多,这时也顾不得太多,叹气道:"李同文对我说,这是千真万确的,本来昨晚就要抓了,只因人家有事。"听了聂叙伦这一字一顿的话,全家人顿时感觉大祸临头,一个个沉默半晌没有言语,各自盘算着如何帮聂耳躲过这次凶险无比的灾难。

彭寂宽怜爱地注视着自己的幺儿,擤了一下鼻子,说:"事已至此,你们几个当哥当姐的都说几句,看看有啥子好的办法。"大家难过一阵,便你一言我一语地帮着出谋划策。

母亲只知道聂耳不能待在家里,得寻一个安全的去处,她希望聂耳离自己不要太远同时又能躲避官府的追捕。二姐觉得聂耳下个月就要从云南省立第一师范学校毕业,他成绩优异、多才多艺,

◆1930年,聂耳(前中)与三哥聂叙伦(后)、外甥严新华(左)、邻居翟昌铭(右)合影

本就是玉溪人，又两次在玉溪登台表演，深得地方教育官员的赏识，不如让聂耳尽快离开昆明到玉溪寻个教员职业。但大哥认为玉溪与昆明挨着，不过一步之遥，照样是在国民党云南省人民政府的掌控之下，再说了当局也许早就在玉溪布下了眼线，只等人到就抓捕，去玉溪并不现实。

大家说来说去，绞尽脑汁，都觉得长久之计只有离开云南，才能摆脱云南当局的迫害。但具体去哪儿呢？经过商量，聂耳决定还是先到亲戚家暂时躲避一下，等想定了外出的地方，再图离昆。

天无绝人之路，三哥聂叙伦所在的公司决定在上海设立分号，于是他趁机推荐聂耳代替自己远赴上海担任云丰申庄的稽查一职，实际上就是做公司分号财会工作和一些杂务琐事。

聂耳去上海的差旅费由云丰申庄全额支付。尽管薪酬微薄，但能够借此机会逃离反动当局的魔爪且有一份自食其力的稳定工作，这对他而言实在是两全其美的差事。聂耳母亲虽然万分不舍，但为保幼子周全，只得忍痛同意他去大上海闯荡。

1930年7月9日，聂耳的护照总算批了下来。当天上午，聂耳一大早就回到家，辞别了含辛茹苦养育自己的母亲，牢记兄弟姊妹的叮嘱，带着袁春晖赠送的缅桂花，在火车刺耳的嘶鸣声中，依依不舍地踏上了万里征途。

这一去便与故乡隔着万水千山，终其一生，再也没有回过故乡。

◆聂耳的自画像和美术作品

43. 十里洋场的"乡下人"

20世纪30年代，开埠90年的上海跃升为世界第六大都市，是"东方巴黎""西边的纽约"，一个名副其实的巨型摩登城市，一个五光十色、杂沓缤纷的国际大都会。飞奔的汽车呼啸而过，无轨电车"吱吱呀呀"地穿行于街市，黄包车师傅似乎要跑得更快一些才能赶得上它的节奏，那些挂着拐杖的英国绅士总是一副趾高气扬的模样。

站在上海的街头，聂耳与周围的一切格格不入。经历了十天的旅程，他手上捏着三哥给的地址，来不及仔细打量这座如霓虹般炫目的城市，只想尽快找到自己的落脚处云丰申庄。

云丰申庄是昆明云丰商号在上海开设的一家分店，设在虹口公平路同春里福兴公寓，做的是香烟生意。那时云烟既没有名气，也没有生产规模，云丰申庄采购上海生产的"大联珠"牌香烟，从邮局寄回昆明销售。这里的负责人名叫段维善，是昆明云丰商号老板薛耕愚的妻舅，还有一个老店员高瑞昌。聂耳将成为这里的一个伙计。

上海公平路185弄内有一栋联体长排房屋，共有10个门牌号码。86号坐落在建筑的最东面，上下两层，每层有三个面积为一二十平方米的独立房间，楼梯狭长，屋子低矮，这便是云丰申庄的在处。

聂耳和老店员高瑞昌一起住在采购站的亭子间里，床铺上有赶不走的跳蚤。邻居中有喜欢打麻将的杂货商人，有经常酗酒打老婆的白俄，有生活陷入困顿要变卖衣服的土耳其

◆云丰申庄旧址——虹口公平路同春里31号福兴公寓

人，还有能讲英语、日语却不会写字的轮船火头。清晨起来，只看见黄包车、巡捕、老虎灶、马桶、工厂的烟囱、轮船的烟囱、提着饭盒上早班的工人……在这里，聂耳看到了一个底层的上海，看到了许许多多人在夹缝中讨生活。

聂耳的工作单调而乏味，每天都是提货、包装、邮寄、记账等杂事的重复。下班后，自己生小煤炉煮饭充饥，无聊时和老板下下象棋。几个月后，聂耳每个月可以拿到十五块的工资，但日子依然过得十分清苦，煤炉上煮着的常常是清水白菜，生了病还是舍不得去医院。

物质的匮乏没有给聂耳造成困扰。到上海一个多月后，聂耳给兄长写了一封信，虽然写到自己穷得不敢随便花钱吃一餐午点或者加一份宵夜，但是他表示："二哥，请你放心吧！我虽没有钱用，这是无所谓的，我只希望我的生活能随我理想的系统。……繁华的上海，藏污纳垢，您的弟弟早深深感到。请您像以前一样相信他，他决不会误入歧途的。"

如果说当时的上海如一场繁华春梦，聂耳，这个18岁的青年，却是一个难得的清醒者。他没有被上海的物质繁荣所迷惑，反而

◆ 1930年，聂耳刚到上海时的照片

◆ 1931年3月12日，聂耳（右）与云丰申庄负责人段维善（中）等合影

发现了华丽外表下的重重矛盾。1931年的春节，恰逢聂耳生日过去两天，在异乡浓浓的春节氛围中，聂耳照家乡的风俗给自己蒸了一只带壳的鸡蛋，另有两样小菜。他在当天的日记中写了一首饶有风趣的打油诗：

> 两盘两碗过新年，
> 大口大气自开心！
> 分明是豆"芽"菜，"干"豆腐；
> 却以为是"板鸭"，炒椒"肝"。

日子虽然清苦，但聂耳乐观的心性让他可以苦中作乐。初到上海，令他欢喜的是收到女友袁春晖来信的日子，这让他清苦的生活也有了一些甜蜜。在下起铜钱般大雪的日子里，他没有感觉寒冷，在洁白的雪地上写春晖的名字，用冻得僵硬的手剪一颗玲珑的心，随思念寄到远方。

在上海，他还可以买到各类书籍，这使得他的生活不再单调，精神不再匮乏。外文翻译依然是聂耳喜爱的，他在商务印书馆买到《日语读本》和《英语周刊》，便十分兴奋，赶回住所，埋头就看。除此之外，他还购买借阅各种进步书籍。在8月18日的日记中，他记述了从朋友那里借到蒋光慈主编的"左联"进步刊物《拓荒者》的情况。

这些书籍如同阳光一般，照进了他低矮的房间。虽然在读书的时候，有时噼噼啪啪的麻将声响起来了，有时弄堂里唱曲的声音传进来了，短时间难免扰了他的心神，但时间久了，他倒也习惯了在这十分喧嚣和恶劣的环境里平静地读书。

何况，上海带给他的可不止这些呢。

44. 学习滑旱冰

滑旱冰，是 20 世纪 30 年代在上海兴起的时髦运动，上海人称之为"跑冰"。这长了轮子的鞋让人们在没有雪的城市也可以享受在"地上飞"的感觉。喜剧明星卓别林在电影《溜冰场》中穿着轮滑鞋的滑稽表演，更是把这项运动推向热潮。聂耳虽然厌恶没有尽头的奢华和惺惺作态的摩登，但他并不讨厌热烈地拥抱新鲜事物。他想要一双冰鞋，这似乎不应该是生活拮据的店铺小伙计该拥有的东西。

1930 年 9 月份的连续几天里，他每天都花两个小时在人类"驯服"轮子的运动上。在这以前，他一直看别人滑旱冰，早就暗暗琢磨技术要领，可真正站在这轮子上，他才感受到了四肢的不协调。但是好强的聂耳怎么会认输呢？他深知无论学什么，总是要经历一些过程、要付出一些代价的。

他从右脚的单脚滑练习开始，摇摇晃晃、手忙脚乱，跌了几跤之后，总算是学会一半了；第二天再接再厉，巩固右脚的动作，能够颇为流畅地单脚滑行了。在掌握了右脚的技术之后，他将同样的技巧"移植"到左脚上，学习进度便更快了一些，仅一天的工夫，左脚的技术便已经掌握得"八九不离十"了。这对学习"跑冰"的聂耳来说是个不小的鼓舞。

接下来，便是双脚练习，第一天是跌跤最多的一天，两个小时里跌了十几跤。一起练习的小伙伴打趣他："怕是人都跌懵了。"但聂耳却清醒得很，他不以为然地说："不怕，不怕！我以前弹钢琴的时候也是这样的，明明单手都会了，可左右手一起就会'打起架'来。等它们'打'明白了，就会了。"

果真如此，双脚练习的第二天，他便仅仅跌了一次跤。虽然还不能如自己所愿地滑行如飞，但是一天天有计划地练下来，体会到每一天的进步，聂耳还是很开心。他在日记中记录了五天的"跑冰"练习历程，并不无得意地说："所谓第 × 日，每日不过至多两小时。"

"驯服"身体,让聂耳体会到了自由。他喜欢运动,早在云南省立第一师范学校读书时,他就在一篇作文中写道:"夫体育者,三育之一也。苟德育智育俱有完美之训练,浩然之休养,而身体之不健强,岂能以现当充分之精神就力以为学乎?"在聂耳看来,孱弱的身体无法支撑精神的劳动,更毋谈民族之复兴。他历来喜欢各项体育运动,到上海后,除了滑旱冰外,还喜欢在单杠上翻飞、到泳池里感受如鱼儿般的快乐……除了强身健体,运动中身体的律动仿佛也有音乐的旋律,让聂耳沉迷。

读书、运动,都让聂耳在单调重复的杂役生活之外,感受到了头脑的充实和精神的愉悦。但若说起精神的愉悦来,那么聂耳心底还总是有一个声音在悄悄地对他说:"太久没有练琴了!音乐,才是最大的快乐啊!什么时候可以拥有一把属于自己的小提琴呢?"

◆聂耳在滑旱冰

◆聂耳在练习单杠

45. 购买二手小提琴

到上海之后，聂耳通信最频繁的，除了家人，就是亦师亦友的好朋友张庾侯。聂耳大多数时候称张庾侯为"庾哥"，偶尔会调皮地称他为"张二老爹"。聂耳和张庾侯之间的通信不独谈彼此的生活，更多的是交换对音乐的看法。

虽然相隔千里，但他们都把彼此视为难得的知己。聂耳会把新看到的电影告诉张庾侯，会把看过的《良友》杂志寄给他，也会央求张庾侯把一些喜欢的乐谱寄给自己……直到有一天，张庾侯请求聂耳代租影片到昆明放映。1931年，廖伯民、苏镜川在昆明集资兴建了逸乐电影院，是昆明最早的一家影院。聂耳完成了这个差事后，得到了一百元酬金。

对于一个月只有十五块钱收入的聂耳来说，一百元无疑是一笔巨款。这笔钱该怎么花呢？聂耳没有丝毫犹豫，他的分配方案非常干脆简单：其中的一半汇给母亲。他很高兴，这个漂泊在外的最让母亲牵挂的"老儿子"终于可以给母亲回馈了。剩下来的一半，聂耳径直地来到一家二手乐器店里，买了一把二手小提琴。

◆聂耳的小提琴（现藏云南省博物馆）

拥有一把属于自己的琴，是聂耳早就有的愿望。在读中学的时候，他拉着从友人那里借来的小提琴，就想过：今后倘若有一天经济条件允许时，一定要买一把属于自己的琴。这个梦寐以求的愿望，终于得以实现了。这是一把再普通不过的琴，做工并不精致，质量也不属于上乘，木质的琴身上刻有岁月的痕迹，但聂耳真是爱不释手，总是从早到晚，夜以继日，有空就进行练习，像着了魔一样。

当时，聂耳在日记里高兴地记述道："Violin（小提琴）自然是能使人心境舒畅，当我奏起那常常称为 Dream（舒曼的《梦幻曲》）的乐曲时，虽然指头会痛，无弓法，无指法，但是很快活。若如没有旁的事来烦扰，我会不吃饭，不睡觉，不分早晚地练习下去。"

最初买到小提琴时，聂耳的想法是尽量练习出几首

好听的歌曲来,并常常陶醉在自己的演奏中。可是实践证明,要想演奏出一首很好听的歌曲来,绝非易事,何况他又不会自由运用弓法、指法等规律,他很快发现只是不规则地所谓尽量练习,好听的歌曲绝不会产生的。

有一天,聂耳逛书店时,见到了一本丰子恺著的《音乐入门》,他如获至宝,这是他之前读过的书,买回来重读之后,他才更冷静清醒地认识到:要拉好小提琴并非易事,基本功练习非常重要。强烈的受挫感使他一时感到十分懊恼和彷徨,甚至让"那洋盒盒安静放在枕旁一个多礼拜"也没有去动它一下。

这种沮丧和对自己的失望在聂耳学习音乐的历程中还是第一次。不过经过了几天的苦恼与思考,他又振奋起来,继续练琴。他买了霍曼的弓法练习,买了更多的曲谱,但他不再急于求成地拉曲谱,而是把更多精力放在弓法练习上,他细致地感受着自己指法、弓法的变化。没有人指导,全靠个人的练习摸索,聂耳就这样笨拙而用力地不断地练习着。"旧的指头硬节退去,加上了新的痛。手指分家地持弓,现在才把它合作起来。不曾用惯的小指,现在才学习运动。可怜!这些简单的方法论,素称与 Violin 为三年之友的我,现在才算真实地知道一点,忍不住又要我说一声'可惜'!"虽然对过去有些遗憾,但聂耳再也没有想过放弃。在给张庾侯的信中,他写道:"照规矩一弓弓地拉去总要比滥拉好些"。这样下去,也许几年后自己才能拉好一首曲子,但是有什么关系呢?他是要与小提琴终身为伴的,严谨和坚持自然已在他心中。

值得注意的是,这把琴并未陪伴聂耳到最后。在聂耳进入明月歌剧社后不久,就在日记中写道:"换了一把琴"。因为第一把琴实在是太旧太差了,在经济条件改善之后,他很快便换了一把音质更好的琴。这把琴陪他走过许多地方,直到漂洋过海到日本;这把琴陪他晨昏练习,直到他去世的前三天,他的日记上还写着:"练琴!读书!"这把琴陪他创作出很多曲子,包括最雄壮的《义勇军进行曲》。

这把琴现在被陈列在云南省博物馆,静静地散发着永恒的光辉。

46. 聂耳迷茫时第一个想到的人

郑易里、老郑，是在聂耳日记中出现频率最高的名字。聂耳并没有在日记中写明他和郑易里是哪天在上海相逢的。郑易里，1906年出生于玉溪，名重良，字雨笙，后改为易里，比聂耳大6岁。因聂耳的三哥聂叙伦已经和郑易里的侄女订婚，论辈分，他是聂耳的长辈。聂耳应叫他一声"七叔"（郑易里排行第七）。

他们在昆明就已相识，但那时两人却相互"不来电"。那时候，聂耳因为扮演"玛丽亚"而成为校园里的风云人物。彼时的聂耳在郑易里眼中如冰似火，总是有着一种不为世俗所打扰的天真，又有着随时准备燃烧自己的热情。郑易里的性格老成持重，遇到聂耳这样个性鲜明的青年，他觉得彼此应该不会成为好朋友。聂耳对这位沉默少言的家乡亲友印象不深，大家不约而同地采取了敬而远之的态度。之后，郑易里听说聂耳是个进步的青年，又颇有些遗憾。

1931年，郑易里到上海后，便到云丰申庄找到了聂耳。与郑易里在上海的重逢给聂耳在上海的生活带来了很大改变。见面后，郑易里看到聂耳清苦的生活，不由分说拉着聂耳到附近的一家小馆子里，点了几样荤菜，叙起了旧事，谈起了将来。

交谈中，郑易里详细地跟聂耳讲了自己的成长和革命经历。郑易里于1924年考取北平农业大学，1926年东渡日本留学，在中共地下党"东京特别支部"的领导下投身革命。1928年回国后，他到云南，与云南党组织的创始人王德三等人一起开展地下活动。1930年初，由于叛徒出卖，云南地下党组织遭到破坏，郑易里化名郑雨笙逃到上海。他一面在二哥郑一斋设在上海的商栈里帮忙，另一面与艾思奇等人筹办"生活书店"，经销出版进步书刊。与聂耳相比，郑易里更早地接触了马克思主义学说和中国共产党的工作。郑易里的二哥郑一斋也是云南著名的爱国民主人士。正是在他的支持下，郑易里和郭大力等人在上海组织翻译出版了中国第一部中文版《资本论》。对于聂耳来说，年长6岁的七叔不仅

仅是同乡亲戚，也是志同道合的朋友、指点迷津的师长。

上海重逢，虽然时节已入秋，但郑易里的话却让聂耳感受到了春风般的温暖。他叮嘱聂耳："首先要解决肚子的问题。身体搞垮了，就什么理想都不能实现。今后常到我这里，吃点家常饭。"他还告诉聂耳："不要光看到上海黑暗和反动的一面，其实这里也是革命斗争前沿。现在上海左翼文化工作者正和国民党反动派的文化'围剿'开展着斗争，文艺团体空前团结，鲁迅、郭沫若、成仿吾、田汉等这些大名家也在上海，你要逐步熟悉这里的情况，增长见识，提高自己的音乐水平，以便投身到为人民大众的事业中去。"他还叮嘱聂耳："以后你就叫我老郑好了，我还是叫你守信。免得让云南的那些坏蛋（特务），从中又闻到什么气息。"这些字字真切的话语都深深地印在了聂耳心里。

革命的热情怎么能忘却呢？聂耳到上海后的第一篇日记就写了在武昌起义的纪念日，无论生活是怎样的拮据也要省下钱来买进步书籍。除了这些，他更想参加到火热的革命运动中去，认识更多志同道合的朋友，做一些更实际的工作。看到聂耳的革命热情，郑易里介绍他加入了反帝大同盟。

从此，出现在聂耳生活中的老郑，是会带他吃俄国大餐改善生活的人，是在他生病之后拿出神药的人，是在他一时窘迫付不起小提琴课程学费时慷慨解囊的人，是和他一起读马克思主义理论书籍的人，更是在他迷茫时第一个想到的人……不知道该如何选择时，找老郑，几乎成为聂耳的条件反射。

◆ 20世纪40年代的郑易里

◆ 1931年，聂耳摄于上海

47. 加入明月歌剧社

"实在对不住了，要回家还是留在这里，大家自己定吧。这是这个月的工钱。"1931年3月，聂耳供职的云丰申庄漏税瞒税购寄纸烟的事件暴露，被处以大额罚款而破产倒闭。这个消息仿佛青天白日里来了一个霹雳。聂耳失业了。

何去何从，要做出选择。要回云南吗？二哥来信总催他回去。云南的山水、母亲、春晖……都是可亲可爱的。可是聂耳的心中还有另一个声音："想再多求点知识。"虽然不知道将来要做什么，但是留在上海，是他很快确定了的。"因此不敢多用脑筋，还是决心留在外面，保持着初来时的精神。"初心不忘，选择便也没有那么难。在当天的日记中，他仅仅用了200余字来写这一"青天白日里来的霹雳"，写得云淡风轻；反倒用了千把字的篇幅写他在青年会听到的不甚理想的摄影演讲，写得义愤填膺。

在接下来的日子里，聂耳依然读书、看报、练琴、看展览……只是在看报时会更留意招聘的广告。烦闷的时候，他就跑去找老郑。如果赶不巧，老郑没在家，他就会更烦闷。这时，他便只能在黄浦江边漫无目的地徘徊。他也曾短暂地想过去南京报考军官学校，但随即就否定了。报考军官学校虽然可以混口饭吃，但终究不是自己的心愿。

这时的聂耳已经决计要摆脱为讨口饭吃而工作的日子，而要为理想信念为有意义的事情而活了。没过多久，3月28日，距云丰申庄倒闭不足十天，聂耳在《申报》上看到了一则上海联华影业公司音乐歌舞学校（明月歌剧社后并入联华影业公司）招练习生的启事。

名额：歌舞组女生3名，年龄：15至18岁，程度：中学程度，能说标准国语且习过歌舞者。待遇：初试及格者先试习一星期，供给午晚餐。复试及格者供给膳宿，并按月津贴零用10元。学习6个月后，再定薪数。另招收音乐组男生3名，年龄15至22岁，中

学程度，并习过器乐或声乐能对谱奏唱者，待遇同上。报名：即日起至本月底止。请到爱文义路（小沙渡路西）129甲号填写报名单。

这则窄窄的启事让聂耳眼前一亮，他心里有说不出的高兴，真是于山重水复之际遇到了柳暗花明。他的条件符合招生要求，如果能考进去，不仅可以解决生计问题，还可以在当时风头最劲的职业歌舞团拜师学艺，从事自己喜欢的音乐工作。音乐就是聂耳心头的白月光，能够揽得这轮明月吗？来不及多想，他放下报纸，当天就赶到联华歌舞学校，以"聂紫艺"的化名报了名，领了一张编有序号的报考证。报完名，聂耳强迫自己冷静下来，他告诉自己："经历了几次的失望，以后再不敢有奢望了。所以今天虽然报了名，准予考虑，我还是看作当有当无的事。"

话虽这么说，但是面试前的几天里，聂耳都在认真地练琴。为了迎合"明月"的审美，他练习了当时上海歌舞厅里流行的歌曲《秾李艳桃》，还特意练习了黎锦晖创作的儿童歌曲《小小画家》。在郑易里的回忆中，聂耳这几天练琴格外勤奋。面试前一晚，像许多迎接大考的学生一样，他早早地上床休息。

第二天，聂耳精神十足，提前一个多小时就到了面试地点。面试是黎锦晖亲自主持的。聂耳对他的第一印象是客气而亲切。"你到上海好久了？"这是黎锦晖跟聂耳说的第一句话。面试的小提琴演奏曲目是C调十六分音符的极高音部练习曲。聂耳接过曲谱便开始演奏，但因为紧张慌乱，加之聂耳本就是"半路出家"，练习小提琴的时间不长，一曲下来，拉得"错的错，落的落"，手忙脚乱，错误迭出，最终没有奏完。聂耳的心里很是懊恼，甚至觉得自己可能要与这次难得的机会失之交臂。幸好，后面还有一首四拍简谱曲和一首钢琴曲，聂耳的心神镇定了一些，顺利完成了后两首曲目的演奏，也为自己赢得了进入联华歌舞学校的机会。

黎锦晖关于这一节的回忆是这样的："他来爱文义路（今北京西路）1298号联华歌舞学校应考乐队（练习生）时，是我亲自组织考试。还记得他的身体相当健康，精神振作，常识丰富，胡琴有根底，小提琴刚习不久，立时决定录取。"

经过两天焦急的等待——这两天里聂耳整天都在眼巴巴地盼望着能有联华歌舞学校的信件到来,终于在4月3日收到了复试通知,以及复试时要演奏的曲谱。复试定在4月8日。在短短的几天时间里,聂耳一直反复练习复试曲目,最终顺利通过复试。

他是如此兴奋!4月12日要搬到联华歌舞学校了。11日他跑到同乡好友张天虚住的旅社里玩了一夜,畅谈理想和未来。"明月",多好的名字,聂耳希望在这里逢着一轮明月,把黑夜照得透亮透亮的。第二天他们又约了郑易里一起到兆丰公园,划游船,拍合影,真可谓春风得意。郑易里对这一天的回忆是:"有一天他连走带跳地来找我,原来已经中了彩了。"是啊,130多人报名,只招3人,能够从中脱颖而出,真无异于中了头彩。

在典当了冬衣,置办了用品之后,聂耳搬进了联华歌舞学校,新世界出现在他的面前。

◆聂耳在明月歌剧社住地练习舞蹈

◆1931年,聂耳(左三)与上海联华影业公司歌舞班学员在住处弄堂口合影

◆聂耳工作过的上海联华影业公司第一制片厂大门旧址

48. 明月歌剧社的黎氏兄弟

黎锦晖（1891—1967），湖南湘潭人。他是中国流行音乐的奠基人，儿童歌舞音乐作家，中国近代歌舞之父，"黎氏八骏"之一。黎锦晖自幼学习古琴和弹拨乐器，家乡民间音乐和当地流行的湘剧、花鼓戏、汉剧等戏剧音乐对他影响至深，早年在长沙当过教员，后来在北平创办"明月歌舞音乐会"，即后来的明月歌剧社。

受五四新文化的影响，黎锦晖青年时期主张新音乐与新文学运动携手共进，创作过一些进步的歌曲。北伐战争开始，他就写了《同志革命歌》《欢迎革命军》《解放歌》等。同时，他重视儿童音乐教育，创作了大量儿童歌剧、歌舞及歌曲。这些作品，不仅在中国内地风靡一时，而且流传到香港及南洋各地。《麻雀与小孩》《葡萄仙子》《可怜的秋香》《月明之夜》等歌曲为其代表性作品，《老虎叫门》（即《小兔子乖乖》）至今仍是脍炙人口的童谣。这些作品大多以保护儿童创造才能、反对封建教育为主题，文字通俗易懂，音乐语言简练、生动、明快，继承和发展了沈心工及李叔同所倡导的学堂乐歌的传统。同时，他又是运用民间音乐素材的能手。在这些儿童歌曲里，民歌、小调、曲牌等均成为创作的素材。继创作儿童歌舞之后，黎锦晖转入了流行音乐的创作。《毛毛雨》《妹妹我爱你》是他早期的流行音乐作品，这些音乐作品标志着中国流行歌曲的诞生。

1928年5月，黎锦晖带领明月歌剧社，先后到新加坡、吉隆坡、曼谷、雅加达和苏门答腊等地巡回演出，一时轰动海内外。其后，黎锦晖凭借唱红大江南北的《桃花江》，更是当仁不让地雄踞中国流行音乐第一人的宝座。联华歌舞学校成立后，需要扩充人员，便在《申报》上刊登了招考演员的启事，要求学员们不仅能歌善舞，还必须有语言表演方面的能力。

此时世界电影由默片时代进入有声电影的黄金时期，中国电影界也迎来新的发展机遇。中国是一个地域方言种类繁多的国家，中国电影界开始要求演员能够说以北京话为基础的标准国语。联

华歌舞学校把握住此次机遇,在募集女子歌舞学员时要求能说标准国语且习过歌舞者。在聂耳加入歌舞班后,黎锦晖也要求聂耳先学注音符号,用 40 个字母拼出 400 个音来,改掉讲话时带出来的昆明方言。这些基础性的要求给聂耳的艺术之路打下了根基。

黎锦晖的七弟黎锦光也是明月歌剧社的重要人物。他于 1927 年到上海,进入中华歌舞团,即后来的明月歌剧社、联华歌舞学校,担任演员、作曲、指挥,一直追随哥哥黎锦晖,成为"黎派"歌曲最重要的传人。1939 年,黎锦光担任百代公司音乐编辑,为上海各电影公司作曲。黎锦光写曲,速度快、质量高,《夜来香》《香格里拉》《采槟榔》《五月的风》《叮咛》《慈母心》《疯狂世界》《星心相印》《相见不恨晚》等数百首流行歌曲皆为其作品,尤以《夜来香》最为知名。

当时"黎氏八骏"中在明月歌剧社的还有黎锦纾。黎锦纾排行第四,人们通常称他为"四爷"。他并不从事音乐工作,只是在德国读完博士后暂时待在明月歌剧社,因而提起"明月"时鲜有会提到他。1925 年,黎锦纾在德国参加中国共产党,与朱德、邓小平同在一个党小组,1926 年参加北伐,任国民革命军总政治部教育股长兼武汉军事整治分校筹备委员。在明月歌剧社时,聂耳并不知道他的共产党员身份,只是随着思想的转变,聂耳愈发觉得跟"四爷"的谈话越来越投机,艺术观、价值观也趋于一致。

◆ 1931 年,聂耳(左)与黎锦光合影

◆ 1931 年 5 月,聂耳(右)与严励摄于南京

◆ 1931年初，聂耳（右）与张少甫、严华在南京鼓楼饭店门口留影

◆ 1933年，聂耳（右）与黎民伟（中）、吴永刚（左）在飞机前合影

49. "小老师"王人艺

1931年5月,聂耳加入联华歌舞学校后不久,即由黎锦晖带队赴当时的民国首府南京演出,聂耳作为实习生同行。回到上海,黎锦晖便安排社里的首席小提琴师王人艺教聂耳练琴。王人艺与聂耳同岁,论生月还比聂耳小一些。聂耳亲切而恭敬地称他为"小老师"。

聂耳对自己没有接受过音乐的"正式教育"及由此引发的种种问题有着充分的认识和自觉。他十分珍惜学习机会。王人艺从聂耳身上,看到了自己初学琴时的样子。聂耳对小提琴有满腔的热爱,上课时在乐谱上认真地记下老师的各项要求,"回课"时总能按要求拉出来,一天练琴七八个小时,若是有一天因为事务耽搁了,他在第二天便要加倍地补回来。

聂耳是个活泼开朗、喜欢玩闹的人,可是一开始练琴,他便安静下来严肃起来。多年以后,王人艺回忆起旧事,还认为电影《聂耳》中赵丹演聂耳拉琴的表演不对,聂耳拉琴的时候不是飞扬的得意的,他是虔诚的,充盈着敬畏之心。聂耳深深地知道,这小小的乐器里藏着伟大的音乐世界,自己在这个世界面前永远是一个毕恭毕敬的"小学生"。

聂耳学琴的态度也进一步激发了王人艺的责任心。当时,王人艺一边工作,一边也在向上海工部局乐队的首席中提琴师奥地利人普鲁什卡学习。他把自己学来的技巧,经过融会贯通后,又毫无保留地传授给聂耳。联华歌舞学校的宿舍很小,在不到20平方米的房间里住着七八个人。两人就经常站在房间的对角练习。聂耳还把这三四尺见方的角落称为"我的门角落学校"。

正式练琴一个多月后,聂耳便感到了琴艺的飞速进步。

在王人艺的指点下,他逐渐摸清了练琴的门道,对自己充满了信心。他记述道:"在过去我曾几度地对它失望过,老是想把它早些中止掉,去学别的乐器。到现在我才觉得,那不过是一种暂时的困难,只要竭力闯过这难关,无形地便有进步了。"7月7日,

聂耳第一次在王人艺没有到场的情况下代替他登台演出。

8月底,因为要去北京学琴和养病,聂耳的"小老师"要离开"明月"。聂耳觉得这变化太突然了,他已经习惯了跟王人艺一起练琴、演出的生活,一时间除了不舍还有些不知所措,他担心自己以后练琴会"误入歧途"。王人艺在临走前给聂耳拉了一段基本练习和《纪念曲》,在乐谱上给聂耳画了《纪念曲》的指法。聂耳在王人艺熨烫衣服的时候拉了一首《送别》。没有过多的言语,他们把对彼此的期待和感激都放在了乐曲里。

王人艺离开上海前,把聂耳介绍给自己的老师普鲁什卡,跟他学琴。3个月后,王人艺回到上海,普鲁什卡对他说:"聂耳进步非常快。"普鲁什卡是一位要求非常严格的老师,能够得到他这样毫不吝啬的称赞并不容易。可是聂耳,他那么聪明,却又谦逊、勤奋,是人人口中的"拼命三郎",怎么会没有进步呢?进入联华歌舞学校一年多后,经过孜孜不倦的苦学苦练,聂耳终于获得惊人的进步。每天捧着丰子恺的音乐书,他的乐理提升了;演奏方面,不单单是小提琴,二胡等民族乐器他都钻研过;他还表现出不一般的品评能力,无论东西方音乐,他都能说出个高下来……用黎锦晖的话说:"他既专且博。"

◆ 1931年4月,聂耳考取明月歌剧社。聂耳(中)与他的小提琴老师、明月歌剧社首席小提琴师王人艺(右)、大提琴师张少甫(左)合影

50. 亲切的"镊子"

进入明月歌剧社后,聂耳和剧社的小演员们一起住在恒德里,虽然房屋简陋破旧,但聂耳和几位社员打扫过后,倒也焕然一新。他们还在空地里装了个单杠。

闲暇时,聂耳就和一些同伴在集体宿舍弄堂前玩耍。聂耳性格爽直,扬善而不隐恶,秉着正义感和同情心,有时正言厉色,有时讲些带点善意的玩笑话。他身边的先进分子都爱戴他,朋友们喜欢叫他"镊子",仿如外科医生镊取人身上腐烂的肌肤,被镊取的人不免要感到痛楚。

王人美是王人艺的妹妹,跟哥哥一起进入明月歌剧社。和其他女孩子不一样,她学了些乐理知识,能识谱,一首歌出来,她总是先唱的那一个,唱会了再教其他人。1931年起,17岁的王人美先后参演了《银汉双星》《共赴国难》《芭蕉叶上诗》。1932年,她与金焰搭档主演了电影《野玫瑰》,开始真正走红。1934年,她与韩兰根合作主演电影《渔光曲》,并演唱该片的同名主题曲,同年,还演唱歌曲《梅娘曲》,该歌曲是话剧《回春之曲》的插曲。1935年,王人美加入电通影片公司,并与林楚楚合作主演剧情电影《小天使》,同年,与袁牧之共同主演抗战电影《风云儿女》,并演唱该片的插曲《铁蹄下的歌女》,并在片中饰演少女阿凤。可以说,在聂耳作曲的许多电影主题曲中,王人美都是主演主唱。因为聂耳跟随王人艺学琴,所以在两人初相识时,自然就比其他人走得更近一些。王人美虽然比聂耳小,但入社更早,常在生活方面给聂耳一些照顾,调皮的聂耳称她为"dry sister"(干姐姐),她也称聂耳为"dry brother"(干弟弟)。

白虹,原名白丽珠,与聂耳同一批加入联华歌舞学校,是同一批学员中年龄最小的一个,尚

◆常德路恒德里(聂耳工作过的上海明月歌剧社后期旧址)

不足12岁。聂耳待她如小妹妹一般，喜欢她单纯明净的性格，也怜惜她小小年纪就离开家庭一个人生活。1932年，白虹在百代唱片公司灌下她的第一首歌曲《晚香玉》，迅速走红；1934年在播音歌星竞选中力压周璇夺冠，成为中国流行音乐史上第一位"歌唱皇后"；1945年1月举办歌唱大会，是第一位举办个人演唱会的内地流行歌星。这些都是聂耳离开"明月"之后的事情了。在与她相处时，聂耳只觉得小白是个单纯而具有可塑性的孩子。她的喜怒哀乐挂在脸上，又像孩子般会有"霎时风霎时雨"的阴晴不定，前一天吵了嘴，后一天便和好了。她的悲喜常常牵动着聂耳这个大哥哥的神经。

在1932年2月17日的日记中，聂耳写到了自己对小白有更多的关爱："我累累提及的小白，着实是产生了这种情感（爱）的表现。……我这爱，也不过是一般的爱而已，并不会想到什么特殊的企图。只愿她能像我自己的小妹妹一样，因为她是这么小的一个小孩。"他也知道小白对自己的依赖并不是成年人之间的

◆1932年，聂耳在上海明月歌剧社与小演员白虹（中）、黎明建合影

爱。谈到爱情,他在日记中这样写道:"说到真正的能同走一条路,同一思想行动,还是我的'三人'好('三人'即袁春晖)。好久没有接到她的信,不知她还是以前的思想吗?今晚接由上海转来的她的信,安慰了许多。"几天后,张少甫也跟聂耳谈到小白,希望聂耳"种下一个苗"(希望)给她,如父母对待儿女一样地去教育她,使她成为一个很好的孩子。

聂耳很不愿意看到这些天真纯洁的女孩子被浮华的风气所侵蚀,陷入物欲和骄傲的泥潭。他发自内心地感慨:"她们会有上进、有大希望的吗?除非她们曾切切实实地为自己的前途打算过,这些可危又可怜的人们!"聂耳在小白生日的时候送了她一本朴实的日记本,希望她好好充实自己。

在1932年6月25日的日记中,他写到胡笳想要谈心的时候总是找"镊子","我愿在可能范围内去诱导她",鼓励她多读书。他从胡笳的随笔中看出她的文艺天分,"若果她能再找些比较新一点的书看,也是很可造就的一个孩子"。王人美在回忆录中也谈到聂耳劝自己多读书。聂耳几乎总是找机会给社里所有的人说多读书,多想想自己将来要成为一个怎样的人。

将来要成为一个怎样的人?这也是"镊子"一直在寻找答案的问题。

◆拍摄电影休息时,聂耳与王人美在海边留影

51. 聂耳名字的由来

聂耳以"聂紫艺"这个名字考入联华歌舞学校,进校之后又得了"镙子"这一绰号,但说到名字,最重要的是,在这里,他有了"聂耳"这个名字。

起初是因为他的耳朵会动,闲暇时常以此给大家逗乐;后来,大家发现聂耳的听觉特别灵敏,他能分辨音阶中的细微差别;又因为他姓聂,聂的繁体字由三个"耳"组成,社里的人就称他为"耳朵先生"。聂耳听了这个绰号很高兴,他干脆又加了一个"耳",把名字改为聂耳了,自称"四只耳朵"。

1931年7月10日,聂耳离开云南整整一年了。在这一天,他认真地盘点了自己到上海以后的得与失,认为最应该警惕的是要让自己避免陷入病态地、畸形地讨生活的日子,而忘记了"进步"这一中心思想。

在8月10日的日记中,他再次确定了追求新生这一道路,并认识到:"新的脑子要随时配备新的养料,才能向着新的轨上发达。"也是在这一天,他宣告:"The passed Nie Shou-Sin was not the Niel of this time."(过去的聂守信,不是现在的聂耳)。聂耳,意味着新生。

1931年8月24日,是联华影业公司总经理罗明佑的生日。公司在电影制片厂搭了台子,在台中央还挂上了用红色电光片剪贴的"寿"字,并通知联华歌舞学校要去参加联欢。由于事前没有准备节目,女孩子都不愿去跳舞。于是大家七嘴八舌地推荐聂耳,让他代表联华歌舞学校出个节目,还帮他出了点子,节目就叫《聂耳博士演讲》。

因为是大老板过生日,所以来宾众多。那些电影文艺界的明星们大多是广东人。许多艺术家都登台献艺,表演了精彩节目。观众有近300人。当天晚上,著名的粤剧演员兼电影演员紫罗兰的粤剧演得最好,很受欢迎。

《聂耳博士演讲》的节目到了,他身着西装从容上台,气度

不凡,开始表演他的拿手好戏。他先用英语、法语、日语演讲,接着分别用上海话、广东话、昆明话进行翻译,然后模仿多种动物的动作和叫声,最后学着紫罗兰小姐的风姿跳起了埃及舞。聂耳精彩的表演,赢得了观众雷鸣般的掌声。笑声和欢呼声更是一浪高过一浪,把整个游艺晚会的欢乐气氛推到高潮。演出结束后,朋友都跑来和他握手,表示祝贺。

罗明佑总经理赠给"聂耳博士"一盒包装得十分精致的礼品。打开一看,原来是一盒饼干。聂耳在"联华"的好朋友金焰跟孙瑜导演一起看了这场演出,孙瑜特意找到聂耳握了个手,称赞了他的演出。这次晚会之后,"聂耳"这个名字就更广泛地传播开来。

在小有名气后,他曾欣喜自豪地写信给母亲:"在上海艺术界中,提起'聂耳',已经相当多的人知道了,尤其是许多电影刊物常常可以见到'四只耳朵'的名字。妈妈,您应该够开心了吧!"

在联华歌舞学校,聂耳是有天赋的"四只耳朵",也是练琴练到废寝忘食的"拼命三郎"。无论是周末,还是中秋,对他来说都没有区别,所有的活动就是练琴学习而已。"叫什么中秋节?不要想到还好。别人都出去,看的看电影,游的游公园,只有我老守在家里看《作曲法》。"他曾经写信给家人:"我不愿把一分一秒有用的光阴耗之于无聊。音乐、戏剧、电影,便是我一生的事业,我愿在这一生里去研究、学习。"

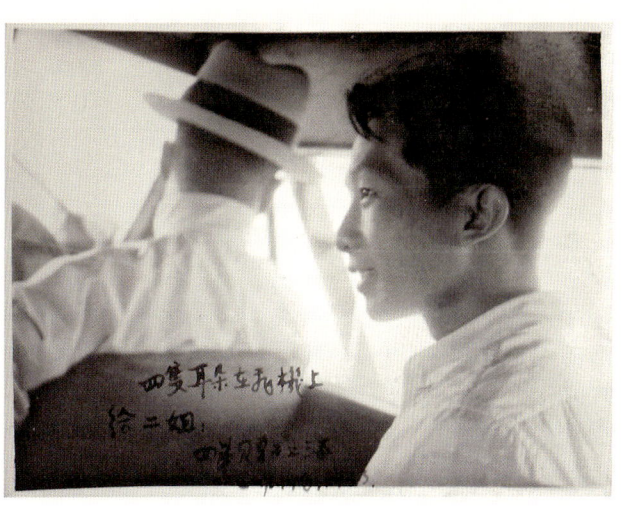

◆ 1933年9月18日,聂耳在拍电影时的工作照,签名"四只耳朵在飞机上"

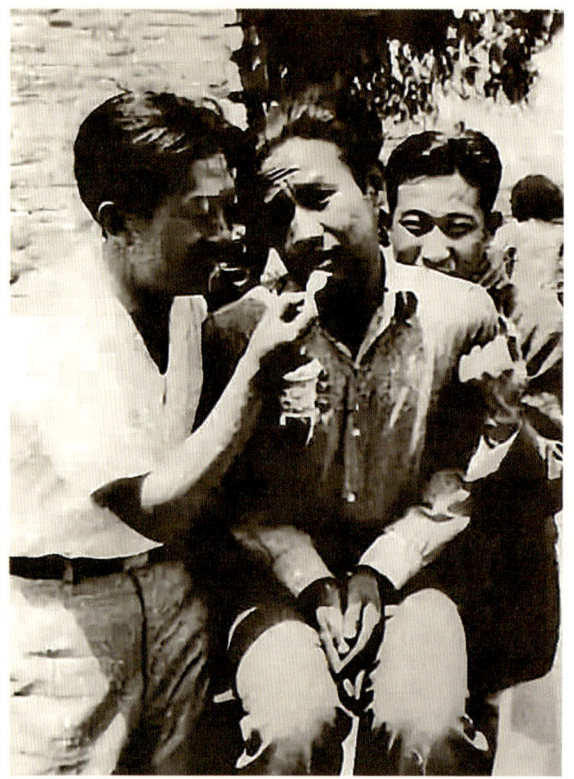

◆ 1932年，进行滑稽表演的聂耳

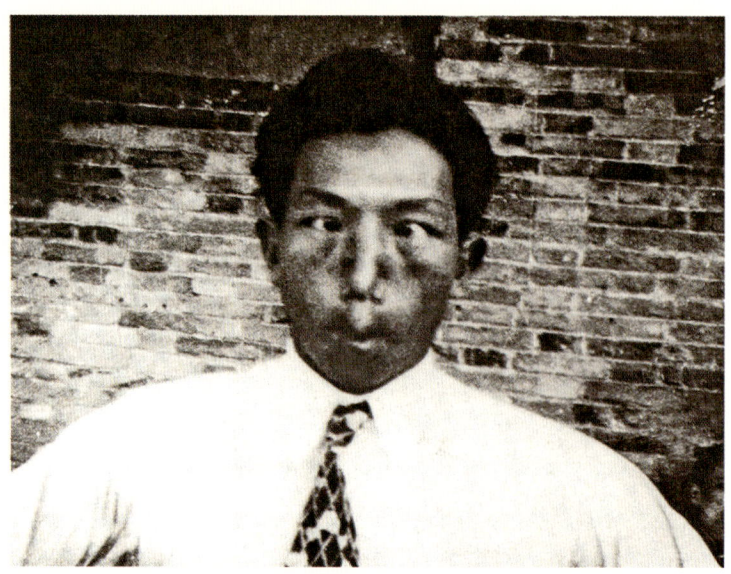

◆ 聂耳的绝技——斗鸡眼、动耳朵

52. 朝夕相处的朋友金焰

金焰，中国第一代影帝、国家一级演员，周恩来称他为"中国的驸马"。他原名金德麟，1910年4月8日出生于朝鲜汉城（今韩国首尔），父亲金弼淳是朝鲜最早的一批西医，因参加朝鲜民族独立运动而受通缉，全家于1912年移居中国黑龙江省齐齐哈尔。1919年父亲去世后，金德麟到上海投奔姑母，两年后随姑母一家迁居天津，后在南开中学念书。

颠沛流离、清苦贫寒的生活使他快速地接受革命思想。他深受鲁迅影响，甚至要把金德麟的名字改成"金迅"，以示和鲁迅相通，因觉得不够响亮，又换成"焰"字，意为像火焰一样充满活力与热情。1927年结束了中学生涯（肄业）后，金焰与朋友凑钱买了船票，只身来到上海。他曾写了一些小说投稿，但基本没被采用。由于爱看电影，他被介绍到民新影片公司，但只是打杂，做剧务、场记等，还在电影院看门，晚上就睡在一条长板凳上。条件虽然艰苦，但是看着放映的电影，金焰会琢磨如果是自己去演，该怎样演。

一年后公司破产，金焰生活无着落，所幸经卜万苍介绍加入田汉主办的南国艺术剧社，担任舞台演员。田汉喜欢这个高大帅气、喜欢表演又充满革命热情的青年。金焰在上海无落脚之处，田汉便喊他住在自己家中。金焰接受了田汉的指导，先后在《莎乐美》《卡门》《回春之曲》等话剧中出演重要角色，这极大地锤炼了他的演技。

1929年，金焰在民新影片公司任记录员时，被导演孙瑜看中，在电影《热血男儿》中担任配角；同年，孙瑜又让金焰在他拍摄的电影《风流剑客》中出演男主角。1930年，金焰加入上海联华影业公司，随后与阮玲玉领衔主演了爱情电影《野草闲花》。至此，金焰成为20世纪30年代最炙手可热的当红小生。他连续两年在《电声日报》推出的"中国十大电影明星"票选中得票最高，获得了"电影皇帝"的美誉。在拍摄《野玫瑰》后，金焰与王人美相恋，并于1934年结婚。

从小受父亲的影响，到上海后又长期和田汉在一起，生活中

看到了太多人因战争而颠沛流离,金焰的抗战爱国情怀早已深植心中。虽然他和聂耳早已认识,但真正熟络起来,是在九一八事变后。战火烧到了中国的土地,齐齐哈尔、哈尔滨是金焰的第二故乡,他在九一八事变后以签名照为抗战募捐。聂耳也清醒地看到了日本人的野心。与国民党当局的"不抵抗"政策不同,两个年轻人认为应该坚决抵抗。

共同的认识让两个年轻人越走越近,他们在一起不仅谈论电影,更谈论战争局势。"一·二八"事变后,聂耳约着金焰、王人美一起到闸北前线观战。金焰在回忆文章《我的朋友"镤子"——那时候朋友们都这样叫他》中写道:"从'九一八'认识他起,到他赴日,几乎天天都在一起。"

1932年,金焰加入了左翼戏剧家联盟。这一年春天,聂耳也与田汉相识。聂耳和金焰两人之间有了更多共同的话题。关于文

◆金焰与王人美结婚,聂耳站在两位新人的背后合影

艺的发展方向，两人有许多共同的认识。1932年6月，金焰在《电影时报》上发表文章《献在爱好我的观众之前》，指出中国电影必要走的而且是唯一的出路，便是赶快打消对帝国主义、资产阶级的幻想，集中力量打倒帝国主义。虽然势单力薄，但他尽一己之力，利用自己的影响力，想要影响更多的电影人、更多的民众。

在看过金焰的这篇文章后，聂耳在日记中写道："一时激起我的发表欲，想对他来一个相继的意见。"在聂耳以"黑天使"之名发表了对"明月"的批判后，金焰是最早猜中"黑天使"身份的人，并暗中维护"黑天使"的观点。多年以后，回忆往事，金焰说："'一·二八'的炮声震动了他的警觉，他批判了自己，同时批判了那时候的"明月"为黄色歌舞。"

1934年，金焰与张翼、郑君里等共同主演了由孙瑜拍摄的电影《大路》，扮演唱着劳工号子的筑路工人，对于金焰来说，这是银幕形象的大胆转变，也是他的艺术选择。1937年11月，上海沦陷成为孤岛。日军派汉奸上门劝说金焰拍摄歌颂日本军国主义的电影，金焰严词拒绝。其后，金焰辗转到了抗战后方重庆。

1949年7月17日，在《文汇报》"聂耳逝世十四周年纪念特刊"中，金焰说："上海解放后我特别更多地想到他，他终于没有看到解放的日子。"

◆聂耳在上海机场塔楼上拉琴

131

53. 九一八事变中的震惊

1931年9月18日,九一八事变爆发。但是,《申报》和《时报》都在两天后才报道了九一八事变,聂耳直到9月20日才通过报纸得知九一八事变的消息。聂耳在9月20日的日记中写道:"今天——九月二十日,最值得注意的一件大事是报纸上的大字:日军占据沈阳城,炸毁南满路,东北军王以哲旅长殉难……。这是前晚发动的。"他自然是震惊的,但更让他震惊和气愤的是国民党当局的态度。

九一八事变当天,蒋介石从南京出发,前往南昌督战"剿共",得知消息后返回南京,召开会议,决定"先提国际联盟与非战公约国",表示应信赖国联公理处断,同时发布告全国同胞书,要求国人镇静忍耐,并"忍耐至相当程度,以出自卫最后之行动"。国民党的这一"不抵抗"态度无疑混淆了部分民众的认知。

聂耳觉得他在明月歌剧社工作的同事谈到九一八事变时,"总是一些国家主义的观念",而当时18岁的聂耳却有着惊人的清醒,他在日记中批评道:"他们就不知道这是第二次世界大战必然会来的动机和导火线,现在有什么办法呢?望靠谁解决都是狗屁,什么国际联盟!它不是一样地在想找饮食吃。"

9月21日,聂耳尚在睡梦中,就听到许多人叫嚷着日军到天津、北平了,消息来自这一天的《时报》的相关内容。花了一个多小时看完《时报》后,聂耳的怒火又加一层,国民党的自欺欺人和欺骗民众让他彻底愤怒。他在日记中写道:"日本帝国主义的侵略,全是有准备、有计划的,报纸上还说什么'……不过是下级警民的冲突,日本政府对中国是没有一点敌意的'。他妈的!这种不可隐蔽的事,你到如今还要来欺骗人!"

与报纸上的风轻云淡不同,九一八事变以后的上海,气氛异常紧张。聂耳明明看到,日本商店门口竟堂而皇之贴出"庆祝日军占领沈阳"的标语;日本驱逐舰以保护侨民为借口开到了上海的港口;虹口一带日本警察密布,洋洋得意地对华人显示出骄

态；日本人在汽车上插带有标语的旗帜来示威，同文书院的日本学生散布各戏院、游戏场，横冲直撞……

1931年9月26日，也是这一年的中秋节，日本表示将不接受国联的仲裁，并主张中日两国直接交涉。这一年的中秋节，聂耳也觉得异常凄凉，在霞飞路1258号3楼他临时租住的亭子间里，他练琴看谱，研究《作曲法》，这些都是他做惯了的事情，但是这一天他的心里却颇不平静。他在日记中写道："可怜我们这些无家可归的人，如此凄凉地去度中秋……别人都出去，看的看电影，游的游公园，只有我老守在家里看《作曲法》。"是时候做出一些改变了。

国难当头，电影界风气看似开始变化。联华影业公司也成立了"联华同人抗日救国团"，并于10月4日在光华大戏院召开第一次全会，到会150多人，全是联华影业公司的演职人员。看似颇有声势，但在聂耳看来，会开得有点失序，甚至有些荒唐可笑。"联华"上海分管理处负责人陶伯逊报告开会的理由"扯得太远"，耽搁了很长的时间。"通过简章，简直闹得一塌糊涂，有的不懂开会常识；有的图得女子可以取笑，发表最无聊、最顽皮的意见；或是无谓地争执。这样一个严肃、感慨的会，哪里能容得你做那些浪漫行动？"

抗战的形势如此紧迫，艺术界的举动还如此儿戏，对此聂耳极为气愤。11月9日，聂耳得到赠票，到中央大戏院观看梅花歌舞团的表演，其中一幕话剧《一个铁血下的女性》，"是一个以此次中日事件的一部分做出来的投机东西，剧情是本来的、清淡而容易动人。然而他们表演出来，总给人感到不够，应该有紧张的谈话时，却被一些很平淡的声腔减煞了本意。……更别提其他不合时宜的节目"。

在聂耳的心中，关于文艺的观点日益明确：文艺有"合时宜"与"不合时宜"之分，所谓"合时宜"者，便是合乎时代、国家、人民之需要。否则，难道在炮火纷飞时，我们还要沉迷于"毛毛雨"的绵软？同时，对于有些问题，他也在不断追问：文艺该如何表现抗战？文艺该如何融入时代？自己该如何才能创作出满足时代需要的作品？

54. 创作《义勇军誓词歌》

东北抗日义勇军是东北沦陷初期以旧军队为基础的自发抗日武装力量的总称,并没有统一的组织和指挥系统。这些部队在抗击日寇的过程中,又吸纳了大量的民间武装力量和各阶层的抗日群众。他们在东北各地英勇抗击日军,与东北正规军的不抵抗相比,东北义勇军的抗日斗争使民众看到了收复东北失地的一线希望。

根据史料记载:"义勇军之首领多数为热心血性,且富于情感之青年,慨于国难当头,决意牺牲一切,不顾利害,不计成败,愿尽报国义务于万一,为利禄是贪藉此号召以随个人私愿之所图者则甚少。""充当义勇军之人员,多数为由事变以来,不堪受日人之横暴侮辱,不愿作亡国奴之血性青年,少数为因受事变之影响不堪各种之涂炭,不能维持其生活者。""东北的义军,多是绿林兄弟,农村民众,他们揭竿而起,不计胜负成败,不顾身家性命,只凭不甘为亡国奴的民气,不甘受日本的统制!"可见,东北抗日义勇军的成员覆盖了学生、军人、农民等不同群体,绝大多数是基于民族大义而举起抗日大旗,体现出东北民众普遍的抗日意识。在民族大义面前,抗日超越了阶级和阶层的界线,在民众中形成明确而广泛的抗日共识。

高鹏振,1898年出生,黑山县英城子乡朝北营子人,少年在新民文会中学就读,后考入奉天文萃书院,大学二年级因家庭变故而辍学回乡。1924年夏季,高鹏振因不满奉系官兵欺压百姓,开枪打死9个兵痞而被逼逃亡,组建了"仁义德绿林会"。

九一八事变时,高鹏振正在沈阳养伤。据1933年出版的《抗日血史》一书中记载:"高鹏振在九一八事变后,即在沈阳集合部属14人,击死日兵3名,得大枪12支、手枪9支、子弹2000发……"随后,高鹏振率部回到家乡,以旧部为基础,召集两三百人,组建了全国第一支抗日义勇军。据《黑山县志》记载:"1931年9月27日,高鹏振为抗日救国,主动取消匪绺山头,在朝北营子建镇北军。"

清光绪二十八年（1902年）黑山县曾名为镇安县，高鹏振便在"镇安县"和"朝北营子"中各取一个字，将这支抗日队伍命名为"镇北军"。在镇北军成立的誓师大会上，高鹏振为了鼓舞将士们杀鬼子的士气，创作了义勇军誓词："起来！起来吧！不愿做亡国奴的人们！山河碎，家园毁，爹娘成炮灰，留着我们的头颅有何用？拿起刀枪向前冲！杀！杀！杀！"

张永兴，1896年出生，曾在南开中学就读，后因家庭生活拮据而辍学。1922年，他加入国民党，积极拥护孙中山"联俄、联共、扶助农工"的方针，曾组织教育界人士成立小型学习会，介绍苏联和共产党的情况。他在丹东通过办报颂扬反日英雄人物，鞭笞投敌卖国的汉奸，并组织反日示威游行，领导工人大罢工……为此，国民党当局和日本人对他恨之入骨。1931年9月初，国民党对他实施抓捕，他逃往沈阳。

张永兴到沈阳后不久就爆发了九一八事变。他随难民来到北平，参加了东北民众抗日救国会。当时他不顾自己患有严重肺病，主动请缨出关组织义勇军抗日，得到领导同意后，只身重返沈阳。通过高鹏振的老师金同志介绍，他于10月2日来到镇北军驻地，协助高鹏振领导这支抗日队伍。张永兴由此成为"救国会出关第一人"。他与高鹏振并肩战斗4个多月，1932年2月回到救国会另有重任。就在这一年，经时任共青团北平市委宣传部秘书王兴让（新中国成立后，任东北财委副主任兼东北贸易总局局长）介绍，他加入了中国共产党。

张永兴对救国军最特殊的贡献，是他把高鹏振创作的义勇军誓词填到《满江红》古曲中，成为《义勇军誓词歌》，并在辽西、辽南义勇军中广为传唱。1933年，聂耳随"左联"慰问义勇军，便听到了这首《义勇军誓词歌》。

"东北义勇军，纯为民众之武力，乃国民激于爱国之热忱，毫未夹杂他意，故不惜挺身为国牺牲，甘愿肝脑涂地，明知以卵击石，情愿与日肉搏，以尽国民之天职。"非正规武装的抗日义勇军能在民族危亡之际毅然奋起抵抗，恰恰代表了中华民族宁死不屈的精神。

◆ 1932年，聂耳摄于上海

55. "一·二八"事变后的思索

聂耳在急切地寻找着艺术的正确道路,然而战争的形势却更为紧迫。1932年1月28日,"一·二八"淞沪抗战爆发,蔡廷锴的十九路军殊死抵抗。聂耳知道他们曾有"湘赣剿共"的经历,他写道:"现在既有这样机会,当然只有和矮鬼干一干,要比打自己的弟兄好得多,也是他们唯一的出路。"这些敏感的话,后来被聂耳擦去了一行半。

当天下午,聂耳与王人美、金焰一起步行到北四川路打探消息,一出门便见恐慌的景象:"店铺都关了门,甚至于大马路中外大小商店。战斗机旋绕天空,嗡嗡声不绝于耳。满街都是搬家的汽车、黄包车、小车,一看便知他们是自华界逃向租界来的。火烧房子的黑烟,有三四起之多,到北四川路看着,简直大得可怕。枪声忽断忽续地响。"

众人挤在靶子路口看热闹。"乒乓乒乓乓乓!!忽然在不远的地方响了起来,好像就在'奥地安'附近。一会儿只听见吼声,那一大群等待着的人如墙倒似的向一个方向飞跑。"聂耳在大马路买了一份《大美晚报》,一边走一边看:北站被炸,商务印书馆起火;金利源码头掷炸弹,炸伤三人;日军死伤百余人……街上有工部局宣布戒严的布告,在北四川路还贴着"大日本帝国海军陆战队布告",有的商店门口贴出"日兵犯境,罢市御侮"的标语——这才是中国人的心声。

回去的路上,王人美记得聂耳慷慨激昂地说:"我们应该有抗战的音乐、革命的音乐,抗战的舞蹈、革命的舞蹈。是啊,要用这些抗战的艺术去感染民众、去激励民众,家国沦丧,怎能还在看热闹?"

他写道:"当晚黎锦晖请满月客,在中社吃大菜,但觉喝酒不痛快。"不痛快,也许是因为这一夜,深夜在晒台能清晰地听到机关枪声响得更加厉害,战事好像越来越近。民族危难之际,又哪里还有心思喝酒?深夜,聂耳看着头上的月亮,他只觉得这

明月被云遮住了,晦暗孤冷。他想到了早在云南时看过的小说《冲出云围的月亮》。他想要寻找心中的月亮,明亮的月亮,冲出云围,洒下清辉,驱散黑暗!明月,在哪里呢?

虽然思考与寻找的过程焦灼而痛苦,但是聂耳不会轻易放过自己。他说:"再想下去吧!至少也要对于自己的生路有个比较可靠的估量。你知道,一切都在转变了!"三天后,聂耳的思考和苦恼愈加强烈。"怎样去作革命的音乐?"这已经成了聂耳整天思考的问题,但他所苦恼的是总是想不到一个具体的计划,但他已经对纯音乐的道路持否定态度了。

聂耳心里想:"所谓classic,不是有闲阶级的玩意儿吗?一天花几个钟头苦练基本练习,几年、几十年后成为一个violinist又怎样?你演奏一曲贝多芬的《Sonata》能够兴奋起、可以鼓动起劳苦群众的情绪吗?不对,此路不通!早些醒悟吧!你从前是怎样一个思想?现在居然如此之反动!照世界现在的情势,你想能给你很顺利地每天拉基本练习吗?像此刻的混战,简直不能安心地工作,以后不知还有如何厉害的转变?!

◆ 1932年春天,聂耳摄于"一·二八"战火弥漫处

聂耳深知，古典音乐无法唤醒民众。随着战争规模不断扩大，上海电影界也遭到了严重的冲击，电影院停业，电影公司经营困难，难以为继。联华影业公司也不得不裁员。3月24日，公司解散附属的歌舞学校，解雇全体团员。黎锦晖立即恢复重组明月歌剧社，自己担任社长，选出11名执行委员制订经营管理制度，聂耳当选为音乐组执行委员。

国家的命运、"明月"的明天、个人的选择，这些问题盘桓在聂耳的心头。前路的不明朗让聂耳心神不宁，他急于寻找答案，却找不到出路。4月21日，聂耳在日记中写道："数日来胡思乱想，弄得神志昏乱。"明月歌剧社纪律之混乱随时可能导致社团瓦解，又让聂耳忧心忡忡："现在外力的引诱实在不是这些懦弱的女子可以抵御的。老实说一句，她们不是受物质条件的支配吗？"

◆聂耳在弹吉他

56. 怎样去作革命的音乐？

　　1931年九一八事变之后，中国面临着山河破碎、人民惨遭奴役的严峻威胁，在这生死存亡之际，中华民族掀起抗日救亡运动的大潮。1932年"一·二八"事变爆发，日本帝国主义的战火烧到上海近郊，局势愈发严重，国难迫在眉睫。自抗日战争爆发以来，乐坛上也自觉地吹起一股革命的新风，创作出一批以揭露帝国主义罪恶、宣传抗日救国为主题的歌曲。

　　当时聂耳虽然身在盛产"靡靡之音"的明月歌剧社，但他在思想上和艺术上都极力追求进步。面对日本加剧侵华的现实，聂耳满腔义愤；面对中国人民抗日力量日愈壮大的现实，聂耳热情高涨。他要求自己紧跟时代前进的步伐，经常在思想上、工作上、生活上、艺术追求上进行深刻反思，并且时常反问自己："难道自己还要沉浸于个人奋斗和成名成家的幻想中吗？"在否定了个人奋斗之后，觉醒的聂耳又经常思考一个问题："音乐作为抽象的艺术，能否为革命服务？"

　　此后，通过学习，聂耳清晰地认识到，音乐不是神秘的艺术，音乐是现实的，没有人的思想情感就没有音乐。于是聂耳把思想发展和艺术进步结合起来，一面关注国运兴变和民气振发，一面加强文艺理论的学习，深入钻研音乐艺术，包括向外籍音乐家学习小提琴，苦练中国民族乐器，探究中国传统音乐记谱法，研究唱片音乐等，还经常四处借钱买票去听演唱会。

　　随着音乐才能的精进，聂耳开始尝试自己创作乐曲，并在创作过程中关注起"歌曲如何才能为群众接受"这一问题。他逐渐认识到："着实，现在我必须要这个（指大众音乐的立场）来指导以下音乐的正当出路，不然，自己想着有时的思想竟会和社会、时代冲突起来，这是多么危险的啊！"此后，聂耳经常携带一个小本子到人民群众中去，随时记录下来自民间的劳动号子、话语腔调等，并把它们作为音乐素材加以研究，努力尝试将音乐的创作与劳动人民的生活现实密切结合在一起。

　　为解答这一严肃命题，与明月歌剧社决裂的聂耳从上海辗转到北平，又从北平回到上海，一路苦思，一路探索。他毅然担负起用艺术激发人民抗日热情的历史使命，不断地在革命的坎坷路途中磨砺，在艺术的险峰上攀登，最终成长为一名伟大的革命音乐家。

◆1932年，在明月歌剧社担任乐师的聂耳

57. 一个冒险的摄影经历

"一·二八"事变以来,聂耳一直很想同联华影业公司摄影队投身到战区去拍新闻,但好几次都被拒绝。1932年2月11日清晨,明媚的阳光鼓舞着这个20岁的热血青年,指引着他只身一人踏上了一段冒险之旅:去日占区,用镜头记录下日本人侵华的罪行!

走在马路上,抬头就能看到远远的闸北上空,有六架日本飞机列队盘旋着,向闸北附近的房丛投下炸弹,"轰隆,轰隆",爆炸处涌起一堆青黑色的蘑菇云。接着,又出现两架中国飞机在和日本飞机"捉迷藏"。聂耳急忙打开镜箱,可惜从照相机镜头里看起来,它们实在是太小了。于是他转移镜头,去拍黄浦江上不同式样的外国军舰,就连停在日本大使馆门前的军舰也偷拍到了。

然而聂耳觉得不满足。

"一个负有使命的新闻记者将会去拍摄那些危险的、稀奇的、意外的。"聂耳把自己当成那个负有使命的新闻记者,他迫切地跳上九路公共汽车,朝着危险区域前进。

车到汇山码头,通行受阻,原来是敌人在检阅从日本新运到的陆军。日本军车一辆辆列队从码头驶出,车上的日本兵对着路旁围观的百姓狞笑,做出傲慢得意的姿态。"一群憨兵!你们不晓得自己正被拉去送死啊!"聂耳心里愤愤地,同时升起莫大的悲哀。

车队过完,九路车继续向前,把聂耳带到终点站。眼前是公共租界,高高垒起的沙袋上插着美国的星条旗,几个持枪的美国大兵在工部局的电灯发电所前徘徊。聂耳走过去,礼貌地用英语和美国大兵交流,获得通行准许后,他很快来到美军防线以外的日占区。街道上有日本武装机器脚踏车和日本便衣队车子来往穿梭,街边一些屋顶上撑着大大小小的日本旗,江水中停泊着一艘巨大的日本军舰,通体黑色,气势汹汹,像一个随时准备吃人的大怪兽。军舰机舱四围伸出粗壮的炮筒,炮口冲着远处无辜的楼房。起重机上下移动,水上飞机一副蓄势待发的样子。高高的桅杆上,

探海灯被阳光映射,显得格外刺眼。

聂耳正要拍照,一架日机飞来,低低地盘旋几圈之后又飞走了。他心里一紧:"要是被日本兵抓住怎么办?"几乎不用想,他就有了答案:"不就是损失一个照相机嘛!"于是,一番东张西望之后,聂耳找准时机,飞快打开镜箱,扭转轴轮,对焦,"咔嚓"一声响,拍下一个镜头。"啧,这才是我所期待的新闻!再来一张!"

突然,身后一声急刹。"糟了!"聂耳急忙收起镜箱回头。果然,面前停了一辆敞篷汽车,车上是一个车夫和几个日本军官。"你在干什么?!"军官们目光凶狠,其中两个下了车,持枪走向聂耳,一人把枪口对准聂耳心脏的位置,一人微笑着夺去他手中的相机。可怕的微笑!聂耳的心怦怦乱跳。那军官捣鼓了几下相机,没能打开,便命令聂耳上车。聂耳心一横,呆立不动。

周围已聚起了一些围观者,两个外国人走出人群,是聂耳之前说过话的美国大兵。一个美国大兵缓缓按下日本军官的枪口。聂耳突然醒悟不能坐以待毙,他赶紧说:"你们想要底片的话,

◆ 1932年"一·二八"战事进行时,聂耳拍摄到的日本军舰

我给你们！"

"他把底片给你们，行了吧？"出于同情，美国大兵也说。

聂耳察言观色，不等那日本军官把相机举到面前，立即夺过来打开，抽出胶卷抛给他。最终，美国大兵扶着日本军官的肩膀，把他们送上了汽车。

脱险的聂耳惊魂甫定，回到美军垒起的沙袋防线时，掏出备用胶卷，提出要为美国大兵拍照以示谢意。美国大兵当然高兴，他们所不知道的是，聂耳拍照时，趁他们变换站位，把镜头偷偷偏移了一点，对着远处那艘日本军舰按了一下快门。

当天晚上，聂耳写了一篇《一个冒险摄影的故事》。四天后，这篇文章便以"噪森"的笔名刊登在《电影画报》第八期上。

◆聂耳使用过的"白朗宁"牌照相机

◆帮助聂耳逃脱日本兵抓捕的美国士兵

58. 黄金搭档田汉

这是一张宝贵的合影,是聂耳和田汉唯一的合影,他们之间相差了14岁,但他们的脸庞同样年轻清瘦,他们的目光同样严肃而坚定。照片拍摄于1934年初夏,那时聂耳刚经田汉介绍加入中国共产党不久。而他们的相遇则要追溯到1932年春天,那时的田汉已经是中国戏剧运动的领军人物。

1917年,田汉东渡日本,求学于东京高等师范学校(后来改称东京教育大学),在校期间醉心于戏剧与电影。1921年,田汉与留日好友郭沫若等人创立文学团体创造社,后来单独发展,主持南国社剧团。1928年,南国社剧团进一步发展成为南国艺术学院,成为涉及文学、绘画、音乐、戏剧、电影5个方面的教育机构。田汉是中国左翼戏剧家联盟的党团书记,"剧联"的目标是团结上海进步的戏剧工作者,开展文化斗争以坚实革命的基础。在革命青年的心中,田汉是人人都想见到的"田老大",聂耳自然也不例外。聂耳已经越来越不满意"明月"的靡靡之音,他迫切地想要见到田汉,谈谈自己的困惑和自己的理想。

机会终于来了。聂耳到青年会拜访另一位左翼文化战士周伯勋,谈音乐、戏剧、电影,并向周伯勋打听西安的情况。周伯勋说那里正缺音乐教员,以后可帮忙介绍。就是在这样关键的急于寻找出路的时刻,聂耳在周伯勋的介绍下见到了田汉。

1932年4月22日,在这个平平常常的日子,聂耳第一次与田汉见面。多年后,田汉回忆起当时的初次见面,对各处细节依然都记忆犹新:

> 1932年春的某一天,我在上海黎锦晖主持的明月歌剧社里,会见了一位从事音乐工作的青年聂紫艺。那是一个弦歌满耳的环境。我们找了一个僻静的房间,作了一次亲切的交谈。这位二十一二岁的青年来自辽远的西南边疆——云南省,有着不平凡的经历。他有一位勤劳

贤惠的寡母。他从小爱好音乐。中学毕业后,他离开家乡,闯荡江湖,在湖南、广东当过一阵子大兵。在广东还考进著名戏剧家欧阳予倩主持的戏剧研究所,住过很短的日子。两年前,他同一位云南商人来到上海,后来考取了明月歌剧社,当小提琴手,恢复了他对音乐艺术的追求。

他像许多贫苦学生一样追求革命。由一位进步的同乡学生的介绍,他参加了当时的进步组织"上海反帝大同盟",在上海西区一带做过群众工作。他想找中国共产党,想学习更多的革命理论,了解更多的国内外形势。他爱音乐,他迫切想掌握音乐技术、作曲知识,并演奏小提琴。他还想知道通过这些音乐武器能为革命事业做些什么。

在谈话的最后,他说,他也爱明月歌剧社,这里的艺术青年们还是有生气的,但他不满意黎锦晖的领导。他认为黎的某些不健康、不严肃的倾向毒害了这些生气勃勃的青年,使他们失去了对封建事物的冲击力。

◆ 1934年夏天,聂耳(左)与田汉在上海合影

这次见面之后,两人的联系频繁了。田汉介绍聂耳参加另一进步的文化团体"苏联之友社"的音乐小组。

与田汉的相遇,决定了聂耳作为革命音乐家的命运。"田老大"成为聂耳音乐创作与革命道路上的引路人。碍于国民党政府在文化上的白色恐怖,聂耳没有在日记中详细记录这次会谈,但是他在第二天的日记开头明确地写着"才是出路!路在何方?"聂耳心中已经有了答案——走中国共产党的道路,为人民而歌,为国家而歌。这一信念牢牢地扎在聂耳心中,再没有改变过。后来,田汉与聂耳合作创作出许多经典名曲,二人被称为"黄金搭档",《义勇军进行曲》是其中最辉煌的篇章。

◆ 1933年8月,聂耳在上海郊外散步时留影

59."黑天使"的挑战

1932年5月,明月歌剧社的江南巡回演出遭遇了史无前例的"滑铁卢"。多年之后,王人美回忆这次巡演时说:"失败的原因自然有国民党党棍和丘八的欺压、破坏,更重要的是我们失去了青年人的支持……"与时代脱钩、失去了青年人的支持,"明月"的前途一片茫然。这让聂耳痛下决心,与"腐朽"的音乐告别。从这时起,要创作革命歌曲的念头已经牢固地埋在聂耳这个具有革命热情的青年心里了。

回到上海,明月歌剧社忙于筹拍歌舞片《芭蕉叶上诗》。聂耳对于这部依然以多角恋爱为主线的影片有诸多不满。7月13日,《时报·电影时报》刊发了"黑天使"撰写的《黎锦晖的〈芭蕉叶上诗〉》一文。

"黑天使"假称曾在南京看过"明月"演的大歌舞剧《芭蕉叶上诗》,"大失所望!"闻讯要拍摄同名电影,设法打听。对方澄清,南京上演的只是该片中一部分吃醋的故事,电影"里面有激烈的战争,有伟大的恋爱,有紧凑的穿插,有美艳的歌舞,有滑稽,也有眼泪,更有爱国的精神"。"黑天使"却一针见血地指出,看似包罗万象的《芭蕉叶上诗》,不过是个投机取巧的拼盘。"黑天使"又顺势提出:"希望黎锦晖实践自己的承诺:'任凭加上三角、四、五、六角恋爱的穿插''声片之材料则以自卫卫国为枢纽''总须显到以及国难临头的暗示',并就此预祝该片成功。"

就在《黎锦晖的〈芭蕉叶上诗〉》见报后不久,7月22日,《电影艺术》第三期又发表了一篇"黑天使"的文章。这篇文章名为《中国歌舞短论》,批评矛头直指黎锦晖,语言更为犀利直接。全文如下:

> 电影艺术,本不应该谈起歌舞,但看有声片里,似乎有着很多用处,无妨就此叙述叙述。

说到中国的歌舞,不免想起创办这玩意儿的鼻祖:黎锦晖,不怕苦,带领了一班红男绿女东奔西跑,国内国外,显了十几年的软功夫,佩服!佩服!

香艳肉感,热情流露,这便是十几年来所谓歌舞的成绩。

口口声声唱的是艺术,是教育;然而,那么一群表演者正是感着不可言状的失学之苦,什么叫社会教育?儿童教育?唉!被麻醉的青年儿童,无数!无数!

黎锦晖的作品当中,并非全是一塌糊涂。有的却带有反封建的元素,也有的描写出片面的贫富阶级悬殊;然而,我们所需要的不是软豆腐,而是真刀真枪的硬功夫!你想,资本家住在高楼大厦大享其福,工人们汗水淋漓地在机械下暗哭,我们应该取怎样的手段去寻求一个劳苦大众的救主?!

《夜花园里》是卖文者感到劳苦大众的痛苦;《小利达之死》便写了一点点贫富的冲突。所以,我之对于歌舞和那鼻祖,还有着一线的希望之路。

今后的歌舞,若果仍是为歌舞而歌舞,那末,根本莫想踏上艺术之途!再跑几十年也罢!还不是嘴里进,屁股里出?

贫富的悬殊,由斗争中找到社会的进步,这事实,谁也不能掩护。嗳哟哟!亲爱的创办歌舞的鼻祖哟!你不要以为你有反封建的意识便以为满足!你不听见这地球上,有着无穷的一群人在你的周围呐喊,狂呼!你要向那群众深入,在这里面,你将有新鲜的材料,创造出新鲜的艺术。喂!努力!那条才是时代的大路!

一九三二,七,十三。

◆ 聂耳化名"黑天使"的文章《中国歌舞短论》，原载1932年7月22日上海《电影艺术》第三期

这篇文章以"香艳肉感，热情流露"八字概括黎锦晖的艺术道路，并指其"社会教育""儿童教育"的无益，"被麻醉的青年儿童，无数！无数！"尽管"黑天使"承认黎氏创作"有的却带有反封建的元素，也有的描写出片面的贫富阶级悬殊"，也认为"还有着一线的希望之路"。然而，他还是指出："我们需要的不是软豆腐，而是真刀真枪的硬功夫！"并以当头棒喝的口吻疾呼："喂！努力！那条（向人民中去）才是时代的大路！"

◆ 聂耳创作的《芭蕉叶上诗》与《夜来香》曲谱手稿

60. 自愿脱离"明月"

　　《中国歌舞短论》这篇言辞激烈的批评文章一经刊出,便引起了整个明月歌剧社的纷纷议论,大家都在讨论谁是"黑天使"。很快,大家把怀疑的矛头指向了聂耳,聂耳也明显地感觉到大家对他的态度有所变化。"大部分人好像都知道黑天使是我。"聂耳听话听音,觉得社友说话时都是带有刺的。但是,这不会让他动摇。早在6月28日给母亲的信中,聂耳便斩钉截铁地说:"我是为社会而生的,我不愿有任何的障碍物阻止或妨害我对社会的改造,我要在这人类社会里做出伟大的事业。"

　　而在"明月"的内部,大家却因为"黑天使"事件颇为慌乱。黎锦光忙着写信质问"黑天使",桌上摆着第三期《电影艺术》,那篇文章上画着许多记号。

　　聂耳不怕被怀疑,也不怕反驳,他本就希望能够争论起来,大家认认真真地讨论艺术的出路。他在日记中写道:"这种斗争尽量地扩大起来,因为没有斗争是不会进步的。……我的确要起来挑战,也就是想由这种斗争找出一条歌舞的新出路来。"

　　此时,聂耳还未想与明月歌剧社彻底决裂,他依然跟黎锦晖讨论一部题为《浮云掩月》的小喜剧剧本,聂耳认为:"在趣旨上好像比《芭蕉叶上诗》容易给人寻味。"同时,他也做了最坏的准备:"要是这事闹到感情破裂,或是他们对我不大满时,我实在有一走的必要。因为这样地鬼混下去,精神上是会受痛苦的。况且理智地说一句,我实在不该和这般没有希望的人去鬼混,我要做的事还多着呢!我是一个革命者,在这样的生活中,已经是该打屁股……切实点说,他们不会让我轻易地走吧!也许不至到这一步!"夜晚,聂耳为此辗转反侧,但他又坚定地相信:"我的中心思想是不会变更的了。"

　　8月2日,黎锦光写好了给"黑天使"的信,聂耳决定向锦光"摊牌"。

　　"你给黑天使的信发了没有?"

"没有邮票!"

"不要麻烦了吧!请交给我,我就是黑天使!"

面对聂耳的坦诚,黎锦光的表情反而不自然起来,开始还有点不想把信交给聂耳。聂耳说:"你未必还不放心我吗?我定会交给编辑先生呢!"黎锦光只能把信给他了。

8月5日,明月歌剧社召开全体大会,讨论"黑天使"的问题,没有让聂耳参加。聂耳便知道他是要离开了。

聂耳为自己想了三个去处:云南、陕西、留在"联华"做电影。最终,他决定到北平一转,并于当天与黎锦晖进行了面谈。聂耳与黎锦晖虽然对于艺术的见解不同,但直到最后,两人的私交并不差。只是,道不同不相为谋,聂耳与自己的老师再也无法一起共事。

8月7日,聂耳6点早起收拾行李,空气异常惨淡。聂耳就这样离开了上海,留下一则启事,刊登在《新闻报》上:"因志趣不合,自愿脱离'明月'。"

◆1931年,联华歌舞学校乐队拍摄《银汉双星》时的合影(黎锦光坐在中间,聂耳站在后二排右三)

61. 北平落脚云南会馆

1932年8月,北平的夏末秋初,天高云淡。聂耳到达北平,落脚云南会馆。

云南会馆是一个专为云南学生到北平报考学校提供暂时住宿的招待所,环境比较简陋,住的大多是像聂耳这样的青年学生,其中不乏进步青年、革命党人。聂耳住在会馆的1号房间,2号房间恰好住着陆万美。聂耳和他在昆明就已经认识,他此时是中共地下党员,在北平文总任常委,负责和剧联、音联的联系工作。他对聂耳产生了积极影响。

云南会馆里面就好像革命青年大团圆一样。当晚,聂耳就与好友许强、陈钟沪、李纯一等一起游览了中山公园。逛到一座音乐亭的当口,陈钟沪再一次对聂耳表示了热烈的欢迎,并提议他这个"音乐家"每晚为大家演奏以提高演奏水平。聂耳说这样不公平,这里会乐器的又不只他一个。于是许强提议,何不在会馆里开展"联欢晚会"?大家纷纷表示赞成,一路逛着一路开始编排节目,欢声笑语就这样飘洒在北平八月的夜里。

聂耳住的1号房间不仅小,还又黑又潮,弥漫着一股浓郁的霉味,简直是音乐家的地狱、蚊虫的天堂!不得已,聂耳只好给蚊子们让出地方,自己躲到外头的槐树底下,继续拉琴。朋友们看见聂耳这样,气愤地说不能让蚊子这样继续"剥削"他下去,于是李纯一给他拿来了熏蚊虫的香,许强给他拢了一顶罩子状的蚊帐。在友人们的照拂下,聂耳才免于继续被蚊子"剥削"的命运。

虽然暂时逃过了蚊子的"追杀",身体不算强健的聂耳却得了痢疾。朋友们十

◆北平宣武门外的云南会馆

分担忧,许强更是二话不说,搬到聂耳的房间来护理他。正是在许强、陈钟沪等朋友精心的护理和寻医问药之下,聂耳在最短的时间内便痊愈了。

在聂耳身体康复了以后,陈钟沪向大家宣布因为聂耳前段时间生病而推延的联欢晚会即将重新发起。病愈不久的聂耳,对这个轻松的艺术活动的胃口简直好极了。于是他收起了槐树下优雅的提琴,开始给大家表演起老家最经典的"玉溪跑堂"。聂耳操起这里人人亲切熟悉的云南口音,把晒在院里的毛巾顺手提过来往肩上一甩,扮演跑堂者跑来跑去,忙前忙后,向所有人都招呼了一遍。不一会儿,他又扮演民间艺人往凳上一坐,做出滑稽的姿势,看得大家前仰后翻,忍俊不禁。

自那夜以后,因为有聂耳的到来,云南会馆里欢声笑语不断,这方天空里回荡的都是青年人欢快的歌声,充盈着青春和理想、信念与激情。在北平,聂耳获得了锻炼、鼓舞、充实和前进。

◆ 1932年在北京云南会馆里,聂耳与同乡陆万美等人合影

62. 遗憾的大学梦

和大多数落脚云南会馆的青年学子一样,聂耳来到北平是为了圆大学之梦。清华大学、北平大学是聂耳中学时代就梦寐以求的高等学府。

9月8日,聂耳和朋友们去参观了著名的清华大学。一行人从二号门进入清华,此门为1911年建成的仿文艺复兴券柱式大门,门楣上书刻着"清华园"三个大字,为清华大学最具代表性的标志性建筑。清华的建筑风格多元,既有清帝国皇家园林风格,又有仿美国大学的建筑风格。建筑是凝固的音乐,此刻在这里演出的乐章,恐怕只有聂耳最能欣赏和领会。天色暗了下来,前方的建筑渐渐看不清楚了,一行人从另一道门走出了清华园。聂耳在心里打定主意明天再一个人乘车来这里参观。

第二天,聂耳坐着黄包车颠簸了一个多钟头才到达清华园。他又仔细参观了昨天晚上已经看过的大礼堂、图书馆和科学馆。高等学府所特有的那种安宁的气氛,树木掩映中的图书馆、挺拔的大礼堂都让聂耳赞叹不已。他不知不觉间产生了一股向往的"玄想":"要是我现在是里面的学生,我将会很自由地跑上大礼堂

◆ 1932年9月,聂耳和朋友们参观清华园,后来,他在清华大学大礼堂内演奏《国际歌》

去练习音乐,到图书馆去读书,到运动场去打球……"参观完了清华,他又到对面的燕京大学考察了一番。

参观两所大学又勾起了聂耳心底对学业问题的考虑来:清华大学就好像是自己梦想中的那轮明月,可想上清华大学恐怕不现实。这种"贵族学校"哪是自己这样的清贫学生念得起的?可是自己来北平的目的不就是为了学习深造音乐艺术的吗?如果此时不入学又何时入学呢?如果要在北平入学的话,国立北平艺术学院看来是最佳选择了。可是这里的学费哪怕不级清华的一半,自己也很难负担得起啊!

朋友们后来都得知了他的这些想法。大家都鼓励和支持他报考国立北平艺术学院,让他只管去考,其他事情都不必担心。于是,9月13日,聂耳来到艺术学院报了名,参加入学考试。

入学考试的文化课考试一共有四科:党义、国文、数学和英语。党义一科,聂耳选择的题目是《国难期中研究艺术学生之责任》。国文考试,聂耳写作了《各自写理想的精神寄托》。数学考试是代数、几何、三角各两题。英语考试题目的要求是用英文作一篇描写北平的散文。聂耳的英文水平是很好的,加之在北平生活了这么些时日,对北平已经很熟悉了,因此英语作文是不在话下的。考试结束后,聂耳觉得自己答得不错,应该是有望被录取的。那个时候的聂耳并不会想到尽管自己的成绩是达标的,但自己充满革命激情的作文并不符合国民党教官的口味。考试成绩出榜,聂耳落第了。

这对聂耳来说是一个不小的打击。他在日记中写道:"'艺院'已出榜,老桑、我都落第了。因为'艺院'的失败,有时想回上海。"接下来该怎么办?这实在是一个让人头痛的问题。先不管这么多,暂时专心跟着托诺夫学琴吧。这以后的几个星期,每逢星期六他都到托诺夫那儿去上课,平时则在会馆坚持练琴。这期间,聂耳尽心淬炼琴艺,提琴技艺获得长足进步。

63. 严师托诺夫

聂耳到北平的主要目的是学习音乐。学习有两个渠道：一个是报考国立北平艺术学院，一个是在外籍教授的指导下刻苦自学。在上海的时候，聂耳跟随与之同龄的"小老师"王人艺学琴，每天苦练，一天至少"恶补"7个小时，被称作业内的"拼命三郎"。在北平期间，聂耳每天一边坚持练琴，一边报考艺院，一边寻访名师学艺。

1932年9月12日，在北平东单转北的外国人住宿区，聂耳终于见到了俄国著名小提琴演奏家托诺夫。托诺夫从1930年9月开始任教于清华大学，主授小提琴和钢琴，一度担任清华大学音乐室主任，负责学校西乐部，兼任清华乐队指挥。他还是民族音乐的改良者刘天华和另一位与聂耳同时代的人民音乐家、红色音乐先锋冼星海的小提琴老师。聂耳之前的"小老师"王人艺也曾是托诺夫的学生。

那天，简单寒暄之后，托诺夫用中文询问了聂耳的从艺经历。在聂耳表明了自己学习的热情和决心后，托诺夫对他表示欢迎。最后，大家约好了星期六聂耳带着提琴和曲谱来试一试。

第一次授课后，托诺夫就看出聂耳是一个很有天赋的年轻人。但托诺夫特别看重基础练习，所以仍让他从基础的部分练习，教他音阶和小调的拉法。聂耳非常谦虚，仔细聆听老师的建议，用心揣摩老师指出的问题。他在日记中记下了他的"学琴须知"：

全弓一定要弓屁股到尖。
用全毛，手腕是平的。
慢！慢！慢！
在家注意小节练习，到课堂教功课，不能有半点错。
闲时别乱拉，慢拉 scale 或者背基本训练。
换弦时小指需压紧前弦，尽可能慢慢放开。

托诺夫是一位要求相当严格的老师，学生演奏时不仅不能出错，

每次上课的曲谱还必须会背,课堂要像赴演奏会一样庄严,课后还有海量的作业。在严师面前,聂耳练得更加勤奋了,往往从上午8点钟一直练到下午4点钟,至少练习8小时。聂耳每周上课两次。每次学习结束回到会馆,已经是晚上9点多钟了,聂耳还在那棵槐树底下不懈地拉奏着提琴。由于他课前刻苦训练和认真准备,所以每次去托诺夫住处上课的时候,他的琴都拉得特别好。

一个月的学习很有成效,但由于经济拮据和工作时间太紧,聂耳不得不找到托诺夫退了学,并对他严格认真地指教表达了由衷的感谢,彼此也结下了可贵的友情。

那时,谁会想到,未来的"中华民族之歌"竟诞生在这位淬炼琴艺的青年之手呢?

◆聂耳(后左)与好友许强(后右)、李纯一(前左)、陈钟沪(前右)在北平体验天桥贫民区生活后合影留念

64. 参加左翼戏剧家联盟

聂耳在北平生活一段时间之后，通过陆万美、于伶、张天虚等暗地里和左翼进步文化工作者频繁接触和几次推心置腹的交谈，聂耳的心被深深地打动了，更加坚定了他为民族的解放投身到左翼文化运动的决心。聂耳打消了考试失败后急于回上海的念头，决定在北平参加中国共产党领导的左翼文化运动。在北平，聂耳主要是加入了北平"剧联"，参与了左翼戏剧演出。

北平的左翼戏剧演出活动，每次都是在战斗中进行的。当时，虽然不断有文章提倡"街头戏剧"，但真正的演出仍在戏场进行，需要考虑一定的灯光、布景、音响等效果。此外，还要严密地组织纠察、保卫的队伍，随时准备和反动军警做斗争。聂耳第一次观看"剧联"组织的演出，就碰到了这种尖锐斗争的场面。

那天的演出地点在宣武门里国会街法学院一院的大礼堂。聂耳赶到那里，看到铁门紧紧关闭着，先以为是自己来迟了，再仔细观察，才看到里面站着些军警。此时，恰好一个学生从旁门出来，聂耳问他演戏是否开始，才知已经被禁止了。在戏剧演出活动中，革命与反革命、进步与反动两种势力这样尖锐紧张的斗争，聂耳还是第一次接触到，这对他又是一次深深刺激心灵的震动。

和"剧联"的同志不断接触后，聂耳不仅心绪稍有安定，而且热情积极地参加许多工作和活动。他为"剧联"的刊物写稿，亲自将《上海的电影界》一文交给宋之的，也参加排练高尔基的《夜店》。他非常兴奋、活跃，大家都感到他热情、真诚、率直，很快就将他列入活跃分子的行列中。

聂耳在北平正式参加"剧联"的演出有两次：第一次是10月28日到清华大学礼堂演出。第二次是11月5日晚在东单外交部街商学院公演。那天，北平喜降初雪，银装素裹。演出院场外，气温骤降；院场内，气氛热烈。在那次演出中，聂耳扮演《血衣》里的一个支持年轻人抗日的老工人的角色。《血衣》是一部以九一八事变为题材的独幕话剧，虽然聂耳在剧中扮演的这个角色戏份很少，但他演得很投入,化妆也非常逼真。凛冽的北风穿透他那单薄的衣衫,冻得他瑟瑟发抖。这也正好符合了剧情的要求,剧中需要老工人因日军的侵略而愤怒得浑身发抖。他的表演获得了观众的掌声。同乡青年发出热烈的喝彩:"小四狗,再来一个!"

聂耳在参加这些活动后,深深地感到北平的政治气氛很浓,坚持正义、坚持进步的青年真不少。他热爱这里战斗式的生活。他决心将自己的青春年华献给党的戏剧事业,献给党的音乐事业。

◆聂耳(右)与左翼戏剧家联盟成员袁牧之(左)

◆1932年9月,聂耳在北平参加左翼戏剧家联盟演出暨左翼音乐家联盟组建时,于宣武门外云南会馆与同乡友人们合影

65. 清华演奏《国际歌》

  1932年10月28日，是预定到清华大学演出的日子。下午5点半，心情迫切的聂耳和他的朋友们就起身，沿西直门坐洋车去往清华大学。来到了清华西区食堂，正当聂耳要坐下来用餐之时，老朋友吴宗济出现在他身旁。当时吴宗济在清华大学中文系就读，后来成绩斐然，成为新中国实验语言学的奠基人。

  吴宗济高兴地拉着聂耳来到自己的宿舍，拿出去年罗明佑生日的签名簿给聂耳看。罗明佑是一位电影实业家，尤其受到聂耳他们这些追求新生活又喜爱影视艺术的青年人的喜爱和推崇。吴宗济笑嘻嘻地让聂耳也把他自己的名字签上去。

  聂耳接过本子，飒飒地画下四个"耳"字。吴宗济拿着签名簿看了一会儿，莞尔大笑，拍了拍聂耳，说："去吧，朋友！我一定带上四只耳朵，两只耳朵听你挣脱旧世界的怒吼，两只耳朵听你为革命胜利奏响的凯歌！"

  随后聂耳赶到清华大礼堂。此刻大礼堂里鸦雀无声，然而人已经黑压压坐满了整块席位，大家都在焦急地等待着开场曲的奏响。聂耳的表演被安排在了中间，前面尚有七八个节目。不知不觉一个多钟头过去了，聂耳登台演出的时刻来临了。只见他整理了衣衫，左手拿琴，右手持弓，缓步走向舞台中央。"剧联"的同志们看着聂耳的庄严神情，想起即将奏响的乐曲，都不由自主地屏住了呼吸。

  当聂耳那激昂的小提琴声在大礼堂中响起的时候，台下部分学生开始起哄，只见一只皮鞋被扔到台上来。底下的局面越发混乱，右派势力继续哄闹，一部分学生起来阻止他们的胡作非为，然而没起到多大作用，竟然又有石头飞到了台上。这一闹，吓得钢琴伴奏赶紧逃了出去。清华自治会主席张露薇见此情景，马上让聂耳停止演奏，回到后台。"剧联"负责人于伶见状也即刻赶往后台，和自治会展开争论。

  最终，聂耳说服了承办方，再次走进舞台中央，台下有些观

众自发地鼓起掌来。聂耳左手拿琴,右手持弓,独自站在聚光灯下,目光平视前方,开始朗诵道:

> 起来,饥寒交迫的奴隶!
> 起来,全世界受苦的人!
> …………

激越而庄严的朗诵过后,他动作镇静而从容地拉响了第一个音。全场庄严肃穆,没有一个人再来捣乱。他演奏得干净而激越,不仅无拘无束,而且在慷慨和肃穆中自由走动,演奏畅达澎湃,显示出无穷无尽的为革命真理呐喊和献身的情怀。

学生们的革命正能量被激发,跟着唱起来了。聂耳感到此刻的舞台下就好像俄国的工人们在演唱着他们的革命赞歌,忽而又好像看到了马赛结盟军一路高歌开向巴黎的场面。聂耳再一次感受到了人民群众的力量,他多么盼望自己有朝一日也能作出一首这样的歌曲,在热血的革命青年中传唱,在无产阶级中传唱,在中国人民中传唱。

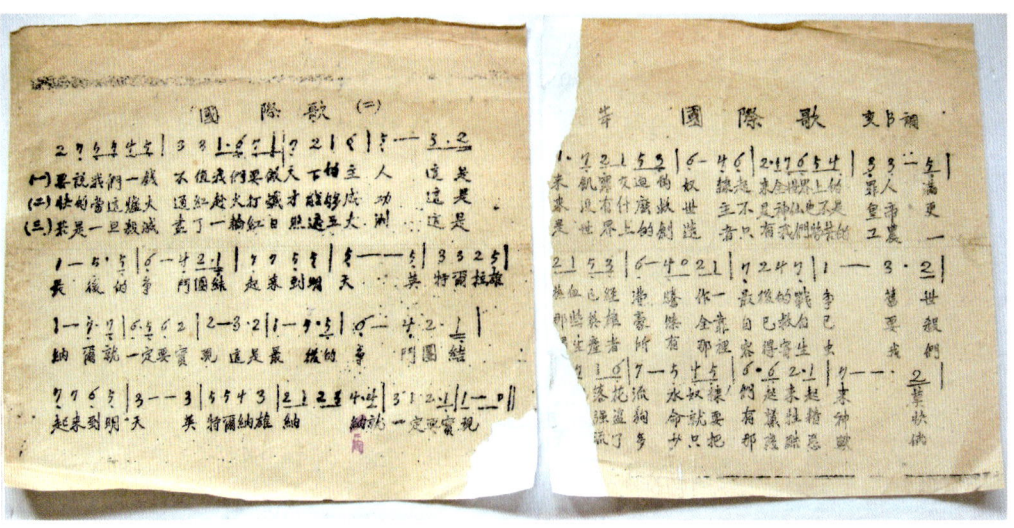

◆《国际歌》曲谱

◆1932年,聂耳(左二)与左翼戏剧家联盟音乐小组成员任光(右二)合奏

◆聂耳(左)与友人在北平颐和园留影

66. 返申城，初入电影圈

1932年11月6日下午，聂耳乘火车离开北平，于两天后的清晨重新回到上海。

此时的聂耳已不是当年初到上海迫于生计、前路迷茫的那个19岁少年了。在北平的三个月里，聂耳虽然一直处于失业状态，生活无着无落、异常窘迫，但他却从未停止进取的脚步。在反复考虑了自己的出路问题后，他在日记里写下这样一句话："我回到上海去有着我紧要任务。"因此，当聂耳的双脚重新踏在上海的地面上后，他的思想有了进一步提升，对自己将来要走的路有了更加清醒的认识。

聂耳回到上海，暂时寄宿在好友金焰家中。金焰是联华影业公司当红演员，一直很欣赏聂耳，当他听聂耳说完在北平时所下的决心和所作的打算时，立刻发出热情邀请："你就该到上海来，到'联华'来和我们一起干！"

11月26日，聂耳在好友金焰、电影导演卜万苍以及其他朋友的积极帮助下，顺利入职联华影业公司第一制片厂。

聂耳最初是作为演员被录用的，实际入职后却被安排去负责场记、剧务等工作。他在联华影业公司第一制片厂接到的第一个工作任务是参与拍摄电影《除夕》，他担任电影的场记，负责在拍摄期间记录各个场景的拍摄内容、服装、道具、布景、照明等细节。

这是一项全新的工作，聂耳觉得一切都很生疏，可当想到这是一种生活的转变时，他又觉得很有味。他打起精神积极去尝试，认真勤勉，并且在工作中努力学习新东西，关注和钻研剧本内容、拍摄手法、导演技巧、摄影美学等。

然而，聂耳的心绪又是矛盾的、烦乱的。这样的新工作繁忙、琐碎又枯燥，他没有多少空闲去练习拉琴，以及把所思所想诉诸笔端，就连平常的日记都搁置一月之久。最让他烦恼的是，他觉得这个新工作明显脱离了他想要走的音乐之途。他甚至在内心动摇过，想要放弃上海，回云南去。

　　1933年，聂耳正式加入中国共产党，在党组织的领导下，犹如迷航的船只终于得到灯塔的指引，他重新找到了自己"音乐之途"的正确方向。就像鲁迅以文字为匕首和投枪那样，聂耳也要把音乐作为革命的武器，而电影这一大众化产业，正好为音乐提供了一个全新的阵地。是的，从今往后，聂耳决心去做大众的、革命的音乐。

　　在聂耳入职之前，作为上海左翼电影阵地之一的联华影业公司就曾拍摄过一些以反帝反封建、抗日救亡为主题的进步电影。聂耳加入之后，他竭尽全力把自己的革命热情和音乐才华投入工作中去，并把工作当成自己的事业。他身兼数职，乐此不疲，做场记、搞剧务已不在话下，变身副导演、客串角色也成为工作日常，而为拍摄制作的电影谱曲配乐、教演员唱歌更是他燃烧生命的光和热的聚焦点。

　　聂耳继创作电影音乐处女作《开矿歌》之后，投入更多的精力去为左翼电影写插曲和配奏音乐。从1933年初到1935年，聂耳在东渡日本之前，先后谱写的电影歌曲共计15首，其中比较著名的作品有《毕业歌》《大路歌》《逃亡曲》《义勇军进行曲》等。

◆ 1933年冬，聂耳（中）、吴永刚（左）、金焰（右）合影

67. 加入中国共产党

聂耳从北平回到上海的第三天,就冒雨前往田汉住处,找到夏衍,顺利地转交了于伶委托的北平"剧联"方面的一些汇报材料和信件。当时他并不知道自己的名字在这些材料和信件中被反复提及。

原来,聂耳在北平期间已经向党组织递交过入党申请书,左翼戏剧家联盟北平支部通过考察他在左翼文艺工作中的积极表现,讨论过他的入党问题,认为他经受住了多种斗争的锻炼和考验,符合党员必须具备的素质和条件,已准备吸收他成为党组织里新的一员,只是因为当时聂耳很快要回上海,就没来得及办理入党手续。

眼下,在聂耳亲手送达的这些文件里,北平"剧联"方面对聂耳在北平期间的进步表现做了详细介绍,并建议上海"剧联"尽快吸纳聂耳入党。

入党,一直是聂耳梦寐以求的事情。早在聂耳就读云南省立第一师范学校期间,他就经同学介绍,秘密加入中国共产主义青年团。在团组织的领导下,他参加过很多革命活动,曾秘密印发传单,到街头宣传演出、聚众游行,还到国民党监狱去探望地下党身份的老师。聂耳从中学时候起就一直按照革命者的标准对自己严格要求,时刻鞭策自己积极进取,不断地用行动向党组织靠拢,只因后来遭到叛徒告发,才被迫离开家乡到上海。

1933年1月初,就在反动派文化围剿的白色恐怖最严重的时刻,在革命斗争最尖锐的关头,上海中国左翼"剧联"负责人和党团书记赵铭彝找到聂耳,和他进行了一场开门见山的谈话。

赵铭彝:"党组织考虑接收你为中共党员,你是否有意愿加入?"

聂耳:"入党,我愿意!"

聂耳第一时间交上简历后,迫切期待在党旗前庄严宣誓的那一刻早日到来。他每天睡前都在黑暗中虔诚祈祷:来吧,快来吧!

请让这一神圣的时刻,随明天新生的太阳,一起到来吧!终于,聂耳迎来他生命中盼望已久的重要时刻:1月底的某一天,在联华影业公司第一制片厂摄影棚中一个隐秘的角落里,田汉、赵铭彝和夏衍出现在聂耳面前,来为他举行庄严的入党仪式。

这三个来自党组织的重要人物的出现,让聂耳激动得想要放声歌唱。然而,迫于情势,聂耳期待已久的入党仪式只能因陋就简,秘密进行。不能开灯,因为怕引起别人的注意;没有党旗,因为携带不进来;不能大声言语,因为隔墙就可能隐藏着反动政府的"耳朵"。当然,再多的困难也妨碍不了聂耳入党宣誓的进程——门窗紧闭的阴暗角落,自有党的精神去照亮;缺少党旗,可以现场动手绘制;不能高声语,那就让唇齿间压低的声音,化作心中雷鸣般激荡的音响。

◆上海联华影业公司第一制片厂摄影棚(1933年春,聂耳在这里秘密宣誓加入中国共产党)

一切就绪,激动人心的时刻到来了。在摄影棚那个最昏暗的角落里,在监誓人夏衍的见证下,聂耳举起那张匆匆手绘的党旗,压低声音,跟着介绍人田汉和赵铭彝,一字一句,对着党徽进行庄严的入党宣誓。

宣誓完毕,四人压低嗓音,齐声唱起《国际歌》:"起来,饥寒交迫的奴隶!起来,全世界受苦的人!满腔的热血已经沸腾,要为真理而斗争!……这是最后的斗争,团结起来到明天,英特纳雄耐尔就一定要实现!"歌声落下,四双坚定的大手紧紧地交握在一起,其中那双因激动而滚烫、发抖的,是聂耳刚握过党旗的手。

至此,聂耳以一名正式的中共党员的身份,继续用自己日益成熟和精湛的艺术才华为中国革命贡献力量,为中华民族解放事业发光发热。

◆ 1933年，在上海联华影业公司内作怪相的聂耳

◆ 1933年，聂耳在上海联华影业公司内开道具车

68. 聂耳入党监誓人夏衍

夏衍是聂耳的入党监誓人,也是扶持聂耳走上文艺革命道路的重要引路人之一。

夏衍,原名沈乃熙,字端先,1900年10月30日出生于浙江杭州庆春门外一个叫严家弄的小巷子里。夏衍父亲早亡,从小家境贫寒,孤儿寡母相依为命,遍尝人世炎凉。

夏衍从小就爱翻看父亲遗留下来的经史子集和古典小说,他的母亲又很喜欢看戏,每逢镇上集会都会带他去看戏。天长日久,夏衍在古典文学和戏剧文化的熏陶中长大,对文学和舞台艺术的热爱与日俱增。

童年和少年时期的夏衍曾因家庭困难而两次辍学,为了生计,15岁便到染坊做学徒。受过教育的夏衍善于思考、热爱学习,他总是能最快掌握工序、体会要领,于是在学徒期被推举公费入读浙江省立甲种工业学校染织科(即浙江大学工学部前身)。夏衍格外珍惜这来之不易的学习机会,他求知若渴,废寝忘食,很快成为学校里引人注目的优等生。

受学校新思潮的影响,夏衍眼界开阔,思想进步。1919年五四运动爆发并迅速蔓延到杭州,夏衍作为学联主要骨干,带领同学们深入大街小巷宣传抗日,并和同学一起组织了杭州"五八游行"。

同年,夏衍和几个志同道合的同学一起,筹办出版了进步刊物《双十》,后来改名为《浙江思潮》。这是浙江省内最早宣传马克思主义的刊物,进步的青年学子们在刊物上面各抒己见,夏衍也经常借它激烈抨击北洋政府当局。

1920年,夏衍因品学兼优获得公费留学日本的机会。留学期间,夏衍渐渐看清了帝国主义的野心、中国当局的软弱,祖国的落后以及面临的重重危机,这让他满腔愤慨,愈发激起他爱国救国的壮志。

1927年,革命青年夏衍因参加日本工人运动和左翼文化运动,

被日本驱逐回国。此时，他已看清国民党的反动面孔，于是毅然决然加入中国共产党。此后，夏衍以笔为枪，以文御敌，不断地在文化战线上开辟出中国革命新阵地。他多方组织筹建左翼文艺运动中心，推动新兴电影运动，组建左翼作家联盟、左翼剧团联盟，不断地为左翼文化阵营培养和输送人才。

1937年，抗日战争全面爆发后，夏衍临危受命，坚守住文艺阵地，创办《救亡日报》，团结各界文人力量，发挥宣传和统战作用。《救亡日报》数次被查封，夏衍就带着《救亡日报》一路逃亡，从上海到广州到桂林到香港，人到哪里报纸就办到哪里。夏衍自始至终以一个共产主义文艺战士的身份，坚守着革命文艺阵地，勤勤勉勉、斗志昂扬地为旧中国改天换地。

夏衍首先是一位革命战士，其次才是一名文学家。他的文学创作涉及面广，小说、散文、文艺评论、翻译等无不涉及，尤其在报告文学、话剧和电影方面成就斐然，如报告文学《包身工》，话剧《上海屋檐下》、《法西斯细菌》，电影《时代的儿女》、《风云儿女》（根据田汉的故事梗概创作）、《春蚕》等，至今仍在继续绽放精神之花。

◆ 1983年2月14日的《北京晚报》刊出《夏衍谈〈义勇军进行曲〉的来历》

69. 成立中国新兴音乐研究会

聂耳正式入党时正值中苏恢复邦交，上海文化界成立了苏联之友社。在田汉的推动下，聂耳、任光、安娥等人成立了苏联之友社下的音乐小组，他们经常定期聚会，听苏联音乐广播，学习苏联群众歌曲的创作经验，一起探讨中国的革命音乐理论和创作。

1933年2月12日，在安娥家的一次聚会中，聂耳和几个志趣相投的好朋友在一起聊音乐。聊到兴致高涨的时刻，他们当即一同发起成立中国新兴音乐研究会，以便今后积极开展音乐学术活动，广泛交流音乐工作经验，互相研究音乐创作问题。

中国新兴音乐研究会成立后，聂耳时刻把它放在心上，不断思考如何能创造出既能代替大众去呐喊、又能保持高度艺术水准的新兴音乐。聂耳认识到，音乐运动越是难做，自己就越是要拼了命地学习和研究，为将来做好准备；唯有更严格地要求自己打好基础，才有资格去领导别人。于是，聂耳更加勤奋与刻苦。他在日记里对自己的音乐创作提出进一步要求：

音乐上的修养：1. 经常地写谱；
2. 尽可能更多地参加乐队演奏；
3. 关注云南的音乐。

聂耳和研究会的几个朋友也经常碰头，一起讨论新兴音乐问

◆聂耳在日记中提醒自己注意"关于革命音乐理论的写作"

题，聊到兴致浓厚时甚至彻夜畅谈。他们平时如兄弟姊妹一般团结，一旦触及音乐创作的具体问题，却时常会唇枪舌剑互不相让，争论到面红耳赤，直到在激烈的辩论中发现共同认可的真理，然后像兄弟姊妹般亲切地互相帮助，修正缺点，补充新意。他们的很多作品就得益于这些关于音乐的学习和研讨活动。

经过几个月的勤奋学习、深入思考以及讨论研究之后，聂耳对新兴音乐有了成熟的理解："什么是中国的新兴音乐？这是目前从事音乐运动者，首先要提出解决的问题。我们知道音乐和其他艺术、诗、小说、戏剧一样，它是代替着大众在呐喊。大众必然会要求音乐的新的内容和演奏，并作曲家的新的态度。他们感觉到有闲阶级所表现的罗曼蒂克的、美感的、内心的情调是不适切的，是麻醉群众意识的。""接受革命的作曲家们试图这种要求，这是编出革命的、同时保持高度艺术水准的音乐，不是容易的事情。抛弃经过几个时代发展下来的作曲的习惯，此外，还有配称为大众音乐的，究竟能够有吗？旧时代的作曲家们，跟从革命前确立的方法继续作曲；其他方面，革命产生的新时代音乐家们，根据对于生活和艺术不同的态度，贯注生命。"

至此，聂耳的音乐理论达到一个全新的高度，他对他将来所要走的"音乐之途"给出了响亮的回答：要走一条在党的大众文艺方针指引下的革命音乐之路。

◆ 1934年元旦，聂耳（前左）主持"联华"同仁联欢会

◆ 聂耳在室内对着镜子练习弹琴

◆ 1932年7月31日,聂耳(前左三)与电影界、音乐界的友人在上海高桥海滨浴场合影

70. 小提琴老师普鲁什卡

聂耳一生中未曾进入专业音乐学院学习，但他勤奋好学，四处求教，并曾跟随外籍名师学习，其中有一位名叫普鲁什卡的小提琴老师，是聂耳在日记中记录最多的。

普鲁什卡原籍奥地利，来上海前常年在圣彼得堡生活和工作，也常被当作俄侨。聂耳初到上海的时候，普鲁什卡正在上海工部局管弦乐队工作。这支乐队有着"远东第一乐队"的美誉，成员全是外国顶尖的音乐教师，专业技术高超，深受听众欢迎。普鲁什卡在这支乐队中任中提琴首席，拥有很高的知名度。

聂耳与普鲁什卡结缘，还得从聂耳的一把小提琴说起。1930年夏天，聂耳初到上海，在云丰申庄当店员，做着与音乐毫不沾边的繁重工作，所得酬劳朝不保夕。一天，聂耳因帮朋友办事意外获得100块钱报酬，他把这笔"巨款"的一半汇给母亲，另一半钱用来买一把他向往了很久的二手小提琴。

从此，聂耳每天像上足了发条一般，不停地练琴。年底，云丰申庄倒闭，聂耳失业，他凭借那把小提琴去报考明月歌剧社，并被顺利录取为乐队的小提琴手。在乐队中，聂耳与乐队首席小提琴师王人艺成为至交，并跟着他学习小提琴，聂耳亲切地称王人艺为"小老师"。聂耳勤学苦练，进步明显。很快，王人艺就感觉自己已经教不下聂耳了，于是就把聂耳介绍给自己的老师普鲁什卡。

两次登门，聂耳终于成功拜普鲁什卡为师。普鲁什卡看上去衣着整洁，面相亲和，彬彬有礼，气度不凡，两撇完美对称的八字美须显现出他的严正。普鲁什卡不轻易收学生。在他眼里，聂耳目前的小提琴水平并不怎样，他一上来就纠正聂耳手指、弓法、姿

◆聂耳的小提琴老师普鲁什卡

势的错误。不过,好在聂耳尚有一定基础,而且勤奋好学。师从普鲁什卡学习小提琴价格不菲,每堂课收费三元,一堂课大约一小时。聂耳当时的薪水远不够支付学杂费,但什么都阻挡不了他学琴的热情。他把头一甩,像甩掉烦恼似的说:"管他呢,有三块钱还是学一点钟再说吧!"

从1931年10月起,聂耳跟随普鲁什卡从最基础的部分开始学琴,每周一堂课,有时周六去,有时周日去,不因饥寒中断,不因风雨而阻。教师教学认真严肃、经验丰富,学生刻苦用功、孜孜不倦。课下,聂耳给自己制订了一份小提琴练习时间表,每天严格按照时间表拉弓苦练。渐渐地,他的小提琴学习步入正轨,进步明显,让向来吝啬夸赞的普鲁什卡也暗暗惊叹。

随着相处时间的推进,师生之间的关系越发融洽,彼此情谊持续升温,聂耳在日记中对普鲁什卡的称呼也由最初一本正经的"教员"变成了随意的"老巴""老头"。有一次,聂耳因事迟到,普鲁什卡已经在教另一名的学生。他只好在一旁等候,却意外地发现可以旁听蹭学。学费不足的聂耳便请求普鲁什卡把他排在后面教,普鲁什卡欣然同意。1932年3月20日,普鲁什卡向聂耳表达了一个教师对学生的最高奖赏——从此免费教聂耳学习小提琴。

普鲁什卡是聂耳的三位外籍教师中教授时间最长的一位,他对聂耳的音乐成长起到了至为关键的作用。聂耳在日记中最后一次提到普鲁什卡的课,是1934年4月4日:"照常上课,每礼拜功课都不错,常常得到老头的夸奖。"

◆ 1933年9月,聂耳(右一)与罗朋、王人美、蔡楚生在《渔光曲》的拍摄地浙江石浦的海滩上留影

71. 创作第一首电影歌曲

在电影《母性之光》中，代表无产阶级一方的丁家瑚在女儿的音乐会上表演了一首由田汉和聂耳首次合作的歌曲《开矿歌》，赢得戏里戏外的观众一致赞赏。

《开矿歌》是 1933 年拍摄的电影《母性之光》三首插曲中最为成功的一首，由田汉作词、聂耳作曲共同创作完成。这是两人首次合作的作品，也是聂耳的电影音乐处女作。歌曲借电影《母性之光》中的主要角色丁家瑚之口唱出，从而引出他苦难的人生。歌词如下：

> 噢嗬！噢嗬！噢嗬！开矿！
> 开出来黄金黄。
> 我们在流血汗，人家在兜风凉；
> 我们在饿肚皮，人家在餍膏梁。
> 我们终年看不见太阳，人家还嫌水银灯不够亮。
> 噢嗬！噢嗬！噢嗬！开矿！
> 开出来黄金黄。
> 我们大家的心要像一道板墙，
> 我们大家的手要像百炼的钢。
> 我们造出来的幸福，我们大家来享！
> 哐当！哐当！

影片中，进步青年丁家瑚因参加革命遭到军阀追捕，被迫亡命天涯。他后来逃到南洋，和华侨矿工一起开矿谋生。他们终日忍受着南洋资本家的残酷剥削，在矿井底下过着暗无天日的生活。田汉创作的歌词，把处于社会最底层的无产阶级矿工被剥削被奴役的悲惨命运刻画得淋漓尽致，同时又能激发起底层人民面对不公平命运的愤怒和仇恨，从而积蓄起改天换地见阳光的伟大力量。

聂耳在音乐创作中，借鉴了民间劳动号子的节奏，采取一人领唱、

众人合唱的形式。"噢嗨，噢嗨"的音响低沉又悲壮，贯穿了整首歌曲，这是矿工挖矿时的劳动号子声，也是他们在苦难中不断压抑着的呐喊："噢嗨，噢嗨"，挖矿的工人举起手中沉重的铁锹；"噢嗨，噢嗨"，运矿石的工人累得弯下了腰；"噢嗨，噢嗨"，这照不进阳光的苦日子何时是个尽头？"噢嗨，噢嗨"，失望攒够了那就从绝望中寻找希望！领唱者就在这"噢嗨，噢嗨"的背景声中开始了铿锵有力的控诉和呐喊：我们每天流血汗饿肚皮，资本家却玩乐兜风大鱼大肉！我们的生活暗无天日，资本家却觉得榨取得还不够多！我们必须用我们坚毅的心和有力的双手去争取属于自己的幸福！歌曲末尾，大家一起合唱"哐当，哐当"，气势雄壮，掷地有声，预示着矿工们的铁锹终将打破旧社会，迎来新世界的阳光！

《开矿歌》是聂耳探索歌曲与劳动呼声相结合的成功尝试，这既有利于描绘当时工人阶级劳动生活的情景，展现浓厚的生活气息，又以蓬勃的朝气和激扬的旋律表达出工人阶级的斗争意识和坚毅不屈的精神气质。

《开矿歌》是我国音乐创作中第一首正面塑造工人形象的歌曲。值得一提的是，在影片拍摄的过程中，聂耳还化身为群众演员，亲自用颜料把自己全身涂黑，以饰演一个在东南亚采矿场劳动的矿工，并领唱了这首插曲。《开矿歌》是聂耳把对革命音乐、新兴音乐理论的探索研究落实到电影音乐艺术实践中所进行的成功尝试。

《母性之光》成功上映后，《开矿歌》在当时产生了巨大的影响，它开创了中国二十世纪三十年代革命电影歌曲的先声，同时对民众的革命意识的启蒙和激励发挥出重大作用。用聂耳自己的话来说，就是"这首电影插曲代替着大众在呐喊"。

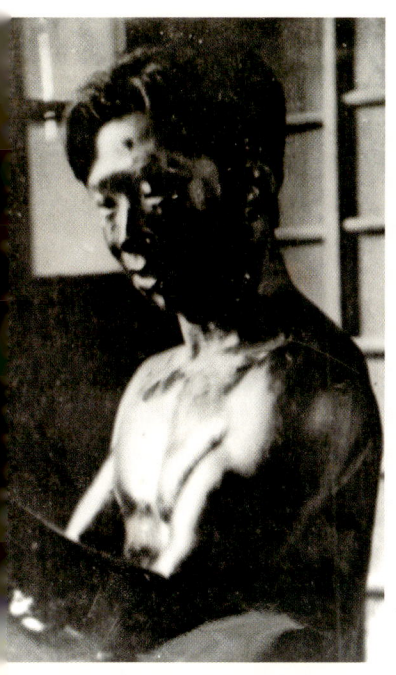

◆ 1933年，聂耳在影片《母性之光》中扮演矿工

◆ 1933年，聂耳在影片《母性之光》中扮演矿工。图为事后陈燕燕向他表示祝贺

◆ 1933年，聂耳在《母性之光》电影片场与女演员谈瑛的合影

72. 在《渔光曲》中客串渔民

　　《渔光曲》是联华影业公司摄制的一部故事片,由蔡楚生导演,王人美主演。1934年6月14日,电影一经首映,卖座就叫好,创造了连续上映83天的奇迹,并在次年的莫斯科电影节上获得荣誉奖,成为第一部在国际电影节上获奖的中国影片。

　　故事围绕一户穷苦渔民家庭的悲惨遭遇和一个渔业资本家的破产经历展开叙述,折射出旧中国各阶层人民生活的飘零动荡。

　　东海渔村一座破败的小黑屋里,住着渔民徐福一家。徐福夫妇和老母亲都勤劳善良,却不断遭受渔霸的欺凌和压榨,生活艰难而悲苦。在一个风雪夜里,徐福的妻子生下一对龙凤胎。初为人父的徐福抱着一对新生儿,本该欢喜带笑的脸,却被生存的苦楚所笼罩。儿子小猴、女儿小猫的出生让这个原本窘迫的家庭愈发陷入穷苦和困顿。

　　为了养活一家老小,为了偿还船主何仁斋不断催逼的船租,徐福只好铤而走险冒着暴风雨出海打鱼,黑天暗地疾风巨浪中不幸船毁人亡。徐福的妻子只得撇下两个嗷嗷待哺的孩子,到船主何家去做奶妈抵债。小猴在一场大病之后变得痴傻。十年过去了,小猫、小猴和何家少爷子英一起长大,小猫机灵泼野,小猴痴傻,子英健壮聪慧,三个孩子常在一起玩耍,关系很要好。子英教小猫念书,小猫给子英唱童谣,小猴痴笑跟随。不幸的是,这时候奶奶去世了。母亲听到噩耗,如晴天遭霹雳,失手打碎了何家的古董花瓶,最终被暴怒的东家驱赶出家门。

　　又过了八年,长大后的小猫和小猴迫于生计继承父业,租了何家的渔船,从事繁重危险的捕鱼劳动。何家少爷子英则将出国留学攻读渔业。临行前,小猫带小猴相送,子英表示学成归来要致力于改良中国的渔业。此后,渔民的日子更加糟糕,渔霸压榨,匪盗横行,母亲在家意外遭劫之后双目失明。此时,何家联合外国人办起渔业公司,垄断式的集体捕捞让渔民们再也打不到鱼。渔村愈加破败,生活万般困顿,小猫、小猴走投无路,带着失明的母亲流浪到

上海,投奔靠卖艺为生的舅舅。

巧的是,在上海街头卖唱的小猫、小猴遇到回国的子英。善良的子英给他俩留下一百块钱,没想到他俩因此遭人诬陷,被捕入狱。家里,受惊的母亲碰倒了油灯,黑夜中,一场大火把母亲、舅舅和小破屋吞噬得干干净净。而何家这边,何老爷遭情人及其奸夫算计,他们狼狈为奸,营私舞弊,最终搞垮渔业公司。何老爷在破产的打击下自杀,子英改良渔业的计划随即"流产"。影片的结尾,子英跟着小猫、小猴出海捕鱼谋生,病弱的小猴不堪折磨意外摔倒,伤重不治。在生命的最后时刻,他痴笑着躺在小猫怀里,听小猫一遍又一遍唱响儿时的那首《渔光曲》。

《渔光曲》拍摄期间,聂耳参与外景拍摄,并为影片配乐,他还在影片中客串了一个遭遇海上风暴而幸存的渔民。电影同名主题曲《渔光曲》由安娥作词,任光谱曲,歌曲哀婉凄恻,动人愁肠,经久不衰,至今仍被众多音乐人改编翻唱,在歌坛继续焕发着艺术光彩。

◆聂耳(右三)在《渔光曲》中扮演遇难幸存的渔民,正扛着破船板上岸

73. 聂耳作曲的独幕歌剧《扬子江暴风雨》

　　1934年7月，正是上海酷热难耐的时节。然而，比上海更热的，是八仙桥剧场的舞台上正在上演的一场新歌剧——《扬子江暴风雨》。

　　《扬子江暴风雨》讲述了上海码头工人英勇反抗日本帝国主义及汉奸走狗的壮烈事迹。

　　"一·二八"事变后的上海，一群码头工人扛着沉重的麻袋或木箱，挣扎往返于江岸与轮船货仓之间。这群工人里有垂垂老者，有瘦弱孩童，他们衣衫褴褛，脊背佝偻，如牛马牲口般艰辛地劳作着。他们又饥又渴，疲乏不堪，却丝毫不敢慢下来，因为日本士兵和汉奸走狗的皮鞭会不时地抽打到他们身上。汗水不住往下流淌，愤恨早已在空气中发酵。在眼睁睁看着日本士兵把一名打砖女工带走凌辱后，他们的愤恨正渐渐酝酿成一场夏日午后的暴风雨。这时，打砖工人老王意外发现搬货工们搬运的木箱里装的竟然是军火，便偷偷把真相告诉工人们。

　　于是觉醒的工人们集体罢工，把肩上的木箱扔进扬子江，拒绝再给侵略者搬运用来屠杀中国人的枪弹。日本人开枪打死工人阿二和老王的孙子小栓子，汉奸阿四前来逼迫工人干活。愤怒的码头工人抓住汉奸阿四，把他扔进滔滔扬子江。日本兵继续开枪杀人，最终，愤怒的工人不畏强暴，举起铲子、锄头撬开装军火的木箱，拿起武器与日本兵拼死作战。

　　这是《扬子江暴风雨》的首次公演，演出空前热烈，一共进行了三天，每天两场，场场爆满。剧中最让观众激愤的一幕，就是码头工人老王抱着死去的小栓子在领唱：

◆聂耳在《扬子江暴风夜》歌剧中扮演打砖工人老王

同胞们，大家一条心
挣扎我们的天明
我们并不怕死

不要拿死来吓我们
我们不做亡国奴
我们要做中国的主人
让我们结成一座铁的长城
把强盗们都赶净!

表演逼真传神,歌声悲壮又激昂。一时间,在场观众群情激愤,泪流满面,他们纷纷起立,握紧拳头高呼口号:"打倒日本帝国主义!"

《扬子江暴风雨》是一部"话剧加唱"形式的独幕歌剧,由田汉编剧,田汉、蒲风作词,聂耳导演、作曲并参与演出。全剧脍炙人口的唱段包括《码头工人歌》、《打砖歌》、《打桩歌》、《苦力歌》(后改为《前进歌》)、《卖报歌》等歌曲。特别值得指出的是,剧中码头工人老王的扮演者,正是我们伟大的音乐家聂耳。

聂耳是个多才多艺的艺术家,他在模仿方面本来也极有天赋。为了做好这场歌剧,他多次和田汉到上海外滩的江岸边散步,在码头搬运工的劳动号子声中仔细观察和体验,并在捕捉灵感的过程中让自己成功化身为舞台上真正的码头工人,在革命的风暴中用歌声呐喊,鼓舞着中国人民的斗志。

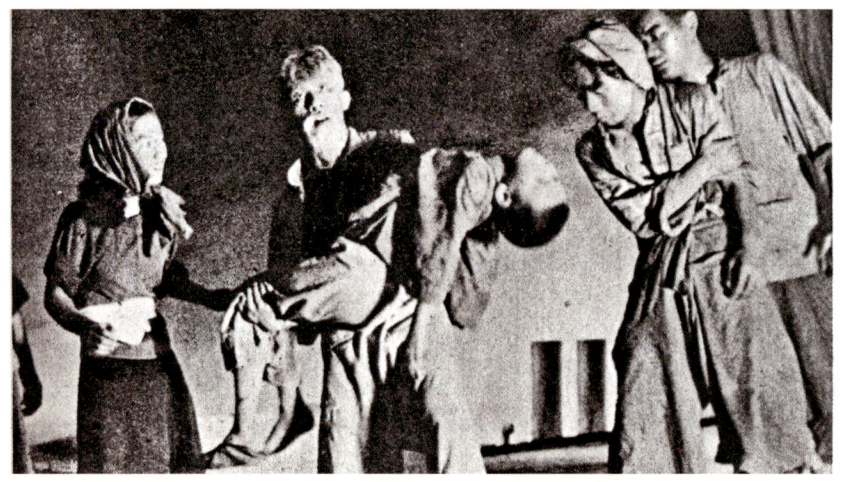

◆田汉编剧、聂耳作曲的独幕歌剧《扬子江暴风夜》,聂耳在剧中扮演老王(抱小孩者)

74. 成立"森森国乐队"

1934年5月,聂耳在上海百代唱片公司牵头成立了一个附属的民乐团,取名为"森森国乐队",他为这个乐团倾注了大量的心血和创作热情。乐团只存在了三年左右,前后共有五个演奏者,但乐团创编和演奏的许多经典民族器乐曲,早已成为中华民族管弦乐发展史上醒目的一笔。

聂耳自离开家乡以后,曾频频托付亲友搜集云南洞经调、滇剧曲牌调、江南丝竹、各地民歌等地方性音乐素材。后来他为森森国乐队创作和改编了四首民乐合奏曲《金蛇狂舞》《翠湖春晓》《山国情侣》《昭君和番》,创作灵感就来自他之前所搜集的音乐素材。这些合奏曲经由森森国乐队公开演奏,获得业内业外观众的好评,其中最著名的《金蛇狂舞》和《翠湖春晓》,至今还在国内外保有蓬勃的艺术生命。

《翠湖春晓》是聂耳根据昆明洞经音乐《宏仁卦》改编的,采用民间音乐"头身尾"三段体结构,以流动的旋律诗意地描摹了聂耳的家乡昆明翠湖春意盎然的迷人风光,既深情赞颂了祖国的美丽河山,又饱含了对美好人生和新时代的期待。

《翠湖春晓》首段音乐为中速,旋律舒缓、悠然,呈现出翠湖晨曦初现、春意初萌的优美意境,给人以"竹外桃花三两枝"的小小惊喜和盼望。随着乐音缓缓流淌,欣赏者仿佛在早春时节的清晨涉足翠湖,放眼看去,湖光动人,水色柔美,柳丝点翠,碧桃含苞,一切欣欣然的样子。中段音乐降为慢调,更加和缓,听起来优美委婉,抒情典雅又充满浪漫的幻想,仿佛欣赏者漫步于翠湖,像是对春天的渴望,也是对翠湖秀丽景致的细品慢赏。尾段是快板,旋律轻快而欢欣,仿佛赏春的人们被浓浓春意感染,情不自禁地在明媚春光中跳起舞来。

《金蛇狂舞》是聂耳根据传统的江南丝竹曲

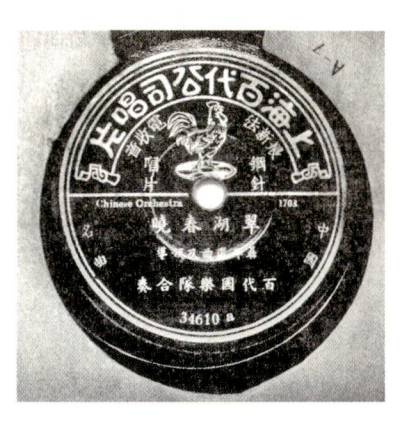

◆ 上海百代唱片公司灌制的唱片《翠湖春晓》

《倒八板》的旋律改编而成的一首民族器乐合奏曲，乐曲短小精悍，明快欢畅，表现了中国江南一带端午节赛龙舟的热烈喜庆场面。《金蛇狂舞》仍然采用了传统的三段式结构，首段乐曲的音调明亮上扬，开篇欢乐和昂扬的旋律让人耳目一新，精神一振。第二段乐曲由两小节欢快的打击乐器音响烘托出更加欢欣鼓舞的气象。在第三段乐曲中，聂耳巧妙地借鉴民间乐曲"螺蛳结顶"的结构形式，乐句的长度逐渐递减，速度却逐渐加快，加之用锣、鼓、钹、木鱼等打击乐器的节奏进行呼应对答，听觉上如巨龙舞动，锣鼓喧天，使得情绪和气氛高涨到顶点。

《金蛇狂舞》欢腾喜庆的情调，在当时那个黑暗的战争年代里，雪中送炭般鼓舞了民族精神，振奋着民族意识。在今天阳光明媚的新时代，《金蛇狂舞》同样锦上添花地衬托和呼应着老百姓喜乐安康的好日子。

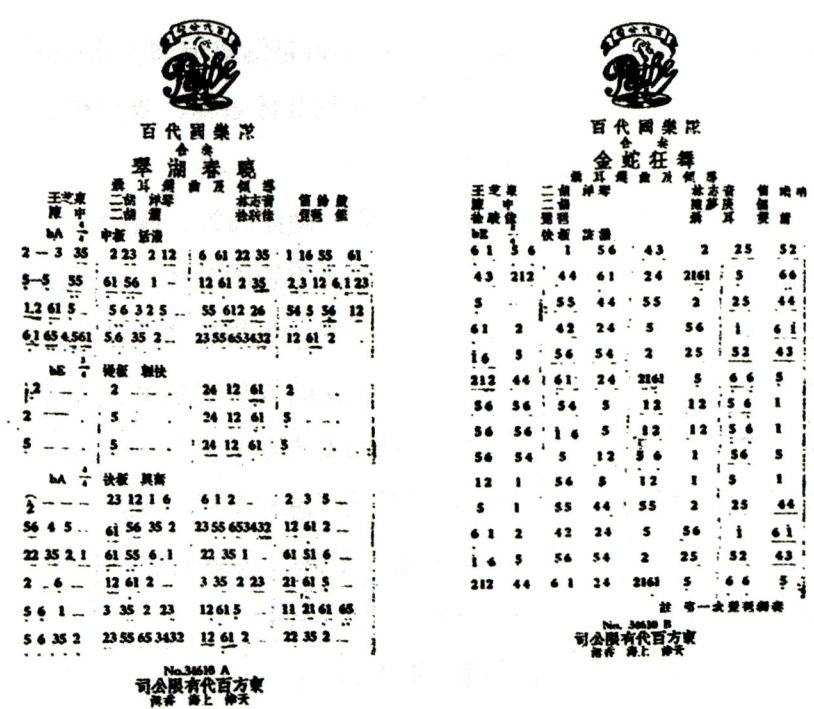

◆上海百代唱片公司森森国乐队的《翠湖春晓》《金蛇狂舞》曲谱

◆聂耳在练习表演

75. 休养大纲和细则

　　1933 年，可算得上是聂耳短暂人生中最紧张忙碌的一年。除了要完成联华影业公司第一制片厂高强度的工作，为正在拍摄制作的电影谱曲配乐、做场记、搞剧务、做副导演、做群众演员等外，聂耳还身兼数职，处理繁杂的社会工作，多次参演左翼"剧联"的戏剧，再加之练琴、读书、写评论、写剧本等，经常忙得团团转，甚至到了疲于奔命的地步。在这种长时间的超负荷运转下，总以为自己压不垮的聂耳终于发现自己错了。

　　盛夏八月的某个夜晚，聂耳在拍摄电影《人生》的外景时，突然晕倒在地，不省人事。同事把他送到仁济医院，医生诊断为轻度脑溢血。聂耳被迫住院治疗。医生认为聂耳过度劳累，曾劝他要特别注意营养，让他停止工作休息一个月。其实这段时间聂耳的眼睛就出现了不小的毛病，老是视物不清，有时候看不清近处，有时候看不清远处。经医生提醒，聂耳才往营养不良这方面想。可是，公司有规定，请假期间无薪金。聂耳平时正常领工资都过得入不敷出，请假休养那还了得！

　　因此，聂耳才出院不久就拖着尚未痊愈的身体返回"联华"继续上班，第二天就被外派参与二厂的影片《渔光曲》的外景拍摄，并为影片配乐。没过几天，劳累的身体再次向聂耳拉响警报，他患上了扁桃腺炎，发烧烧得红脸红脖，喉咙里如被塞了一块火炭，连吞咽口水都很困难。后来病情越拖越严重，聂耳最终不得不返回上海医治，彻底休养两个月。

　　接连病了几场后，聂耳得到了教训，并埋怨自己真不像一个医生的儿子，连自己都照顾不好。为了尽快恢复健康，养病期间他一本正经地给自己制订了"休养大纲和细则"，还一条条地列出细则，端端正正抄写在一张纸上，贴到床头墙壁上，以便每天一睁眼就能看到。"休养大纲和细则"如下：

　　　　本年十一二月份为病后休养时期，在此时期内务顺

序依照下列大纲暨细则切实实行之。

大纲：

不喝酒　不做激烈运动　不晚睡　少用脑

不赴宴会　不吃刺激饮食　不晚起　少吃荤

多吃滋补饮食　多看影戏　多玩

多到公园散步　多听音乐　多笑

细则：

1. 每天六时起床，清洁寝室后，吞生鸡子二只，牛奶一杯，往公园散步，行深呼吸及运动。

2. 每日早饭上午八时，中饭十二时，晚饭下午六时。

3. 午、晚饭后，吃生梨或香蕉一只，临睡前饮冷开水一杯。

4. 每晚十时睡觉。

5. 每逢星期三、六沐浴更衣。

6. 每星期至少看影戏二次，听音乐一次。

然而这个"休养大纲和细则"还没执行几天，聂耳就自己把它给推翻了。一则因为时间不够，他有那么多的事要做去啊，一桩桩一件件都很要紧。二则就算有时间，他也没那个经济条件，这段时间因为病假他都快断炊了，哪里还能保证每天鸡蛋牛奶？

还有一个很重要的原因，是聂耳推翻大纲之后才知道的：11月里，反动当局在上海开始了大规模地镇压左翼文艺运动的行动，这时，时代在召唤聂耳赶快投身到革命的浪潮中去。

◆ 1933年春节，聂耳在苏州留影

◆ 1933年,聂耳在影片《体育皇后》中扮演会场医生

76. 为卖报女童写歌

1933年6月的一个黄昏，一辆电车在上海霞飞路口公交站缓缓停下。随着车门开启，争先恐后要下车的乘客如潮水一般涌出。这样的时刻正常人都会急忙避让以规避碰撞的危险，可是几个小孩却反而朝汹涌的人群迎上去。他们是这个城市角落里随处可见的报童，为了能够换得一口饭吃，不得不逆着人流抢上前，向下车的乘客叫卖手里的报纸。挤挤搡搡之中，突然，一个七八岁的小姑娘被乘客撞倒，手中的报纸散落一地，瞬间被乘客"印上"纷乱而脏污的脚印。

聂耳正从旁经过，他连忙上前扶起小姑娘，又帮她捡起散落的报纸。看着小姑娘面黄肌瘦的样子，聂耳问："小姑娘，你叫什么名字呀？"可小姑娘说不出话，使劲儿用衣襟擦着报纸上的污渍，泪珠子吧嗒吧嗒地落下来。聂耳心疼地揉揉她枯黄而蓬乱的头发，说："那我就叫你小毛头吧。"他从她手里抽走几份弄脏的报纸，递给她几枚铜板。

"小毛头，这些报纸就卖给我吧。"

"谢谢叔叔，你真是大好人！"小毛头眼泪哗啦哗啦地往下流，这一回，是感激的泪水。

两个人聊起天来。聂耳这才知道，小毛头名叫杨碧君，幼年丧父，母亲又卧病在床，她被迫挑起了生活的重担。她经常吃不饱，穿不暖，为了能多卖出一份报纸，不得不忍饥挨饿走上街头吆喝。

小毛头的故事让聂耳心痛，他把故事讲给好朋友安娥听，决定要帮她写一首卖

◆ 1933年冬天，聂耳为这个女报童"小毛头"写作了《卖报歌》

报歌。于是两人走上街头,和报童们一起卖报,去体验他们生活里的辛酸和困苦。很快,安娥写出清新明快的歌词,聂耳一口气把它谱成曲子唱出来。聂耳找到小毛头,把新写的《卖报歌》唱给她听。小毛头非常喜欢,但是说:"要是'把几个铜板买几份报'也唱出来就好了。"聂耳很快做了修改,然后一句一句教小毛头唱这首歌:

啦啦啦!啦啦啦!我是卖报的小行家,不等天明去等派报,一面走,一面叫,今天的新闻真正好,七个铜板就买两份报。

啦啦啦!啦啦啦!我是卖报的小行家,大风大雨里满街跑,走不好,滑一跤,满身的泥水惹人笑,饥饿寒冷只有我知道。

啦啦啦!啦啦啦!我是卖报的小行家,耐饥耐寒地满街跑,吃不饱,睡不好,痛苦的生活向谁告,总有一天光明会来到。

从此,小毛头就唱着这首歌去卖报,卖出的报纸果然比以前多。这首反映报童辛酸生活以及对光明自由的向往的《卖报歌》,后来被编入歌剧《扬子江暴风雨》。随着歌剧的成功公演,很快传遍大街小巷,跨过长江和黄河,在中国大大小小的城市里流行起来。

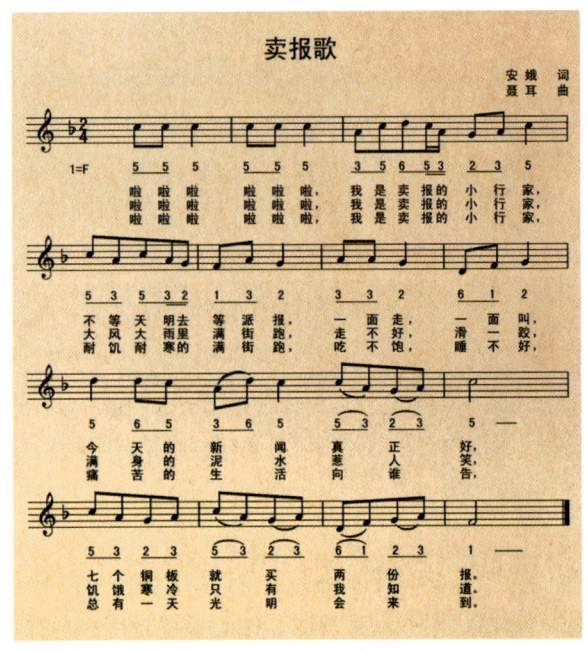

◆《卖报歌》曲谱

77. 聂耳的"音乐年"

1934年1月29日,在距离春节仅有短短六天的那个夜晚,聂耳在日记里写下一句话:"一九三四年是我的音乐年。"

这句话,是新的一年里,聂耳对现在的自己进行音乐约定的一句誓言。

此时的聂耳刚遭联华影业公司的恶意解雇,正经历人生中的第三次失业。他生活困顿,身体欠安,却已在时代洪流的砥砺中自信从容地应对人生窘境,成长为革命青年。他忙于练琴、读书、创作、演出,并对新一年的音乐之途满怀希望。

1934年春天,好消息来了。趁着失业期沉淀了两个月的聂耳,在好朋友任光、安娥的帮助下,得到一个进入英商在上海的著名的东方百代公司的机会,被安排进音乐部,主要做教唱、抄谱、作曲等和音乐密切相关的工作。聂耳如鱼得水,孜孜不倦,很快就因出色的工作表现被提升为音乐部副主任。

进入"百代"工作后,聂耳和任光、安娥一起,坚持拍摄进步电影,坚持演出进步戏剧,并借电影音乐或流行歌曲之名,推出了许多革命歌曲。

5月,聂耳在"百代"牵头成立了一个民乐团,取名为"森森国乐队"。乐团成员只有五人,但每位成员都会好几种乐器。乐团成立的初衷是为歌唱者在灌唱片时做伴奏,而实际上却是聂耳在对民乐伴奏和合奏等形式进行改革性试验和探究。森森国乐队编创并公开演奏了许多民族器乐曲,让传统民乐焕发出新的艺术生命。其间,聂耳为森森国乐队创作和改编了4首民乐合奏曲,分别是《金蛇狂舞》《翠湖春晓》《山国情侣》《昭君和番》。

6月,聂耳为田汉编写的舞台剧《扬子江暴风雨》谱写了4首插曲,分别是田汉作词的《码头工人歌》和《苦力歌》(后改名为《前进歌》)、蒲风作词的《打砖歌》和《打桩歌》。4首歌中最出色的、影响也最大的是《码头工人歌》。

7月,聂耳为该公司的第一部影片《桃李劫》配乐作曲。

8月、9月间，聂耳在联华影片公司第二制片厂拍摄的影片《大路》中担任全部配乐工作。

10月，聂耳为艺华影业公司拍摄的影片《飞花村》的主题歌《飞花歌》、插曲《牧羊女》作曲配乐。

聂耳还与陈伯吹共同创作儿童歌曲《小野猫》，与柳倩合作完成《雪花飞》等。

这一年，聂耳在音乐创作上收获丰厚，在评论上也不放松，他以化名撰写了《一年来的中国音乐》（1935年1月6日刊于《申报》）和《看俄国歌剧杂谈》

◆ 1933年，聂耳在拍摄影片《除夕》时拉小提琴帮助演员酝酿情绪

两篇评论。《一年来的中国音乐》是聂耳关于音乐评论的一篇重要作品，文章从多个方面综合性地评论和总结了这一年的中国音乐，文中渗透着聂耳对新兴音乐的新见解。

这一年里，9首电影歌曲，4首民族乐曲，2首儿童歌曲，2篇音乐评论——看吧，聂耳说到做到。没错，1934年就是聂耳的"音乐年"。

78. 任职上海东方百代公司

在上海徐家汇区的一片绿荫深处，安静地矗立着一座古老的三层法式小洋楼，此楼于1921年建成，红瓦坡顶，红砖墙面，至今已经历百年风雨浮沉。这里是衡山路811号，小红楼门厅的屋檐下有一块铜制铭牌，上面写着"百代公司旧址"。

百代唱片公司是最早在中国建厂灌片的跨国唱片公司。19世纪90年代末，一位名叫E.Labansat（汉语音译为乐滨生）的法国人在上海摆摊播放唱片起家，几年后创立了PATHE（汉语音译为"百代"）公司。1908年，法商在上海开设东方百代公司，经营唱片销售业务。1917年，东方百代公司开始在徐家汇一带购买土地，陆续建房，建起中国第一家唱片制造厂，正式生产红色片芯的唱片，唱片商标是一只报晓的雄鸡。

1930年，英国哥伦比亚唱片公司接手法商东方百代公司，定名为"英商东方百代有限公司"，开始大量灌录都市流行歌曲唱片，迅速成长为中国规模最大的唱片企业，引领着中国流行歌坛的潮流。东方百代公司从建立到被转让接管，其在中国的发展刚好有一百年的历史。新中国成立以前，这里走出过周璇、李香兰、胡蝶、聂耳、冼星海等许多在中国音乐发展史上举足轻重的人物。新中国成立后，"百代"更是涌现出诸如陈百强、林子祥、刘德华、张信哲、王菲等一大批国人耳熟能详的明星歌手。最重要的是，后来成为中华人民共和国国歌的《义勇军进行曲》，最初就是在"百代"成功灌录的。

1934年春天，安娥和任光将聂耳带到他们工作的上海百代公司，向见钱眼开的英国老板大力举荐聂耳，说聂耳是目前上海不可多得的音乐奇才，正是他苦苦寻求的摇钱树，一旦录用，一定

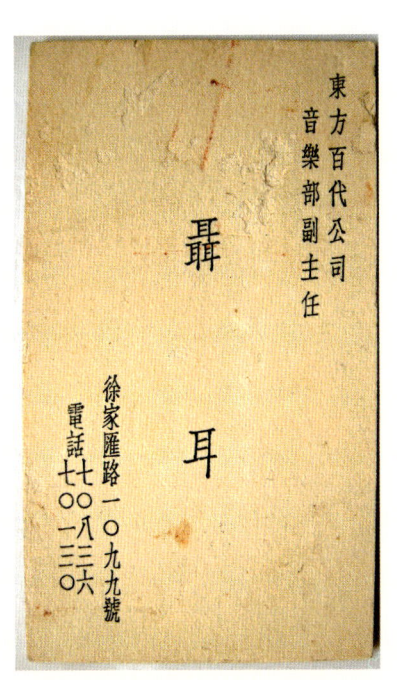

◆聂耳担任上海东方百代公司音乐部副主任时的名片

能为他出版最受欢迎的电影歌曲和流行歌曲，让他赚个盆满钵满。

英国老板很高兴，答应给正处于第三次失业期的聂耳一个机会。聂耳有备而来，他挑选了自己比较得意的两个作品，在百代唱片公司的录音棚里亲自配乐演唱，并灌注成唱片。当英国老板抱着试试看的心理，把留声机的指针放到聂耳新出炉的唱片上时，随着唱片的转动，聂耳动听的配乐和演唱如水一般流淌而出。英国老板摇头晃脑，在迷人的音乐中，仿佛听到了无数钞票在举行大合唱。

◆聂耳在上海东方百代公司的办公室

4月1日，百代唱片公司正式录用聂耳。厂长和聂耳第一次谈话，就很满意，立马安排他进音乐部，让他帮助任光做录音工作，此外还要教歌、抄谱和作曲。很快，"拼命三郎"聂耳凭借出色的工作表现被提升为音乐部副主任。

事实上，聂耳是受党组织的安排进入百代唱片公司的。百代唱片公司属于外商企业，尽管当时反动派的"文化围剿"已是硝烟弥漫，百代唱片公司却很少受到当局的出版审查，公司只管盈利。另外，百代唱片公司的设备和录音技术是当时中国比较先进的，唱片发行的数量非常庞大。这有利于上海左翼"剧联"灌制、销售更多的进步音乐唱片，从而扩大左翼文艺的社会影响，来抗击反动当局的"文化围剿"。

进入百代唱片公司工作后，聂耳和任光、安娥一起坚持拍摄进步电影，坚持演出进步戏剧，并借电影音乐或流行歌曲之名，推出了许多革命歌曲。

◆上海百代唱片公司旧址

79. 掀起巨浪的《毕业歌》

1934年12月，聂耳离开百代唱片公司后，参加了新成立的电通影片公司制作的影片《桃李劫》的音乐创作。《桃李劫》是中国第一部真正的有声片。剧本由袁牧之创作、应云卫导演。

《桃李劫》讲述一对接受过优良教育的恋人陶建平和黎丽琳，婚后过着平静安逸的生活，并对未来满怀憧憬。然而，陶建平因为生性正直，看不惯上司欺诈行为愤而辞职，失业在家。为了养家糊口，陶建平只好去做苦工。因为要给产后患病的妻子治病，借贷无门走投无路之下，他不得已去工厂偷盗自己的工钱。最终妻子病逝，他绝望地把新生儿送到育婴院。之后，他被逮捕并判处死刑。这个叙写充满抱负的知识青年由向往到失望、由反抗到灭亡的悲剧故事，正是对当时黑暗丑陋的社会的控诉。

《毕业歌》作为影片《桃李劫》的主歌曲，在电影中出现了两次。第一次是在电影的开头，青年学生们在毕业典礼上齐声高唱，意气风发、踌躇满志，怀着为社会大众谋取福利踏出校门。第二次是在电影的结尾，当男主人公身陷囹圄、即将执行死刑时，这首歌随着老校长的出现再次响起，而此时物是人非，强烈的对比使得悲剧情绪达到高潮。从颂歌到悲歌，《毕业歌》完成了一次悲剧的见证。这不仅是一个有为的青年被旧社会葬送了，而是一整代中国年轻人梦想和志气的破灭。这是一首为即将离开校园、满怀理想和爱国热情的年轻人而作的歌曲。当田汉拿来了歌词，聂耳就开始为词配曲。《毕业歌》的每一句歌词都可以作为一句铿锵有力的战斗口号。聂耳为这富有激情的歌词谱上有血有肉的音符，使之成为一首节奏鲜明、唱腔高亢的进行曲风格的歌曲。聂耳采用了喊口号与唱腔结合的手法，歌声响起便会让听众形成强烈的振奋精神，产生一种迫切参与救国救民、投身革命的急切心情。

同学们，
大家起来，

担负起天下的兴亡!
听吧,满耳是大众的嗟伤,
看吧,一年年国土的沦丧!
我们是要选择"战"还是"降"?
我们要做主人去拼死在疆场,
我们不愿做奴隶而青云直上!
我们今天是桃李芬芳,
明天是社会的栋梁;
我们今天是弦歌在一堂,
明天要掀起民族自救的巨浪!

聂耳谱写的旋律明朗又强健昂扬,充满理想与爱国热情,正好与田汉所写歌词表现出的爱国热诚以及壮志满怀完美配合,歌颂了满怀抱负想要为社会做出贡献的一代青年,传达出革命精神对民众心声的引领。

1934年12月6日,《桃李劫》开始在金城大戏院上映。影片不仅细致地表现了当时的社会现实,而且逼真的音响效果,诸如工厂的汽笛声、婴儿的哭声、枪声等,大大地增强了影片的感染力。主题歌《毕业歌》道出了当时社会大众的心声,不仅赢得了学生、知识分子的喜爱,而且在普通老百姓中间也被广为传唱。

《毕业歌》号召和鼓舞着千百万青年奔赴抗日前线,为祖国的生存而在反侵略斗争中冲锋陷阵、奋勇战斗。许多学生在宣传抗日时唱着它,在弃笔从戎时唱着它,在浩浩荡荡的游行队伍中唱着它,在抗战杀敌时唱着它!是的,唱着《毕业歌》的他们汇聚成"巨浪",这"巨浪""不断地增长"!万千青年,拿出力量,努力担负起了天下的兴亡!

◆上海百代唱片公司灌制的唱片《毕业歌》

◆《毕业歌》曲谱

80. 为《开路先锋》作曲

1934年上海的夏天是60年来最热的,连日来白天的气温竟然上升到40℃上下。就在如此酷热的7月份,孙瑜导演的《大路》在联华影业公司第二制片厂开拍了。孙瑜邀请聂耳为影片的主题歌作曲,聂耳欣然答应。

孙瑜要求序歌《开路先锋》既要有像《伏尔加船夫》那样悲壮的格调,又得富有青春蓬勃的节奏和胜利乐观的信心。对此,聂耳表示认同,同时也认为歌曲中更应强调青年工人们肩负重担、为争取自由解放而团结作战的那一种青春蓬勃的节奏和充满胜利的信心。在接到孙师毅作词的《开路先锋》后,聂耳就着手进行曲子的创作。

聂耳开始不明白《开路先锋》中"轰!轰!轰!哈哈哈"这一句歌词的用意,孙师毅告诉他,三个"轰"就是轰倒压在中国人民头上的那三座大山:帝国主义、封建主义、官僚资本主义。"哈哈哈"则表现了人民必胜的信念和乐观精神。在理解了词作者的意图后,聂耳认为应该重点表现这一句歌词。于是他采用了逐字停顿来强调并配上低音,以加深对观众的感染力。

这首歌豪放、雄浑、乐观地表现了工人阶级推翻旧世界、创造新世界的自豪感。全曲音乐巧妙地利用劳动号子中一领一合的形式,把每个单独无偶的句子都重复一次,使音乐在形式上表现完整,并富有民族特色。

9月初,聂耳终于完成了这首歌的作曲。接着,在他的指导下,由6个扮演筑路工人的演员演唱的《开路先锋》就在百代唱片公司灌了唱片。

1935年元旦,《大路》在金城大戏院上映,影片受到了舆论的一致好评。《开路先锋》也是好评如潮,《申报》的评论文章指出:"《大路》是一个弘扬和启发民族意识的作品,影片中的歌曲倾吐了作者满腔的热望。……《开路先锋》那雄壮的旋律可以说是表现了人类对未来的执着的追求。"连日来,戏院里场场满座,

有不少观众还特地向"联华"索取歌谱。聂耳作曲的电影歌曲越来越受到民众的喜爱。

这些歌曲如此受民众喜爱,源于聂耳从形式和体裁上都创造了新的风格,自由、奔放而毫不夸大,同时能打破陈规,大胆创新。他吸收了西洋歌曲的有益经验,融进中国民间音乐风格,创作出中国历史上所没有的一种民众音乐。

聂耳是当时音乐界当之无愧的最具有创造性、影响最大的"开路先锋"。

◆聂耳音乐作品《开路先锋》创作手稿

81. 聂耳对音乐作品的开拓和创新

《梅娘曲》是一首由聂耳作曲的情歌，是聂耳音乐作品的又一次开拓和创新。1935年，聂耳的工作精力和创作欲望日益旺盛，在为《新女性》作曲的同时，又为"左联"演出的三幕话剧《回春之曲》谱了4首曲：《告别南洋》《春回来了》《慰劳歌》和《梅娘曲》。

《梅娘曲》出现在《回春之曲》的第三幕。歌中主人公梅娘的恋人从南洋归国投身于抗日战争，不幸因负伤而失去了记忆。专程回国探望恋人的梅娘为唤起他的回忆，在病床前唱起了这首凄婉动人的歌。梅娘是一位出生于南洋富商家庭的女学生，她的遭遇不同于一般劳动妇女。她的痛苦主要来自家庭的封建束缚和日本帝国主义的侵略。要准确地刻画好梅娘这个形象，就必须在这样一首短小的歌曲中，把人物复杂的内心世界勾画出来。在创作中，聂耳根据剧情的需要，用较为简朴的手法渲染剧中人物细腻复杂的心理，取得了很好的艺术效果。

"哥哥，你别忘了我呀，我是你亲爱的梅娘，你曾坐在我们家的窗上，嚼着那鲜红的槟榔……"这首歌采用乐段结构的分节歌形式。开始的乐句是弱拍起，一声"哥哥"，亲切、深情，简练而又准确地表现了梅娘见到昏迷不醒的情人时，内心充满的痛苦与爱恋的心情。接着开始记叙梅娘和她的恋人在南洋时的生活情景，梅娘力图以回忆他们的往事，唤起自己情人的记忆。

歌曲中，梅娘的情感经历了从沉浸在幸福的回忆里转向面对痛苦的现实，而始终抱着期待，这是多种情感交织而成的一种惆怅。但是，她的情人终究因伤势过重而"已经不认得我了"，梅娘控制不住自己的失望而痛苦地抽泣起来。特别留意那两个"但是、但是你已经不认得我了，你的可怜的梅娘"，它最能揪人、感人、动人，这是全曲的画龙点睛之处。

从1935年1月31日起，该剧在中国舞台协会假座上海金城大戏院连续三天举行的赈灾大义演中首次公演。著名影星王人美

在剧中演唱了《春回来了》和《梅娘曲》。公演后,《梅娘曲》在国内和海外侨胞中广为传唱。

《梅娘曲》是聂耳民众音乐的又一样式,细腻婉转、情丝绵绵,成功塑造了梅娘这一温柔秀美、情深意切的音乐形象,这也是一位青年艺术家借歌曲传达出的爱情的模样:忠贞、坚守、不离不弃、缠绵悱恻。

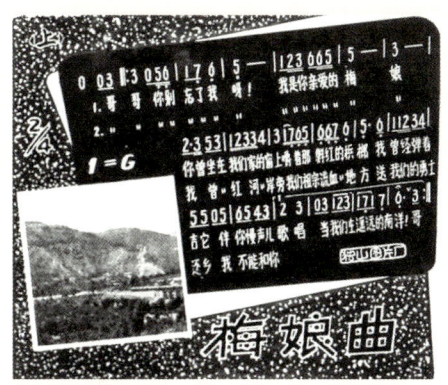

◆《梅娘曲》是1935年抗日救亡话剧《回春之曲》的插曲。主人公梅娘的恋人从南洋归国投身于抗日战争,因负伤而失去了记忆。梅娘为唤起恋人的回忆,在病床前唱起了这首歌曲

82.《风云儿女》的诞生

1934年秋天,电通公司首部电影《桃李劫》的拍摄工作已经接近尾声,夏衍带领众人对《桃李劫》进行紧锣密鼓地补拍、修改、剪接。与此同时,电通公司的第二部电影也在酝酿策划中。在电通公司经理马德建家里召开的一次会议中,田汉说出了自己的构想:创作一部反映长城抗战的影片《凤凰的再生》,以儿女之情写抗战风云,表现出长城的新生、民众的新生、国家的新生。女主人公名为阿凤,是一位漂泊的歌女,后改名为新凤,寓意"新之又新"。男主人公名为辛白华,是一位青年诗人,同样寓意着个人与民族的新生。这个构思得到了大家的一致赞同。

长城与中华民族的命运,一直是田汉思考的问题。在紧张不安的局势之下,寻找救国之路,则是每一位仁人志士的心之所系。田汉也在思考:究竟如何才能筑起最坚不可摧的长城?中华民族的希望寄托在何处?1933年春天,虽然当时的中国风雨如晦,田汉却写下了一篇信念坚定的文章《站在日出前的中国》,对"长城精神"做出了新的诠释。他写道:

> 近代一切文化随着生产力的发展一天天立体化,近代战争也由平面的战争进为立体的战争。万里长城诚如萧伯纳翁在张学良将军的私人飞机上所见,只不过是一版"矮墙"而已。在敌人的近代武器下,这一版"矮墙"的运命是决定了的。但最后的胜利是不决定在敌人的武器,而决定在全中国广大劳苦民众的意志。但凡他们不肯做奴隶,他们是必能把帝国主义强盗踢出去的,不管它的飞机大炮是多么厉害。因此,只有组织了民众自己的力量,才是真正能防卫中华民族自己的家的万里长城!谁不许民众自己起来,谁就是"自坏长城"以迎敌。

在现代战争面前,实体的长城不过是一道"矮墙",国土沦陷、

生灵涂炭,但是希望不在别处,就在每一个不愿意做奴隶的中国人身上,而倡导组织民众起来才是真正的万里长城。在田汉笔下,长城的象征意义发生重大改变,他也多次在剧作中传达出这一观点。1934年初,田汉创作了表现义勇军不屈精神的抗战话剧《水银灯下》。在该剧结尾,田汉借剧中义勇军士兵之口喊出中华儿女激情澎湃的心声:"不!中国并没有完。""弟兄们,中国并没有完,只要我们大家一条心,中国是不会完的。只要大家不肯做亡国奴,中国不会亡的。听,敌人的枪越响越近了,我们不要等着他们来,我们要冲上前去。"

在马德建家召开的会议结束后,田汉一边进行抗日话剧《回春之曲》的创作,一边于1934年底完成了《凤凰的再生》的故事梗概,将其送到了电通公司。根据司徒慧敏的回忆,田汉辗转送来的创作是"十来张直行的稿纸",上面"不依行格、用毛笔细字写成"。除男女主人公外,还另设有两个男女配角,让男主人公青年诗人辛白华周旋于阿凤和美艳的C夫人的感情漩涡中,最终因为好友梁质甫(在影片中最终定名为"梁质夫")的忠告,男主人公听从时代的召唤,走上了民众抗日的战场。这也是一次凤凰涅槃。

田汉的剧本获得了大家的一致好评,经讨论,影片名称改为《风云儿女》。这时,电通公司的第一部影片《桃李劫》已经上映,

◆《晨报》报道《风云儿女》

受到广泛好评,《毕业歌》更是在大街小巷传唱,其社会影响远远超过了预期。趁热打铁,电通公司的第二部抗日影片不仅要加紧推出,而且在新影片中,田汉认为同样应发挥主题曲的感染力。在剧本的最后,他写下了几句简短却有力的歌词:

> 起来,不愿做奴隶的人们,
> 把血肉来筑我们新的长城。
> 中华民族到了最危险的时候了,
> 每一个人被迫着发出最后的吼声。
> 我们万众一心,
> 冒着敌人的大炮飞机前进!

剧本梗概完成后顺利通过剧本的审查程序。1935年1月4日,上海《大美晚报》第2版刊登的《电通简报》报道:"《风云儿女》已交剧本委员会审查,审查已无问题。"这意味着《风云儿女》可以正式开拍。1月15日,《中华日报》电影副刊报道:"《风云儿女》将于1月20日开拍。"

◆电通公司出版的《电通》画报《风云儿女》特辑

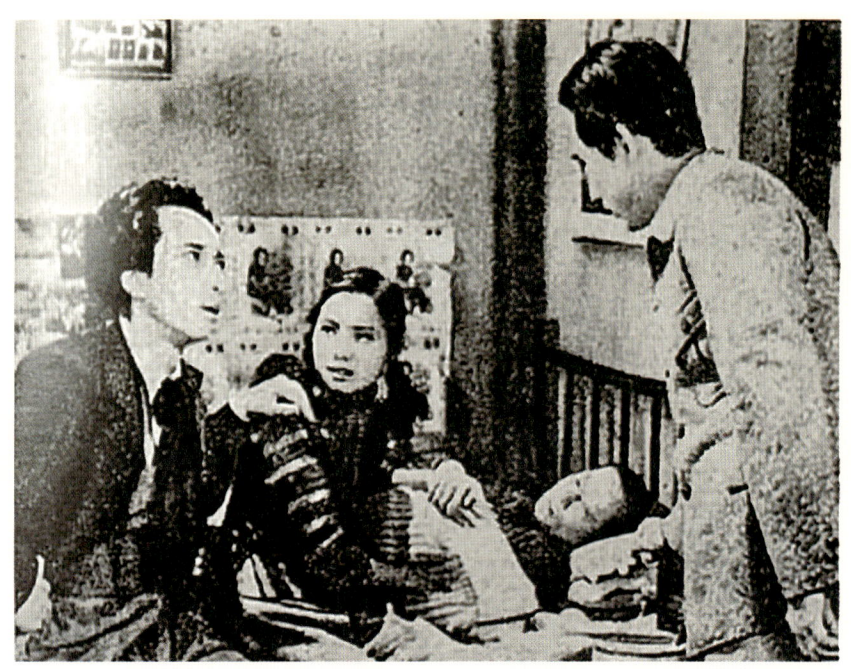

◆影片《风云儿女》男女主角辛白华（袁牧之饰，左一）、阿凤（王人美饰，左二）、梁质夫（顾梦鹤饰，右一）

◆1933年，聂耳在影片《小玩意》中扮演卖油炸臭豆腐的商贩

83. 聂耳的又一名作——《铁蹄下的歌女》

《铁蹄下的歌女》是故事片《风云儿女》中的插曲，创作于1935年。《风云儿女》的女主人公阿凤，从小就没有父亲，生活特别艰辛，带着生病的母亲从北方农村流落到上海，虽得到几位正义青年的帮助，但终因生活艰难，不得不从事卖艺生活的故事。

许幸之将《铁蹄下的歌女》的歌词亲自交给了聂耳，请他为之谱曲。聂耳立刻被这悲哀的歌词所吸引，这正是当前中国人民悲惨现状的写照啊！"交给我吧，我能配好曲。"聂耳说道。旧中国的歌女是被压在社会底层的弱者。聂耳对歌女的痛苦生活十分熟悉，他怀着对这些"到处哀歌""永远漂流"的歌女们的深切同情，写了这首女声独唱歌曲。

经过两个星期的苦苦思索，写了又改，改了又写，聂耳终于写出了再一次让许幸之深感满意的作品。当聂耳开始试唱时，那比歌词还要悲凉凄惨的旋律让许幸之热泪滚滚。

女主人公阿凤是一位歌女，在母亲去世之后，没有任何依靠的她只能进演艺班以卖艺来维持生活。来到上海，吃饱穿暖成了她每日面临的难题。阿凤不幸的身世、贫穷的生活与这首音乐完美结合，凄凉、优美的旋律一出来，让观众不禁想要去保护她、同情她。第一节以哀怨的语气，吐出了郁结在歌女心中的最大的委屈：她们到处卖唱，到处献舞，被人当作商女。"谁不知道国家将亡？为什么被人当作商女？"她们在诘问中，既对社会的传统偏见提出抗议，又向人们呼唤真诚的理解。第二节则转而表现她们的悲惨生活，简明扼要地勾勒了她们为应对饥寒所迫，不得不到处哀歌、四处漂流的艰难困境，期望社会能理解她们歌声中的血泪和悲愤。但是，阿凤唱这首歌，是在她发现曾经帮助自己的大哥哥辛白华陷入感情漩涡、为情所困时，鼓励辛白华放下感情包袱，积极抗日。最后一节再次由低婉转入激切，在"谁甘心做人的奴隶，谁愿意让国土沦丧"的反问中，又一次强化和宣泄了心中的愤懑和不平，维护了歌女人格的尊严。她们虽然身份低贱，

被侵略者和传统偏见鞭挞得遍体伤痕，但她们并没有屈服，一旦时机成熟，同样会毅然投入抗日救国的战斗行列。阿凤的形象不仅仅停留在可怜可悲的层面，她并没有被生活上的苦难所打倒，她是一位具备坚强斗志的女性。

聂耳以深厚的无产阶级感情，运用了具有民族特征的音乐体裁、细腻的情感，揭示了旧中国底层卑微歌女的真实生活，恰如其分地表现了弱女子不平的呐喊和在她们备受摧残的心灵深处跃动的爱国热情。这些塑造了坚韧、爱国的中国女性形象的作品，是聂耳创作的革命群众歌曲中的重要组成部分，是他的音乐艺术宝库中熠熠生辉的珍品。

◆聂耳为影片《风云儿女》作曲的《铁蹄下的歌女》曲谱

84. 许幸之与聂耳的合作

许幸之（1904—1991）可谓是现代中国文艺大舞台上一位不可多得的全才艺术家。他涉猎广泛，研究范围涵盖绘画、电影、戏剧、诗歌创作及美术史研究，在众多领域默默耕耘，成果丰厚。

1904年4月5日，许幸之出生于江苏扬州一个殷实的商人家庭，父亲以经营盐业起家。他8岁时父亲不幸病逝，家道渐渐中落。许幸之从小受到良好教育，很喜欢书画，早早地就立下志向，长大了要当一个大画家。他12岁时师从著名美术教育家吕凤子学画，他勤勉好学，画艺和为人都深得吕凤子赏识。16岁时，许幸之经吕凤子推荐，免试进入上海美专学习。毕业后，许幸之进入东方艺术研究所，边教书边进修。后来在研究所组织的一次师生画展上，许幸之的几个作品获得郭沫若、郁达夫、成仿吾等人的高度评价。于是，20岁的许幸之在郭沫若等人的鼓励和帮助下，东渡日本求学。

许幸之在上海美专求学期间就受到五四精神的影响，是一个进步的革命青年。在日本留学期间，他也时刻关注国内革命斗争的风云变幻。1927年春，许幸之接到郭沫若的电报，召唤他回国参加北伐军的宣传工作。他毅然中断学业，回到上海投身到革命浪潮中，还因此遭受第一次牢狱之灾。1929年秋，许幸之在日本又接到夏衍的召唤，毅然决然放弃去法国深造的计划，回国参加中国共产党领导的中华艺术大学的接办和教学工作，被推选为新成立的中国左翼美术家联盟的主席。在美联活动中他又被逮捕，遭受第二次牢狱之灾。两次牢狱之灾并没有吓倒左翼分子许幸之，反而把他锻炼成一个艺术道路上的革命战士。他右手画画，左手写诗，孜孜不倦，硕果累累，把文学艺术当作武器，为祖国的自由和民族的解放而斗争。

1933年秋，许幸之初涉电影界，在天一影片公司担任美术设计和置景师工作。第二年底，他转入中共地下组织领导的电通影片公司，开始导演《风云儿女》。

《风云儿女》由夏衍根据田汉编写的故事梗概写出剧本，主要讲述一位青年从文弱诗人转变为勇敢的抗日救国战士的故事，这是

我国最早以抗日斗争为题材的电影。许幸之是初次做导演,他刚拿到的剧本尚没有主题歌的歌词。后来,探监的同志辗转带给他一小张写满字的香烟壳纸,那是在狱中的田汉为《风云儿女》秘密创作的歌词,是《义勇军进行曲》最原始的手稿。于是,许幸之和聂耳分头工作,许幸之废寝忘食地拍片,聂耳通宵达旦地谱曲。

一个清晨,为拍片又熬了一个通宵的许幸之刚刚进入梦乡,就被急促而有力的敲门声吵醒。他起床打开门,只见聂耳右手挥舞着一张字纸,脸庞上洋溢着兴奋的红光急切地说:"好啦!好啦!快看看怎么样?"聂耳用左手在书桌上打着拍子,连唱了好几遍。许幸之激动不已,也加入进来,两人齐声合唱,激昂的歌声响彻整个房间。

他们不时停下来讨论修改,改去一些装饰音,把田汉在狱中写的最末一句"我们万众一心,冒着敌人的炮火前进!前进!前进!"改为"我们万众一心,冒着敌人的炮火前进!前进!前进!进!"这样,结尾虽一字之差,却更激荡有力了。这就是《义勇军进行曲》的草稿。后来聂耳被迫出国避险,把草稿带到日本反复修改,再把曲谱定稿寄回上海。

这两首歌曲,尤其是《义勇军进行曲》,超越了电影《风云儿女》,迅速传遍大江南北,成为鼓舞爱国斗志和宣传抗日救亡的最响亮的号角。

◆ 1935年6月1日出版的《电通》半月画报上刊登的《义勇军进行曲》乐谱

85. 田汉被捕　夏衍写剧

就在左翼电影小组的工作紧锣密鼓展开的同时，国民党特务机构对左翼的压制也日益升级。对于左翼电影人的逐步活跃，国民党当局采取了极其粗野的暴力手段进行镇压。早在1933年11月12日，受国民党政府雇佣的流氓打手便赫然开着卡车冲进有进步倾向的艺华公司，将摄影设备和场地悉数捣毁。

其后没过多长时间，刚刚进入1934年，1月20日上海《申报》就刊登出所谓《中国青年铲共大同盟宣言》，公然恫吓进步电影人，并列出一份黑名单，列出田汉、沈端先（夏衍）、钱杏邨（阿英）、茅盾、沈西苓、楼建南、许幸之等左翼作家的名字，警告各个电影厂不得采用他们编写的剧本，聘用他们为导演者必须立即解除合同。

1934年2月19日，国民党特务经过近5个月的侦查，在当夜进行了全市大逮捕活动。中共上海中央局、江苏省委遭到严重破坏，有30余人被捕。田汉也在翌日凌晨2时回到寓所时，被守候在那里的特务逮个正着。

田汉被捕了，而《风云儿女》刚刚开拍，电影脚本还没有完成。正是在这种情况下，左翼电影小组负责人夏衍决定自己动笔，把田汉留下的《风云儿女》故事改写成电影文学剧本。为此，他还可以从电通公司得到一点稿费，让自己的妻子送给田汉的夫人与阳翰笙的夫人，接济她们的生活。

除了完成剧本创作，夏衍还负责《风云儿女》拍摄的整体规划与推进。关于导演人选，他找到了刚加入电通公司不久的许幸之。许幸之并不是共产党员，但他是留日归国的左翼画家，而且是中国左翼美术家联盟的发起人，同时热心左翼文学、戏剧、电影等文化运动。根据许幸之的回忆，夏衍找到他后，直截了当地说："田汉和华汉（即阳翰笙）被捕，大概你已经知道了。《风云儿女》是田汉入狱以前写好的剧本，是以号召文艺青年起来抗战为题材的，对当前的政治斗争有推动和鼓舞作用，我们要尽快

把它拍出来,以配合当前的革命形势。"他又严肃地对许幸之说:"我和司徒慧敏、孙师毅商定,请你担负起导演的责任。"在此之前,许幸之除了零星的舞台导演经验外,并未曾导演过一部电影。但组织的信任给他克服困难的勇气,他决定排除万难完成这项光荣的任务。

夏衍拿出田汉手稿交给许幸之。许幸之看后,坦诚地说:"感觉内容单薄了一些,几个主要人物的刻画还不够生动,一些情节过于浪漫,因此整个故事内容还显得单薄,不够充实。"他说出了心中的忧虑。夏衍当时如此宽慰道:"田汉原著的不足之处我会在改写成电影文学剧本时加以弥补,你尽管放心好了!"

夏衍认真阅读领会田汉原作,揣摩人物设置,领会情节演进,充分发挥想象力,然后,将故事梗概改写成电影分镜头剧本。

男主人公辛白华和梁质夫是极要好的朋友。辛白华具有诗人气质,研究文学,也略通音乐、美术;梁质夫则精明强干,在北方参加过军队,现在在大学读法科。辛白华以成为"国民诗人"为己任,正在创作一首题为《万里长城》的长诗。他们的楼下住着从河北逃难来的少女阿凤。阿凤与母亲相依为命,虽然生活艰辛,但她坚强乐观,喜欢唱歌。辛白华和梁质夫总是不约而同地帮助阿凤母女。他们房间对面则住着一位华贵的妇人C夫人。辛白华《万里长城》的发表引发了文艺界广泛关注,然而其中的一句诗也显示出其内心的矛盾:"我们该举起喇叭,吹起被压迫大众的进军号?或是俯伏在维娜丝像下歌颂她的圣明?"彼时的辛白华虽然以"国民诗人"自居,想要吹起革命的号角,但又不自觉地受到美艳妇人的吸引。

转折出现在第六章,阿凤的母亲因贫病而死。梁质夫因朋友参加革命连带被捕。辛白华仓皇逃避,昔日的朋友不敢收留,而C夫人则慷慨地收容了他。而后,华北战事日趋紧张。阿凤改名为新凤,加入了歌舞班,到各地演出;梁质夫释放出狱后,毅然北上抗敌,加入了义勇军;而辛白华却与美貌多金的C夫人避暑青岛,躲在了儿女私情和自然美景中,远离了现实生活。

这时,歌舞班来青岛演出。与阿凤的重逢以及她演出的《铁蹄下的歌女》,唤起了辛白华的爱国热情,但他又未能完全跳出

爱情的羁绊，转而沉寂下来。直至好友梁质夫在长城古北口英勇牺牲的消息传来，辛白华才大为震动。他彻底舍弃了逃避斗争的逸乐生活，走上了抗敌的最前线，走入了华北抗战的炮火中。他说，当兵也是为了来写一首动人的诗，"从前用墨汁写，现在用鲜血来写"。影片最后，敌人的炮火轰鸣而来，"灰沙弥漫，数千士兵围着防卫他们的故乡，抵御强暴而潮水般向长城前进。"但是，没有人退缩。辛白华高扬军旗，高唱军歌：

起来，不愿做奴隶的人们，
把血肉来筑我们新的长城。
中华民族到了最危险的时候了，
每一个人被迫着发出最后的吼声。
我们万众一心，
冒着敌人的炮火前进！

这也是他的《万里长城》长诗的最后一节，是整部电影的最强音。

◆ 1935年5月24日，影片《风云儿女》在金城大戏院首映，这是刊登在当天的《申报》上的整版广告

86. "抢"到作曲任务

《风云儿女》的剧本已经写成，主题曲的歌词也已完成，那谁来承担作曲任务？聂耳无疑是这一工作的不二人选。

对田汉等左翼文艺工作者的相继被捕，聂耳感到义愤填膺，同时也唤起他的创作激情。当他从许幸之和司徒慧敏那里听说电影结尾有一首主题歌时，他主动向夏衍请缨——按夏衍的说法叫"抢工作"，要求担当起《义勇军进行曲》的作曲任务。于伶见证了聂耳"抢工作"的历史一刻。夏衍完成剧本后，约孙师毅交稿，但是当天孙师毅已经和于伶有约，三人便一起聚在了孙师毅家。

没想到，聂耳也来到孙家。在场的人都清晰地记得，聂耳见到夏衍，第一句话就是："听说《风云儿女》的结尾有一主题歌？"夏衍把剧本递给了聂耳。聂耳俨然早已知晓了剧本的相关内容，他立即翻到最后一页找到歌词，念了两遍后，热情兴奋而且认真严肃地说："作曲交给我，我干！"还没等到夏衍回答，聂耳伸出手来紧紧握住夏衍，又重复了一遍："我干！交给我。"并用无比笃定的语气补充说："田先生一定会同意的。"

夏衍当然无法拒绝，何况夏衍也从未想要拒绝。

1933年初，聂耳入党时，夏衍便是监誓人。看着眼前兴奋得满脸通红的聂耳，夏衍仿佛又看到了两年前入党宣誓时的那个年轻人。聂耳目光坚定，拳头紧握，他的心里有一团不灭的火。两年来，夏衍眼见着聂耳以多种方式参与到革命斗争实践中，革命理想和政治信仰越发坚定，艺术创作也越发成熟。把作曲的任务交给聂耳，无论是政治上还是艺术上，夏衍都是放心的。孙师毅抄了一页歌词给聂耳。聂耳拿着歌词，如获至宝。夏衍还是叮嘱了聂耳一句，为电影歌曲作曲需经过导演许幸之的同意。

聂耳找到了许幸之，热情地说："把作曲任务交给我吧！我保证好好完成！"两位青年虽然是第一次见面，但共同的理想却让二人一见如故，相谈甚欢。许幸之不仅把作曲任务交给了聂耳，他还敏锐地发现聂耳具有表演才能，与剧本中的男二号梁质夫的气质有共同之处。

于是，许幸之直截了当地问道："除了作曲之外，还有一个任务要配给你，你干不干？"聂耳回答得也很干脆："什么任务？你说吧！"许幸之简单给聂耳讲了《风云儿女》的剧本故事，并说主角辛白华和阿凤已经由袁牧之和王人美担任，重要配角梁质夫是一个富有革命理想的热血青年，还没有找到人。"我一眼看中了你，无论是从气质、性格、体态外形上，这个角色由你老兄来扮演最为理想。怎么样？""行！"聂耳本来就热爱表演，马上就爽快地答应了。

可惜的是，聂耳后来因为被迫紧急出国，未能出演这一角色，最终由顾梦鹤扮演。

◆影片《风云儿女》的宣传画报

87. 霞飞路激情谱曲

3月的上海，乍暖还寒，但是拿着歌词的聂耳心中却有按捺不住的热情。他飞一般地回到霞飞路（今淮海中路）1258号三楼狭小简陋的亭子间。坐在钢琴前，聂耳早已把歌词牢牢记在了心里，短短的6句歌词不断在他的脑海中循环：

起来，不愿做奴隶的人们，
把血肉来筑我们新的长城。
中华民族到了最危险的时候了，
每一个人被迫着发出最后的吼声。
我们万众一心，
冒着敌人的炮火前进！

"起来——前进——起来——"聂耳的口中念念有词，他的脑子停不下来，他不断问自己，该用怎样的音符表现出"起来"的果决？该用怎样的节奏表现出"前进"的坚定？该用怎样的旋律表现出中国人民的不屈和反抗？在钢琴前，他不断地站起又坐下，坐下又起来；他在屋里来回走动；他在桌子上打着拍子；他的手指无数次悬在琴键上，却又迟迟没有落下……他担心，他担心敲不出有力的音符，他担心没能传递出还在牢狱中的田汉的心声，他担心不能喊出中国人心底的愤懑、不能激起中华民族的反抗！

不断地思索，不断地徘徊，不断地寻找，歌词在聂耳的脑海里幻化成了画面：他看到了九一八事变的炮火，他听到了"一·二八"事变的炮声，他看到了战火在无情地蔓延，无数的中国人流离失所甚至失去生命，他看到了多年前那个被推下火车轧断腿的小女孩，他也看到了"小毛头"天真的笑脸，还有永远平静地在云南等自己回家的母亲……轰隆隆的炮火声中，他想要抓住这些天真、平静、简单的应该属于每个中国人的幸福。

出路在哪里？希望在哪里？飞机、大炮我们战胜不了吗？帝

国主义列强我们赶不出去吗？不是的！不会的！我们一定会胜利，我们必须要胜利！他看到了奋勇抵抗的义勇军，他们流血牺牲，但他们前赴后继，他们同仇敌忾，他们一直前进！对，前进！就是要一起前进！要写一首进行曲，比《马赛曲》更雄壮的进行曲！他想起了在清华园演奏《国际歌》的画面，看到了台下观众随着《国际歌》的曲调而渐渐坚毅的眼神。是的，要写一首像《国际歌》一样把中国同胞都拧在一起的歌曲，比《国际歌》更明快更有力！

再次坐在钢琴前，曲调如潮水般从聂耳的指尖、从聂耳的心里奔涌出来。他采用了纯四度的音程，以弱拍开头，振奋人心又沉稳有力地呼唤着民众"起来"；他采用了G大调的曲调，以大三和弦分解的号角音调为主调，雄壮有力地唱出了中国人"不愿做奴隶"，愿以"血肉来筑我们新的长城"的呐喊。整首曲子没有大的音符跳跃，宽广明亮、朗朗上口，便于传唱。同时，聂耳常用短句，在主音上结尾，这让每一句的曲调都干脆流利地撞击听众的内心……

初稿完成后，聂耳兴冲冲地拿给许幸之看。许幸之说："你是不是受了《国际歌》和《马赛曲》的一些影响？""是啊！"聂耳很坦率地承认，"但是它比《国际歌》更明快，比《马赛曲》更激昂，你感觉不到吗？"没错，这就是聂耳所期待的属于中国人的进

◆聂耳当时住在公寓顶楼的这间小房里

◆聂耳在上海公寓的一角

行曲,他在西方音乐大调型的曲调中融入了中国民间调式中小调型的音调,音乐语言清晰又丰富,慷慨激昂、铿锵有力、明快乐观。聂耳当时并没有想到,这首曲子将来会被定为中华人民共和国国歌,唱响在中国革命、建设与发展的每一个时刻。

他对许幸之说:"我几乎废寝忘食,夜以继日,一会儿在桌子上打拍子,一会儿坐在钢琴面前弹琴,一会儿在楼板上不停走动,一会儿又高声地唱起来。房东老太太可不答应了,以为我发了疯,并向我下逐客令。我只好再三向她表示对不起,最后她才息了怒。"许幸之说:"没有把你赶走,或者把你送到疯人医院去,就算是便宜你了。"不过,白俄房东终究还是下了逐客令。聂耳搬离了霞飞路1258号,他要另谋住处,继续修改《义勇军进行曲》。

◆聂耳创作的《进行曲》手稿(影印本)

88. "起来"来了

电通公司的创办者司徒慧敏是个热情好客的人,他邀请聂耳到他家里住,方便继续创作。司徒慧敏的老母亲"长婆"与司徒夫妇非常欢迎聂耳的到来。根据司徒慧敏的女儿司徒恩湄回忆,聂耳就是在司徒家创作修改《义勇军进行曲》的曲谱的。

司徒恩湄这样回忆,那时我们家住在(上海)大连湾路一个二层楼上,家里没有小孩,我大姐还没出生。有一天,我爸爸对妈妈说:"聂耳来我们家作曲行吗?"妈妈说:"怎么不行啊?叫他来吧!"聂耳来了之后,彼此熟悉了,我妈妈才知道聂耳原来的住处是个亭子间,实际上是个小阁楼,爬上去就是块铺板(床位),没处放桌子,没法写曲子,到别处写又不安全。聂耳来了,就在我家客厅写,其实那客厅按现在的说法只是一个过道(或叫小门厅),地方很小,放着一个三屉桌和两把木头椅子。聂耳就在那里写,一边写一边打着拍子唱。我祖母就坐在一旁专心地听着、看着。那时,我祖母还说:"是啊!我也是个不愿做奴隶的人啊!"等我妈妈做好了饭,叫聂耳一同吃时,聂耳吃饭间仍在专心思索,吃着吃着又情不自禁地举起筷子挥动着手,一边指挥一边唱了起来。无论是在书桌前,还是在饭桌上,总是从头唱"起来,不愿做奴隶的人们……"唱得很带劲儿。因为每次总从头唱"起来,不愿做……"我祖母对"起来"这两个字印象深了,于是就给聂耳起了个外号,叫"起来"。有一次中午时分聂耳来叫门,我祖母去开门,马上喊我妈妈:"雪琼啊,'起来'又来了。快,(煮饭)多加点米吧!"

除了对曲调细节的反复琢磨,聂耳谱曲时还对歌词进行精辟的修改。田汉的《义勇军进行曲》歌词初稿是一首自由体诗,各句字数不同、长短不一,要为这样的歌词配曲是有难度的。根据许幸之的回忆,聂耳谱曲初成之后,向青年学生、工人、知识分子、中年人、老年人,甚至文化程度不高或者不识字的人请教。他像一个天真的孩子一样,不管你愿意听或者不愿意听,他总是引吭

高歌。他又像小学生一样,每节、每句地听取别人的意见,不断地加以修改完善。在谱曲创作过程中,为了使词曲配合得更加顺畅有力,聂耳和孙师毅、许幸之商量,大胆地对歌词做了多处修改,让它节奏分明又浑然一体。我们现在看到的《义勇军进行曲》的歌词就是这样改定的:

  起来!不愿做奴隶的人们!
  把我们的血肉筑成我们新的长城!
  中华民族到了最危险的时候,
  每个人被迫着发出最后的吼声。
  起来!起来!起来!
  我们万众一心,
  冒着敌人的炮火,前进!
  冒着敌人的炮火,前进!
  前进!前进、进!

  修改后的歌词在开头将"起来"与"不愿"完全分开,又在中间的句末加上了休止符以做强调,在中段添加了三个"起来"。这三个"起来",增强了这首歌的激情与号召力,把旋律引向了高潮,而且正处于全曲结构上的"黄金分割点",表现了中华民族百折不挠的精神。而最后一句的处理,更是体现出聂耳与伙伴的大胆。昂扬的进行曲如何进行强有力的结尾,这一直是困扰聂耳的问题。最终,在与许幸之反复讨论和琢磨之后,在原歌词"前进!前进!"后面又增加了一个"进"字。增加了叠句,以铿锵有力的休止符来煞尾,把中华民族向前挺进时的果决、坚定、勇敢表现得更加强烈。

89. 考察日本新剧

1935年春,白色恐怖遍布"华林",聂耳不得不东渡日本。

聂耳并未消沉,更不曾把来日本作为休闲之旅。他虽然谱写出了《义勇军进行曲》这样的伟大篇章,但对自己的要求丝毫没有放松。日本良好的音乐环境,促使聂耳不放过任何机会,他如饥似渴地吸收着宝贵的音乐养分。

在朋友介绍下,聂耳结识了日本文艺团体"新协剧团"的艺术家,如著名戏剧家秋田雨雀、从事戏剧工作的滨田实弘等,由此聂耳开始了对日本音乐界的考察。日本音乐界之活跃极为惊人,几乎每天都有独奏会,有的时候甚至有两三场以上。这对聂耳来说,不啻如鱼得水。只要有时间,他几乎不放过任何一次学习机会。从著名的新日本交响乐团的高级音乐会,到宝冢少女歌剧团的歌舞晚会,再到一些业余的儿童歌舞会,他都抽出时间去观看。

聂耳极有兴致地观看了新筑地剧团排演的《坂本龙马》,并产生强烈的共鸣,充分感受到了革命的热情。这样的剧作,与其本人为大众服务、充满战斗精神的文艺观极为吻合,难怪他看完以后情绪高涨,热血沸腾。聂耳还从剧作中感悟到,个人英雄主义是不可靠的,以个人力量推翻旧的统治力量是不现实的,要彻底颠覆旧势力,还要靠集体的力量,进行坚决的斗争。

此后,聂耳格外关注当地剧团的动向。听说剧团要开演讲会的时候,他就赶了过去。他在会场上足足站了三四个小时,听取了岛田敬一先生的《日本新之活动》和《坂本龙马》导演佐佐木孝九先生的《新剧的现状》的演讲。然后,聂耳又欣赏了独幕剧《不是交易》。在观剧中,聂耳既大开了眼界,又充分思考了自己未来创作要解决的问题。

聂耳格外关注日本乐坛新生力量的动向。5月2、3日,日本四大报纸之一的"读卖新闻"主办的"全日本新人演奏会",由日本高等音乐学校、大阪音乐学校、神户文学院音乐部、帝国高等音乐学院等10所院校的优秀学生参加演出。聂耳从头至尾地观

看了演出。对他而言,这既是一场音乐的盛宴,更重要的是他在观看同为年轻人演出的节目中对自身的创作有了更深入的反思。

难能可贵的是,聂耳并没有对异邦文化照单全收,而是对日本戏剧予以客观评价。在朝鲜友人李相南的介绍下,聂耳观看了创作座剧团演出的三个独幕剧《母亲》《筑地明石町》《赤鬼》,并未觉得有什么特别之处。据说该团重视技巧,但是聂耳觉得他们的表演既未见精彩,剧作主题也很琐碎平常。

对日本戏剧中的一些糟粕,聂耳更是进行了质疑和批判。比如,他与张天虚、杨式谷在一次音乐会上,听到以"满洲国"为题材的行进曲《兰花》《戴冠式钟》和幻想曲《日满亲善》,便抑制不住愤怒,对其予以强烈批判。

聂耳还通过与日本一些文艺团体建立联系,详细了解了日本剧场设施、剧团结构、组织领导等剧作不可或缺的相关环节。与此同时,他还对观众观剧后的反响进行了一些细致的调查。

对日本音乐界的考察,不仅让聂耳开阔了眼界,还大大强化了自身的音乐修养。

◆ 1935年4月,聂耳(左一)与张天虚(左二)等友人在日本隅田公园合影

90. 进行《最近中国音乐界的总检讨》的演讲

在日本，聂耳一直积极参加文化交流活动。当时留日的中国学生经常组织一些演讲会、座谈会之类的活动。1935年6月2日，聂耳出席了在东京中华青年会馆举行的第五次留日艺术界聚餐会，并在会上以《最近中国音乐界的总检讨》为题，做了两个多小时的精彩演讲。他细致而精辟地为听众讲评了中国国内音乐界的现状：

> 中国的乐坛大体可以分为三个阵营，一个是代表中国传统的音乐群，因其思想保守，封建意识较为浓厚，极易受到政府利用，他们的工作就是死命制作古典歌曲。后来看见《毛毛雨》之类的音乐抬头，发觉与人民大众相距甚远。为了取得大众的信任也曾作了许多如《吐痰歌》《新生活影》之类的半新不旧的东西，但是，因为意识落后，抱残守缺，作品内容枯燥，结果只能供政府御用之外，在大众中没有一点市场，像国立音专的部分老师就属这一类。
>
> 第二便是《毛毛雨》派的黎锦晖先生等，他们的作品虽风行一时，取得小市民们一时颂歌，但因内容与封建意识相抵触，政府也反对，大众更唾弃，最重要的是与人民大众所关心的不是一回事，新兴音乐一登台，它们便失去了人们的同情，出路只好更弦易辙，不然只能进入死胡同。
>
> 第三是《渔光曲》为代表的大众音乐，因其方向对头，人民大众便把它看作了自己的音乐，它是代表大众心声的，所以理所当然地受到欢迎。虽然《渔光曲》替人民诉说了一定的痛苦，但它的调子是低沉的悲观的，它的呼声也是无力的微弱的，不能给人民更多的满足。于是《码头工人歌》《逃亡》《开路先锋》等歌曲就应运而生了，它们异军突起，在乐坛上放出了光芒。它起到了鼓舞人心勇猛奋起的战斗作用，代表着乐坛的新倾向，偕着革命大众向最新的境域前进！

兴之所至,聂耳用力将手一挥,唱了起来:

轰!轰!轰!
哈哈哈哈,轰!
我们是开路先锋,不怕你关山千万重!
…………

聂耳所讲的,正是他本人以人民大众为本位的音乐观的生动呈现。音乐的灵感和激情只能来自生活,优秀的音乐作品必然是为人民大众服务的。聂耳作为人民音乐家,其作品不是个人天才的产物,而是时代的产物,是革命斗争的产物。

聂耳的激情演讲,引起了听众的强烈共鸣。演讲结束时,全场响起了雷鸣般的掌声,不绝于耳的欢呼声亦此起彼伏。听众中有著名诗人杜宣、蒲风以及伊文、张天虚、杨式谷等。杜宣赞不绝口地说:"真看不出,聂耳不但是个音乐家,还是一个大鼓动家和演说家呢!"伊文对张天虚说:"你这位老乡能以深刻的眼光去分析批判中国乐坛的现状,能从极贫困的生活中锻炼出成熟的音乐技巧,能站在斗争的最前线去领导中国的新兴乐坛,真是了不起!"张天虚也有同感:"是啊,新兴音乐的内容和形式的雏形,已经在以他为首的一批创作者那里显现。照此走下去,一条宽阔的音乐大道就会出现在人们面前。"

从这次演讲开始,聂耳在日本名声大振,一大批进步青年被吸引到了他的身边。即使在异国他乡,聂耳也从未忘却为国而歌的光荣使命。

◆聂耳在日本为友人弹奏六弦琴

91. 鹄沼海滨不幸遇难

风萧萧兮易水寒，壮士一去兮不复还！

聂耳在日本谱写了人生的凯歌，完成了《义勇军进行曲》的修改，还以高度的爱国热情，为以后的创作奠定良好的基础。可是世事难料，日本之行也是他人生最后的旅程。

聂耳应朝鲜好友李相南之邀，利用假期做短暂的休息调整。1935年7月9日早晨，他们来到日本友人滨田实弘在藤泽的家。江之岛是藤泽市鹄沼海滨的著名旅游胜地。此地离东京50余公里，是人们消夏休闲的好去处。岛上长满了大树，浓荫遍地，蝉声悠扬。海风轻轻地吹着，给人一种神清气爽的舒畅感。这时的游人不多，只有卖海螺、贝壳的小贩，闲散地倚靠大树休息。

岛上遍地苍翠和奇花异石，都深深吸引着聂耳。更神奇的是遍布岛上的溶洞，似乎随时都在召唤着游客走到其深处去探幽访秘。

远处，是一望无边的滔滔大海。站在这里，总会让人情不自禁地呼喊几声，抒发一下自己的情感。聂耳走到一块面向大海的石头，迎风而立。此情此景，让他回想起昆明的西山滇池和圆通

◆聂耳游泳不幸遇难的日本鹄沼海滨

山来。虽然家乡的滇池没有这里的大海壮阔，圆通山和西山也没有这里那种深邃神奇的溶洞，可那毕竟是让他魂牵梦萦的故乡。何况，离家愈久愈远，思乡之情就愈发浓郁！

一天，聂耳走进一片森林，在充满草木气息的泥土上，惊喜地发现了有如故乡的青头菌一样的蘑菇时，脑海中立时浮现出故乡许多栩栩如生的画面。菌子是一家人爱吃的美味，母亲时常在傍晚时分去街上买回便宜的收摊菌。聂耳不由想起了远方的母亲。谁又能想到，慈母再也见不到漂流在外的儿子了……

许多邻居慕名来到滨田家，欲一睹中国著名音乐家的风采。只要聂耳练琴，就有听众围聚过来。聂耳精彩的演奏赢得了大家由衷的敬佩。聂耳深深地感受到日本朋友对音乐的热爱，更认识到美好的音乐是没有国界的。

聂耳和李相南本来计划 16 日到箱根去，可推不过滨田一家的盛情挽留，所以他们决定 17 日以后再出发。虽然这次出行以放松休闲为主，但聂耳深知时光易逝，就在 16 日当天写下人生最后一篇日记，对来日本三个月以来的工作进行严肃认真的总结：日语会话与阅读能力进步了；音乐方面，因忙于欣赏音乐活动而忽略了个人技术修养，尤其是三个月没摸过一下钢琴，是莫大损失。这样的自问，格外令人感慨——"尔为什么到日本来？"这是基于没有新的作曲，而对自己"欺人欺自己"的批评。所以，在日记的最后，聂耳警告自己"明天开始新计划，随时不忘的是'读书！''拉琴！'"可见，在生命的最后时刻，聂耳仍旧在严格督促自己。为国而歌，是他永远的使命！

谁能想到，这篇日记，是聂耳壮志未酬的绝笔？

17 日早晨，聂耳在院子里练了一阵提琴后，到附近几户邻居家道别。虽然聂耳在这里住的时间不长，但邻居都很崇拜聂耳，所以难免有些不舍。午饭后，聂耳和朋友们像往常一样去游泳。这天风浪很大，但游泳的人很多。大家在休息的时候，突然发现聂耳不见了。此时，大家不由得紧张起来，立即分头寻找。李相南下了海，其他人则大喊着聂耳的名字，在岸上的人群中四处寻找。可是，直到下午 4 点钟，仍旧不见聂耳的踪影，只有他的那顶宽

大的遮阳帽和黄短裤摆在沙滩上。

滨田得知消息时,已是下午6点了。他忙和李相南到过堂、茅个崎一带去寻找,仍是不见聂耳。天渐渐黑了,大海涨潮了,他们到江之岛一带去寻找,见到的只是风中摇摆的树影。这一夜,听说聂耳不见了,滨田家附近的人几乎都走出家门,在朦胧的月色中,沿着海岸大声地一遍遍地呼唤着:"聂君!""聂君!"到了后来,这徒劳的呼唤变成了一片悲痛的哭喊声。这一夜,神社的鼓声也不停地响着,应和着大海不息的涛声。

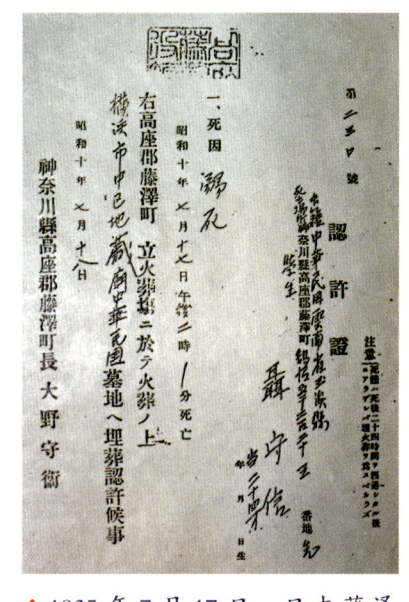

◆ 1935 年 7 月 17 日,日本藤泽警方签发的聂耳死亡鉴定书

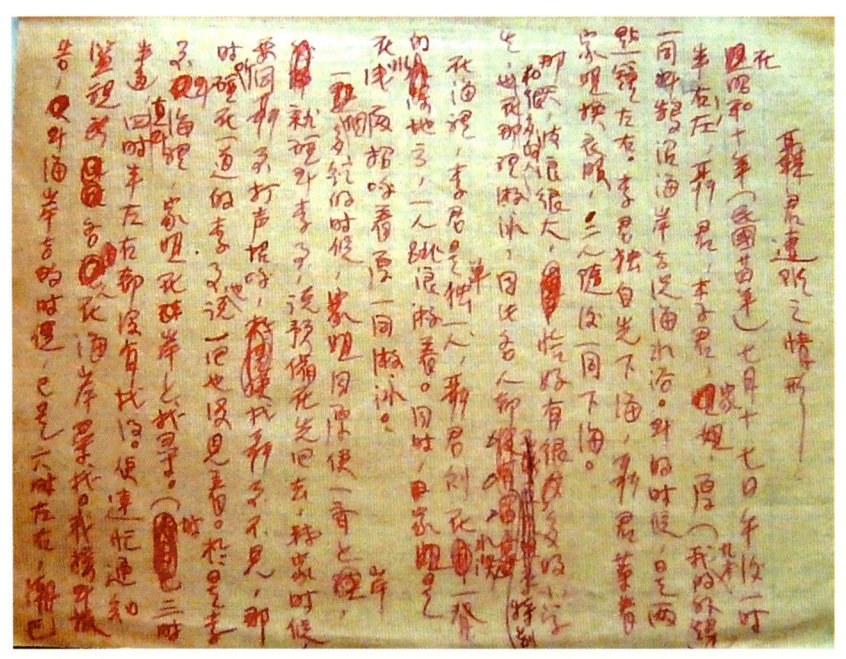

◆ 1935 年 7 月 18 日,日本友人滨田实弘写的《聂耳君遭难之情形》手稿

◆ 1935年7月17日，聂耳在日本神奈川县藤泽市鹄沼海滨游泳时不幸溺水身亡，年仅23岁

第二天11点左右，滨田接到警察的报告，说聂耳的遗体已被打捞起来。人们闻讯后都赶着去看，只见聂耳静静地躺在海滩上。滨田伏身下去轻轻地对着他的耳朵说："听！聂君，大海正在演奏着一支曲子呢。"

在波涛之间，勇敢的海燕在鸣叫。魂归大海，他的精神，将鼓舞着世界人民前进！年轻的生命精魂，将永远与日月同辉！人们仿佛看见，聂耳没有远离，他正在波涛中指挥着这些大海的精灵！是啊，聂耳何曾离开？他依旧在奏乐，把真善美的旋律洒满人间！

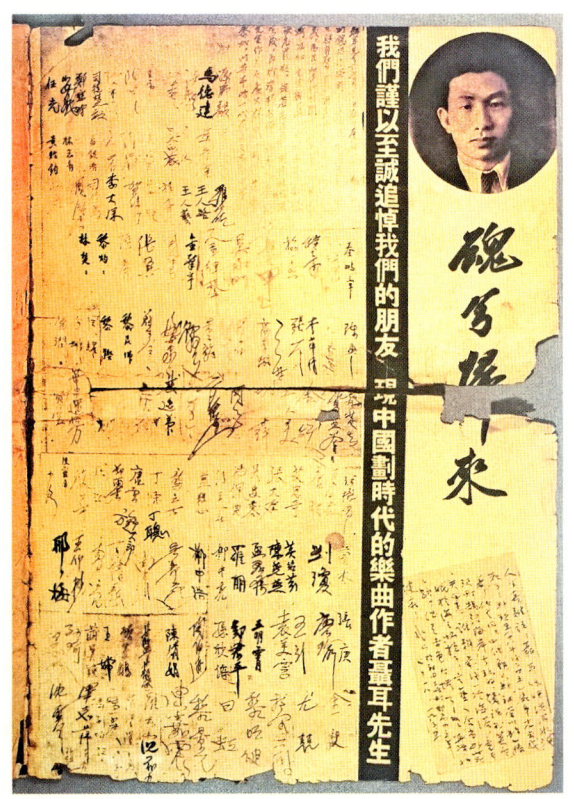

◆ 上海聂耳追悼大会签名录

92. 英魂应化狂涛返

1935年7月18日，正在房州的聂耳好友张天虚听到聂耳不幸遇难的消息后，悲痛万分，并立刻赶到藤泽海滨，与日本当局交涉，打开棺木验尸，认领聂耳的遗体。遗体由日本警方火化后，张天虚收集了聂耳的骨灰。

聂耳之死，在中国留日学生中引起了强烈震动。8月4日，中国留学生在日本千叶县北条町为聂耳举行了隆重的追悼大会。张天虚、杨式谷、杜宣、蒲风、李华飞、吴琼英、高衮父等约50人参加了追悼大会，会场中悬挂着由杜宣题写的"追悼聂耳先生大会"横幅。一位同学沉痛地叙述了聂耳遇难时的情形，此刻从会场各个角落传来了抽泣声。《义勇军进行曲》的旋律，在会场一遍遍响起。

在东京为聂耳举行的追悼会上，张天虚深情追述了聂耳光辉的一生，并撰写《聂耳论》一文作为悼词。其后，他与蒲风一道主编了第一部《聂耳纪念集》。

◆ 1935年8月4日，中国留日学生在日本千叶县北条町为聂耳举行追悼大会

当时正在日本的郭沫若得知聂耳辞世的消息后,在1935年10月31日的《中华日报》上发表了无比沉痛的《悼聂耳》诗:

> 雪莱昔溺死于南欧,
> 聂耳今溺死于东岛;
> 同一是民众的天才,
> 让我辈在天涯同吊!
>
> 大众都爱你的新声,
> 大众正赖你去唤醒,
> 问海神你如何不淑?
> 为我辈夺去了斯人!
>
> 聂耳呀,我们的乐手,
> 你永在大众中高奏!
> 我们在战取着明天,
> 作为你音乐报酬!

聂耳不幸遇难的消息传到国内,许多爱国人士和文化界人士,都为失去这样一位音乐天才而深感痛惜,纷纷撰文纪念。

田汉、吕骥、冼星海、光未然、孟波、许幸之、安娥、孙师毅、唐纳、赵丹等上百位文学家、音乐家、诗人、电影表演艺术家,在《晨报》《电通》《中华日报》《新音乐月刊》《大公报》等数十种报刊发表文章,缅怀这位在中华民族最危险关头吹响警戒号角的时代先锋。悼念文章之多,世所罕见。

8月16日,上海各界人士在金城大戏院隆重举行追悼大会。

人们手持花圈,胸戴白花,潮水般地从四面八方向大戏院涌来。除了电影界、文化界的知名人士和聂耳的生前好友外,人数最多的还是工人,他们中有码头苦力、筑路工、打砖工和纺织女工,有些市民和报童也参加了大会。聂耳是真正的人民艺术家,人民永远不会忘记他!

大戏院由于人员爆满,主持人不得不写出"客满请回"的告示牌。可人们依然肃立在大戏院前,哀悼聂耳。

在追悼大会上,主持人朗诵了聂耳生前好友田汉先生从南京寄来的悼诗:

> 一系金陵五月更,故交零落几吞声。
> 高歌共待惊天地,小别何期隔死生。
> 乡国只今沦巨浸,边疆次第怀长城。
> 英魂应化狂涛返,好与吾民诉不平。

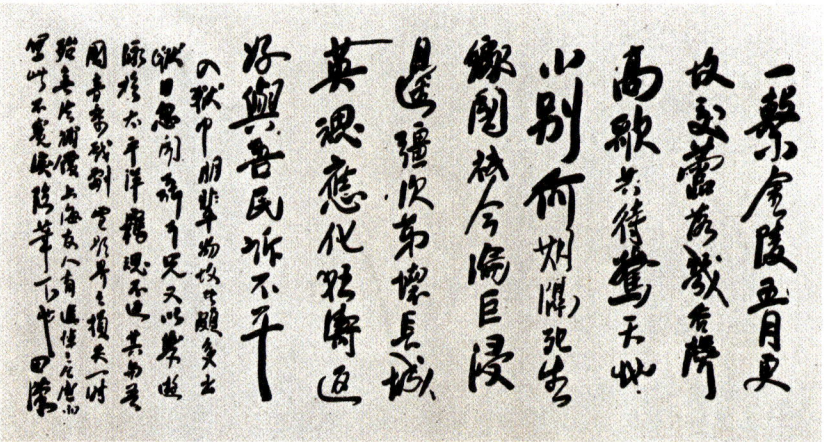

◆田汉悼念聂耳的诗歌手稿(原载《电通》画报第七期)

聂耳遇难时,田汉被幽禁在南京,无法得知聂耳的有关消息,这首诗是后来写的。诗末作者写有小序:"入狱中朋辈叛攻者颇多,出狱日忽闻聂耳兄又以学游泳于太平洋羁魂不返。其与吾国之音乐、戏剧、电影界之损失,一时殆无法补偿。上海友人有追悼之意,从而写此,不觉泪随笔下也。"

田汉先生这首情深意笃的诗,在悼念的人群中掀起了情感的波涛。随后,演员龚秋霞、陈娟娟和合唱团的团员演唱了聂耳的作品。很快,台上台下的歌声便汇聚到一起,此起彼伏,如波涛般汹涌。

93. 藤泽市——聂耳终焉之地

聂耳以超凡的人格魅力和精湛的音乐修养，赢得了日本友人的无比尊敬。藤泽市人民从没有忘记这位伟大的中国友人，以各种方式纪念着他。

1950年，藤泽市当地一位资深的马克思主义者福本和夫，了解到聂耳伟大的生平事迹，在为《义勇军进行曲》的黄钟大吕之气魄所震撼之余，请藤泽市议员叶山东子将其译为日文，并在藤泽市广为介绍。此后，福本和叶山两人开始为建立聂耳纪念碑积极募捐。经过4年的辛勤工作，聂耳纪念碑于1954年在鹄沼海滨公园落成，时任中国红十字会会长的李德全女士主持了纪念碑的揭幕仪式。纪念碑的碑文作者是秋田雨雀，书写者为丰道春海。碑文如下：

纪念聂耳
这里是中华人民共和国的作曲家聂耳的终焉之地。
他于一九三五年七月十七日来此避暑游泳，突然消逝于茫茫波涛，成了不归之客。
聂耳一九一二年生于中国云南，师事欧阳予倩。在短短的二十几年的生涯里，留下了歌颂中国劳动民众的《大路歌》《码头工人歌》等大作。现在成为中华人民共和国国歌的《义勇军进行曲》，也正是他的力作。
附耳过来，至今犹可听到聂耳的亚洲解放之声。
这里是聂耳的终焉之地。
一九五四年十月　秋田雨雀撰　丰道春海书

1956年，一场不期而至的台风冲毁了聂耳纪念碑。1963年6月1日，藤泽市民众自愿组建了聂耳纪念碑保存会，发起了重建纪念碑活动。经过藤泽市议会的再度募捐，当年9月纪念碑重建工作完成。新碑坐落在引地川河口东侧的湘南海岸公园，置于更加宽阔坚固的台座上。两边各添一块碑石：一块立着的，刻着叶山冬子的儿子、时任藤泽市市长叶山峻书写的"聂耳纪念碑的由来";一块卧着的,镌刻着郭沫若的题字"聂耳终焉之地"。

1981年,藤泽市与昆明市结为友好城市。1985年,适逢聂耳遇难五十周年,藤泽市湘南海岸公园扩建为聂耳纪念广场。2011年,昆明市人民政府在广场西侧立碑勒铭,上书"一曲报国惊四海,两地架桥惠万民。"如今,每年7月17日聂耳逝世纪念日,藤泽市民众都会来此举行公祭,纪念聂耳。藤泽消防乐团则身着演出制服演奏《义勇军进行曲》,来缅怀这位伟大的音乐家。

除了藤泽市民众对聂耳的深切缅怀,日本还有多位学者专门研究聂耳,出版了多部专著。

曾任日中友协藤泽市支部事务局局长的岩崎富久先生曾说过:"我作为一个日本人,非常羡慕中国有以聂耳、冼星海为代表的革命音乐传统……人民的音乐家人民爱,聂耳和冼星海不仅属于中国人民,也属于日本人民。"

聂耳生前好友秋田雨雀先生,也曾如此表达对聂耳的敬意:"聂耳的作品是属于中华民族的、劳苦大众的、他是第一个成功地为中国工人阶级写作歌曲的作家。他不是出于对工人阶级的怜悯和同情,而是出于相信工人阶级的力量。在这个意义上,他不仅是中国无产阶级的音乐先驱者,而且是亚洲解放之声的号手。"

◆日本藤泽市聂耳纪念广场浮雕

◆日本藤泽市聂耳纪念广场石碑

94. 魂兮归来

在日本期间，聂耳曾多次想起美丽的家乡：西山脚下，鲜花盛开；小溪欢唱，鸟儿啁啾。在鸟语花香中，童年时期的聂耳吹着喜爱的竹笛沉醉于每个音符中。乐声悠扬，与美景交织融会在一起。聂耳的音乐梦想，与他的音乐才华，正是在家乡孕育、生根、发芽的。

魂兮归来！1936年，聂耳的三哥聂叙伦来到上海，把聂耳骨灰接回昆明。1937年10月1日，聂耳的骨灰被安葬在风景秀丽的西山上，参加安葬仪式的有著名学者楚图南、徐嘉瑞等，徐嘉瑞撰写了碑文。此时此刻，松涛汹涌，天地动容，似乎在为聂耳致哀。人民的儿子、伟大的音乐家聂耳，正处于创作的高峰期，摆在他面前的，还有无数未完成的计划。短暂的人生，凸显了聂耳的辉煌。是啊，聂耳又何曾离开！他仿佛为回到祖国而感到高兴和激动，并正在潇洒地演奏与指挥，使真善美的旋律遍布人间，使正义之剑驱散一切邪恶，使多灾多难的祖国走向繁荣昌盛，使世界成为和谐友爱的家园！

◆ 1935年夏末，张天虚（左一）、郑子平（抱骨灰盒者）将聂耳的骨灰送回祖国，离日前在东京中华留日基督教青年会门前的合影

  1954年2月，云南省文化局重修聂耳墓，把当年徐嘉瑞题写的碑文更换为郭沫若手书的"人民音乐家聂耳之墓"。

  1980年5月，昆明市人民政府把聂耳墓迁于西山高处，重新安葬了聂耳。1985年，聂耳墓又得到了新的改造设计和扩建。7月17日的昆明，微风和煦，阳光明媚。为纪念伟大的人民音乐家聂耳逝世五十周年，昆明市委、市人民政府在西山举行重建聂耳墓揭幕仪式，文化部代部长周巍峙、云南省委领导、昆明近千名各界群众代表以及聂耳的亲属，参加了隆重的典礼。在这一庄严的时刻，日本友人也赶来了。聂耳逝世地藤泽市以渡边光男议长为团长的藤泽市政府代表团一行四人，和藤泽—昆明友谊馆建设市民会派出的以照井千乡等六人组成的代表团，参加了揭幕仪式。参加典礼的各界代表向聂耳墓敬献了花圈。上午9时，昆明市代市长潘英圣宣布落成典礼开始，全体参加者向伟大的人民英雄默哀致敬，高亢激昂的《义勇军进行曲》响彻云霄。

  在庄严肃穆的氛围中，重建聂耳墓揭幕仪式隆重开启。重建的聂耳墓，造型庄严神圣。乌黑色墨石的弧形墓碑，犹如一张打开的乐谱，垂放于由24块墨色大理石拼嵌而成的圆形墓体之上。整个墓地花团锦簇，松柏常青，给人以静谧、开阔、豪情奔涌的感染力。墓碑上是郭沫若书题镌刻贴金的9个大字"人民音乐家聂耳之墓"。墓体正中，安放着由山茶花图案组成的巨大汉白玉花环。花环里镶嵌着聂耳生卒年"1912—1935"铜质金字。墓体后面是高大的环形屏风墙，拱卫着人民英雄的英灵。墓体前方的鲜花丛中，树立着用汉白玉雕塑的高3.28米的聂耳全身立像。立像造型生动，聂耳仿佛在沉思中酝酿气势磅礴的作品！

  在聂耳的老家玉溪，人们以不同的方式纪念聂耳。当年他曾游泳的池潭，每到夏天就有朵朵芳香四溢的荷花盛开。1985年，聂耳的大型铜像在玉溪落成。铜像在蓝天白云的映衬下，屹立在古朴庄重的墨石基座上，呈现出聂耳激情昂扬地指挥人们唱歌的英姿。

  魂兮归来！每当人们从这里走过，似乎还可以听到一曲曲振奋人心、豪迈有力的歌声。

◆1937年10月1日，聂耳的骨灰葬于昆明西山，楚图南（右六）、徐嘉瑞（左三）、郑一斋（右八）、聂子明（左一）、聂叙伦（左二）等人在墓前留影

◆1985年7月17日上午，昆明隆重举行重建聂耳墓揭幕典礼

95. 聂耳墓前的三次题词

人民音乐家聂耳,以短暂的一生,为伟大的祖国与人民纵情高歌。他的光辉业绩,也在三次题词中得到彰显。

1937年10月1日,在聂耳骨灰安葬于昆明西山的仪式上,文史学家徐嘉瑞撰写了著名的聂耳纪念碑文《划时代的音乐家聂耳墓碑》,这便是第一次题词。

在碑文中,徐嘉瑞先是引用了雪莱的诗句"向不醒的世界,做预言的喇叭",高度概括聂耳的爱国主义情怀,接着以饱含深情的笔墨书写了聂耳的光辉业绩:"聂耳死了,是怎样巨大的损失!他是划时代的音乐家,革命的歌手,国防音乐的前哨;在斗争的程途中,他在巨浪中完结了他悲壮的一生。"接着徐嘉瑞简要介绍了聂耳的生平,以及创作《大路歌》《开路先锋》《毕业歌》《义勇军进行曲》《扬子江暴风雨》等名作的光辉业绩。

徐嘉瑞还在碑文中写到了聂耳的创作与中国民众的深层关联:"历史的巨轮在转动着,在重重枷锁下面的中国大众,他们不要万人合奏的德意志皇帝进行曲,也不要伤感颓废的悲怆奏鸣乐,他们是要求一种提当式的音乐来做国防的前奏,抗育的回音。在这样的时代下产生了他的《大路歌》《开路先锋》《毕业歌》,充满了生命的旋律,从同胞的血管中注入了新鲜的血液,从旋律中使中国再生了。"是的,聂耳的创作总是与人民和祖国息息相关,与中华民族同呼吸、共命运,因而充满了永远不竭的生命活力!

徐嘉瑞还阐释了聂耳对于纠正当时乐坛弊端的意义:"代表封建势力的国剧和国乐,盘踞在人人心中;代表崩溃阶级的浮靡的音乐,更是风行全国。他从中国人的心中把亡国的声音驱除。"他还用《义勇军进行曲》激昂的歌词来强化聂耳振奋人心的伟大力量:"听罢!——把我们的血肉,筑成我们新的长城……冒着敌人的炮火,前进!前进!"

在碑文的最后,徐嘉瑞为聂耳的英年早逝,表达了无尽的哀悼:"雄健的声音在我们耳中响着,可是,他死了!我们深深地

哀悼划时代的音乐家——聂耳！"同时，亦抒发了对聂耳叶落归根的欣慰："安息吧！你英勇的灵魂，这儿是你的故乡，在你的进行曲中，正如贝多芬所说：'我的故乡，觉得和我离开她时一样，是永远美丽的，永远光明的。'"

1954年，云南省人民政府决定重修聂耳墓，并请郭沫若先生题写墓碑和墓志铭。郭沫若书题了"人民音乐家聂耳之墓"，并写下墓志铭：

聂耳同志，中国革命之号角，人民解放之声鼙鼓也。其所谱《义勇军进行曲》，已被选为代用国歌，闻其声者，莫不油然而兴爱国之思，庄严而宏志士之气，毅然而同趣于共同之鹄的。聂耳乎，巍巍然，其与国族并寿，而永垂不朽乎！聂耳同志，中国共产党党员也，一九一二年二月十四日生于风光明媚之昆明，一九三五年七月十七日溺死于日本鹄沼之海滨，享年仅二十有三。不幸而死于敌国，为憾无极。其何以致溺之由，至今犹未能明焉！

郭沫若以诗人的姿态，用诗歌的韵律，昭示了聂耳一生对于中华民族的伟大贡献。由于当时中日两国处于敌对状态，虽然聂耳确系溺水身亡，但人们在怀念聂耳的同时，不免对其死因产生怀疑，所以郭沫若在上文最后，对于聂耳死因的书写也可以理解。

随着中日建交，两国关系趋于缓和。1982年，按照文化部指示，昆明市政府在墓地左屏的风墙上，重新雕刻了郭沫若的墓志铭，并删去了最后一句话。

◆ 1954年，郭沫若先生题写的聂耳墓志铭

◆震撼人心的《义勇军进行曲》,激励着中国军民前赴后继,抗日救国

◆聂耳与《义勇军进行曲》宣传海报

96. 大声歌唱、振发民气的刘良模

1940年夏，美国黑人歌手罗伯逊在星光下举办露天独唱音乐会，现场听众有六七千人。结束之际，他突然举起手让人们安静下来，宣布："今晚，我要为英勇的中国人民唱首歌。"罗伯逊随后用中文演唱了《义勇军进行曲》。

中国人刘良模就在现场聆听了罗伯逊的演唱。若干年后，他回忆道，当年他携带多首中国抗战歌曲赴纽约深造，期盼通过美国知名歌手演唱宣传中国抗战。经朋友牵线，他很快就见到罗伯逊，想请罗伯逊在音乐会现场演唱几首中国抗战歌曲。刘良模说："他（罗伯逊）听得很入神，有几首歌要求我重唱，包括《义勇军进行曲》。"

几周后，便有了音乐会上的那一幕。

在《义勇军进行曲》的宣传、传播和推广中，刘良模是一个关键性的人物。

中学时代的刘良模就极热爱校园歌咏活动，并成为其中的组织者和积极分子。年轻气盛的他，有一颗热血沸腾的心，有爱心，有热情，对生活有着热望。

◆美国黑人歌手罗伯逊演唱《义勇军进行曲》的场景

从1934年开始，刘良模积极推广民众歌咏运动，试图以此向民众宣传革命真理。他将《义勇军进行曲》作为民众歌咏运动的重要曲目，在很多重要场合进行演唱。只要心中有爱，遍地都是欢歌；只要有可以唱歌的地方，他都去。

像溪流汇入大江大河一般，他迫切地进入了革命的洪流，并初露锋芒。革命的歌声让他感觉到快乐和欣喜。这是他以前未曾有过的。

1936年1月28日，刘良模在上海各界救国联合会淞沪抗战四周年纪念日活动上领唱《义勇军进行曲》，引起上海各界关注。很多人对这个重要场景记忆犹新。

此后，他在公开场合演唱此歌曲的活动遍及香港、广州、天津、广西、湖南、浙江等地，足迹踏遍大江南北。中国众多热血青年都在这些公开的爱国活动中学会并传唱《义勇军进行曲》，并从此走向抗日战场。星星之火，可以燎原。

刘良模，感动了千千万万的中国人。他用自己的歌声赋予了国人勇气和力量。而一次特殊的际遇，让刘良模将《义勇军进行曲》带到了美国。

1940年，刘良模因在国内积极推进左翼爱国抗战运动而进入国民党的黑名单并受到国民党当局的迫害，最后被迫流亡美国。他到美国后，通过积极传唱和对外宣传的方式将包括《义勇军进

◆ 1936年1月28日，刘良模指挥群众高唱《义勇军进行曲》

行曲》在内的许多抗战歌曲带到美国进行传播。他深知,在这里,他可以用音乐的力量展现中国人民反法西斯的斗争意志,能够表现一个民族强大的信念和精神。

他总是那么热血满腔,一往无前。漂泊在异乡的游子,手中的线总是系在祖国母亲的手上。当《义勇军进行曲》在美国获得极好声誉之时,刘良模对罗伯逊说:"你的歌唱得那么好,我们一起组织合唱团,发行唱片吧。这样的话,以后会唱《义勇军进行曲》的人肯定会越来越多的。我们可以做更多的努力。"在刘良模看来,一切积极的努力都可以获得回报。这一次,他要做得更好。

为了进一步推动抗战歌曲在美国的传播,刘良模积极组织华侨青年合唱团,并和罗伯逊一起录制了一套中国抗战歌曲唱片《起来!》。后来这套唱片在美国发行,引起了美国社会的广泛关注。这是在美国发行的第一套中国抗战歌曲唱片,有着重要意义。宋庆龄亲自为这套唱片撰写了序言。

于是,在刘良模和罗伯逊等人的积极推动下,《义勇军进行曲》开始在美国的街头流行起来。这是一次国际合作的胜利。这样的胜利来之不易,因为每个人都在努力。

◆ 1945年5月2日,罗伯逊(左一)与刘良模(右一)等共同演唱《义勇军进行曲》

241

97. 民族的号手任光

任光，这是一个"发光"的名字，是国家首批公布的抗战英烈之一。他被叶挺称为"中国的音乐之星"，被聂耳称为"我的导师"，被《新华日报》称为"民族号手"。

他创作的《渔光曲》《大刀进行曲》《王老五》《打回老家去》《别了，皖南》等音乐作品，是时代的不朽之作。

是他，这个聂耳的战友、热血的中国人，将聂耳的新作《义勇军进行曲》带到了南洋和法国，从此这首歌在海外生根发芽。

在黎明前的黑夜中，始终有人以音乐指引我们前进的方向。聂耳、任光，《义勇军进行曲》将他们的命运捆绑在了一起。这是时代赋予他们的光荣使命。在以后无数的日日夜夜里，每当这首歌的旋律响起，都是任光值得骄傲的日子。

"我要为祖国而歌。"这是任光发自内心的呐喊，也是从聂耳的《义勇军进行曲》中汲取的力量。是的，为祖国而歌，哪怕有太多太多的坎坷，哪怕有太多太多的艰难险阻，都无法阻止这来自心灵深处的呼唤。任光爱着自己的祖国，纵使容颜易老，沧海桑田，他爱国的心从未变过。哪怕身在天涯海角，哪怕身处异国他乡，这一颗心仍为《义勇军进行曲》的旋律而跳动。

而这一次，任光凭自己的力量将这首歌带到了国外，开始了《义勇军进行曲》在海外的传唱旅程。这是最激动人心的时刻。在远离祖国的大西洋东岸，响起了熟悉的旋律。

法国，是任光传唱的第一站。在法国这个浪漫国度的街头，第一次响起了《义勇军进行曲》的歌声。人们为之一震。瞧，中华民族又站起来啦！听，东方睡狮的吼声必将震惊全世界！

不久之后，任光在法国组织了"巴黎华侨

◆任光（1900—1941），革命音乐家。1927年参加左翼"剧联"音乐小组及歌曲作者协会，在上海百代唱片公司任音乐部主任，从事歌曲创作并为电影、戏剧配乐

歌唱团"。一个人传唱的力量是有限的,任光需要更多民众自觉地传唱,接过《义勇军进行曲》的大旗,唱遍法国,走向世界。

这是梦想的开始。可是如何在短时间内迅速扩大歌曲的影响力呢?光靠传唱是不行的,还得想想其他的办法。有人建议搞一场募捐义演,这样就可以扩大圈子,增加人脉,也能在法国社会上造成一定的影响力。各个阶层的人都会参加,这不是很好的宣传机会么?

机会是转瞬即逝的,一定要抓住。任光说做就做,马上着手准备义演。要知道,任光历来都是雷厉风行的,他的执行力特别强,更何况还有这么多海外的朋友和国际友人在帮助他。他没有丝毫犹豫,时间也不允许他拖延下去。必须马上行动,因为,祖国在等待。

任光利用他的社会关系,在法国举办了多场为祖国难民募捐的义演活动。在法国,许多法国人和中国留学生第一次听到了让人热血沸腾的中国歌曲《义勇军进行曲》,也第一次知道在世界的另一端还有一个深受帝国主义和封建主义双重压迫的中国,此刻正在与法西斯主义做着怎样艰苦卓绝的斗争。法国人终于看到了中国人民的铮铮铁骨和英雄豪情。

◆《义勇军进行曲》于1935年3月被聂耳谱成乐稿,4月下旬,时任百代唱片公司音乐部主任的作曲家任光着手唱片录音准备,贺绿汀推荐侨居上海的俄籍犹太裔作曲家阿隆·阿甫夏洛莫夫为其进行和声配器。1935年5月9日,在位于徐家汇附近的百代唱片公司录音棚里,由袁牧之、顾梦鹤领衔的电通公司歌唱队演唱的《义勇军进行曲》录制完成。这是《义勇军进行曲》的第一版录音

在每一次义演的舞台上,任光都会演唱《义勇军进行曲》这首歌。观众热泪盈眶,热血沸腾。特别是当民众受到感染而自觉合唱的时候,这首歌的雄伟之势和浩然正气就像战鼓一样激励着千千万万世界各族人民团结起来,将世界人民的精神凝聚在一起。

在这一年的世界反法西斯侵略大会上,

任光亲自指挥当地华侨高唱《义勇军进行曲》，全场为之震动，现场观众被深深感动了。

这是《义勇军进行曲》这首中华民族解放战歌走出国门走向世界的开始，拉开了它唱响海外的序幕。世界认识了此刻的中国，中国也积极拥抱世界。《义勇军进行曲》成为中国和世界反法西斯人民联系的情感纽带，也成为中国向世界宣传的一个音乐窗口。

◆任光（前排右一）与法国华侨合唱团人员的合影

98. 中华人民共和国代国歌

1949年6月的中国，万象更新，举国沸腾。伟大的新中国即将诞生！

6月15日，一次具有特殊意义的会议召开了。对于新中国来说，这是一次非常重要的会议。伟大领袖毛主席在北平主持召开中国人民政治协商会议第一届全体会议筹备会，和政协委员会共同商讨建国大计。筹备会第六小组负责拟定新中国的国旗、国徽和国歌方案。马叙伦任组长，大家紧锣密鼓地开始他们的拟定工作。会场气氛热烈、紧张而有序。

7月14日，成立了以郭沫若、田汉、茅盾、钱三强、欧阳予倩等5人组成的国歌词谱初选委员会。国歌初选工作开始展开。在接下来的8天里，《人民日报》等各大报刊刊登了《征求国旗国徽图案及国歌词谱启事》，全国人民踊跃投稿。

投稿像雪花一样从四面八方涌过来。人们热情高涨，希望尽快选出最能代表中华民族气质和时代需要的作品。

9月25日，毛泽东、周恩来主持召开国旗、国徽、国歌方案专题协商座谈会。与会的20多名代表展开了激烈的讨论。在国歌创作上，虽然应征的作品很多，但没有一个是众望所归的作品。这该如何是好？正在大家愁眉不展的时候，画家徐悲鸿提议用《义勇军进行曲》。他说他在法国学习时就接触过法国国歌《马赛曲》，《马赛曲》就是一首激励人民的歌曲。《义勇军进行曲》在风格上与《马赛曲》极为相似，都是在民族危亡时刻激励民众挺身而出的战歌，有着强烈的震撼人心的艺术效果。

此话一出，立即引起大家的共鸣。周恩来首先表示支持。他说："徐悲鸿先生的这个建议很好。《义勇军进行曲》雄壮豪迈，节奏激越，适合演奏和传唱，做国歌是合适的。"

建筑学家梁思成也表示赞成。他说自己在美国时就在街头听见很多美国青年唱这首歌。有一次，他在街上听见有人用口哨吹这支歌，回头一看，原来是一个骑着自行车的美国青年。可见，

这首歌不仅在国内有很大的影响力,在国际上的影响力也很大,受到很多人的喜欢。

刚从国外回来的刘良模对《义勇军进行曲》有着很深的感情,积极地在海外极力推动这首歌的传唱。他说用这首歌作为国歌,也是对中国新音乐运动创始人聂耳的纪念。

慢慢地,大家的意见逐渐趋于统一,都同意用《义勇军进行曲》为代国歌。而早在半年前,郭沫若就遇到过国歌的问题。1949年夏,郭沫若率团代表中国到布拉格参加保卫世界和平大会。大会规定代表团入场时须唱本国国歌。可是当时新中国尚未成立,也就没有国歌。怎么办?郭沫若召集大家商量。当时就有人提议用《义勇军进行曲》为代国歌。代表团最终同意并在会议上演奏。

9月27日,全国政协第一届全体会议通过了关于国歌的决议:"在中华人民共和国国歌未正式制定前,以《义勇军进行曲》为代国歌。"

国歌,见证了新中国的成立与崛起,也见证了世界的和平与发展。

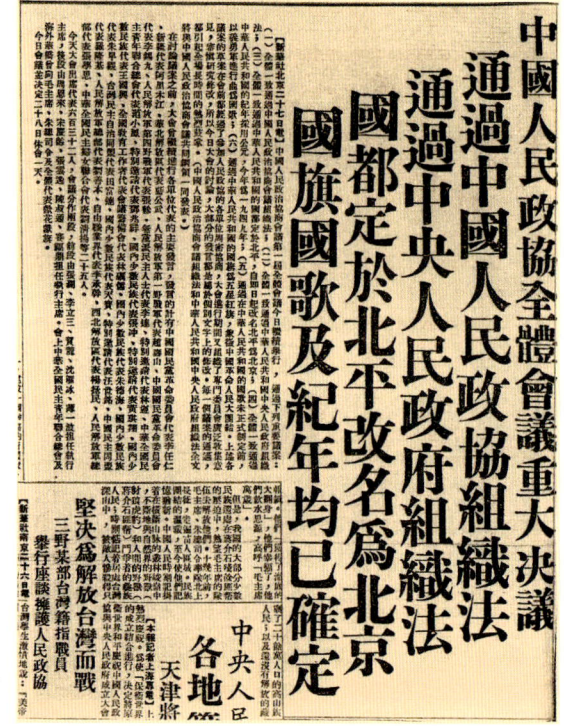

◆ 1949年9月28日的《人民日报》报道国旗、国歌及纪年均已议决通过的消息

99. 国歌在天安门广场奏响

84个字,字字都饱含着一个民族顽强的斗志和热血。

104个音符,每当响起都会拨动数万万国人的心跳。

开国大典是音乐指挥家罗浪一生中最光荣的巅峰时刻,也是镌刻在他记忆中最具有纪念意义的幸福时分。虽然已经过去了很多年,罗浪都记忆犹新。

罗浪,开国大典军乐队的总指挥和组织者,也是第一次在天安门广场奏响《义勇军进行曲》的人。1945年抗战胜利后,八路军缴获了一批日寇的军乐队乐器。时任晋察冀军区抗敌剧社乐队队长的罗浪得知消息以后,非常兴奋。他如获至宝,立即用这些乐器扩充了剧社乐队的规模。1947年解放区歼灭了国民党第三军,并俘虏了军长罗历戎。罗历戎是黄埔军校的学生,被俘后见到曾任黄埔军校教官的解放军将领聂荣臻,便将仅存的一个军乐队交给了聂荣臻。

罗浪听到这些消息很高兴,因为当时组建一个军乐队不是一件容易的事情,如果能将这个军乐队保留并改编过来,无疑将来可以有大用处。他赶紧向上级建议,不要遣散这个军乐队,要保留下来。罗浪的苦心并没有白费。几天后,时任华北军区政治部宣传部副部长的张致祥亲自过来对罗浪说:"根据聂司令员的指示,你带人去把国民党第三军的军乐队收容过来,以此为基础,建立我们自己的军乐队。"

罗浪激动得热泪盈眶。这是他期待已久的好消息。这也是新中国第一支军乐队建立的开始。从此,罗浪的人生彻底改变了。虽然改编的道路并不是一帆风顺,充满无数艰辛,但在罗浪心中,这是国家赋予他的神圣使命,他像呵护孩子一样精心呵护着军乐队的成长。

为了找到那些国民党残部军乐队成员,他骑着自行车,冒着严寒苦雨到处寻访,半个月骑行了上千公里。石家庄解放后,他又从军校的青年训练营精心挑选学生,收编了一些北平的旧警察。

依靠着五花八门的乐器,罗浪带着学员们开始了艰苦的训练。当时,很多学员都不识谱,要让他们做到整齐有序的演奏,困难有多大可想而知。

养兵千日用兵一时。1949年8月初,罗浪接到通知,这支联合军乐队将参加一次重要的阅兵。9月初,最终确定他们要参加的阅兵仪式是开国大典。罗浪激动得不行。然而阅兵仪式军乐曲的曲目却一直无法定下来。在"来今雨轩"会议室里,罗浪和相关组织人员展开了激烈的讨论。

当《义勇军进行曲》被定为代国歌,成为军乐团演奏的第一首也是最重要的一个曲目的时候,罗浪的心终于安定了。回到单位,他一直反复思考要采用何种方法练习,才能以最好的效果将国歌呈现给全中国乃至全世界。离开国大典只有半个月了,留给他的时间不多了,他紧张得不行,甚至难以入眠。这好像即将站在领奖台的运动员,这一次他不是为自己战斗,而是为了我们的祖国在战斗。想到这里,一丝自豪的微笑浮上罗浪的嘴角。此刻,紧张的排练场,就是他的战场。在一个个辛劳而兴奋的白天和夜晚,

◆中华人民共和国开国大典上,罗浪指挥联合军乐团奏国歌

他率领着军乐团在紧张地战斗着。

1949年10月1日,激动人心的一刻终于来临。罗浪率领着军乐团,提前来到了天安门广场。罗浪激动得热泪盈眶。

毛主席在天安门城楼庄严宣告:"中华人民共和国中央人民政府今天成立了!"军乐团奏响国歌,豪迈、激昂的乐曲伴随着五星红旗冉冉升起,《义勇军进行曲》第一次在天安门广场奏响,一直传唱至今。

国歌声起,国旗飘扬,岁月流金,历史终会有回音。

◆ 1949年10月1日,毛主席在天安门城楼上宣布中华人民共和国成立

100. 承继聂耳的精神——指挥国歌演奏最多的人

在聂耳和国歌的故事里,有一个人的名字需要人们记住,那就是指挥国歌演奏最多的人——中国人民解放军军乐团原团长于海。

于海是20世纪80年代以后指挥国歌演奏次数最多的指挥家。他也是近50年里,我国迄今为止唯一一位在天安门广场上经历过5代领导人检阅的音乐指挥家。国歌早已经融入了他的整个生命,成为他生命中不可分割的部分。无数个日日夜夜,他都是和国歌一起度过的。演奏国歌,对于于海来说,是责任,也是使命。

于海的家中,有他多年来积累的厚厚几大本简报、几大袋材料和几十个不同版本的国歌曲谱。他对国歌演奏有着细致入微的研究。国歌有84个字,37小节,演奏只要46秒。每次演奏,他都会精确到秒。在指挥国歌演奏的近50年中,它的每一个字、每一个音符都已渗透进于海的生命,成了他生命中最重要的坚持。

从国庆阅兵到北京奥运会,《义勇军进行曲》的旋律无数次随着他手上的节拍奏响。紧握指挥棒前进,这就是他前进的方向!他用自己的一生来捍卫国歌的尊严。国歌也一直是他心中最神圣的旋律,成为他至高无上的荣光。

自1970年1月6日于海进入解放军军乐团这支"红色"乐团开始,他的一生都与国歌有着重要关联。2015年9月3日举行纪念中国人民抗日战争暨世界反法西斯战争胜利70周年大阅兵的这一天,由于海担任团长和总指挥的千人解放军合唱团首次亮相,接受习近平主席的检阅。他说:"受阅一次,光荣一生。每一次指挥,我耳边听到的,我心中涌现的,仿佛是伟大祖国大踏步前进的响亮乐章!"在无数次的检阅中,在一次次的国歌声中,祖国和他的生命早已经融为一体。

这样的执着,源于爱。因为在于海心里,没有什么能比国歌更重要了。而这种爱,还可以传递。在于海看来,国歌代表着我们的国家,代表着我们脚下的这片热土,容不得丝毫差错。

于海伴随着国歌声长大,也在国歌声中成就了自己不平凡的事业。

于海说:"我们的国歌就是最好的国歌。所有庄严的时刻,都有国歌的存在,每一个中华儿女,没有理由不认真唱好国歌。"这一个中国人的印记,已被深深烙在了每一个中国人的身上。

艰辛与探索,骄傲与荣耀,责任与使命,这是从1949年10月1日至今在所有国家意义的大典上,国歌带给军乐团团长于海的生命意义。于海和国歌的缘分,不仅来自指挥的高台,更延伸到他生命的每个角落。多年来,他为国歌的教育四处奔波。随着时间的推移,他的国歌教育理念变得越来越清晰。2004年,国歌被写入宪法,但要想确立国歌的地位,那就需要专门给国歌立法,用法律来做保障。

2008年,于海担任全国政协委员,他的第一个提案便是关于国歌立法。在此后的10年里,他始终坚持,次次递交。渐渐地,

◆ 1984年,于海作为解放军联合军乐团分指挥,在天安门广场指挥国歌演奏

原先那些不理解他的人们被他的坚持和执着感动,开始为他签名助力。

10年,弹指一挥间。2017年3月,于海深知这将是自己最后一次参加政协会议。然而,国歌立法依然未得到承认。在最后的发言里,他略带哽咽地说道:"虽然我的任期之内或许无法看到国歌立法,但是它,越来越近了……"

神奇的是,闭幕10多天后,恰逢于海的生日,那天深夜,他接到朋友的电话:"于老师,你的国歌立法的提案,今年就要立法了!"

"真的假的?你是不是听错了?"

确认之后,于海落泪了——50年的国歌指挥,10年的立法提案,让于海终于忍不住落泪了。此刻,所有的努力、坚持和付出都化作耳畔那一声声"前进!前进!前进!进!"这声音将和聂耳的名字融为一体。

◆玉溪市武警支队国旗护卫队参加第二届中国聂耳音乐(合唱)周时,举行升国旗仪式

聂耳生平年表

少年学习时期

1912年

2月15日（农历辛亥年腊月二十八日）生于云南省昆明市甬道街72号成春堂药铺的楼上。父亲聂鸿仪（字翼廷）是中医师，光绪末年由祖籍玉溪县迁至昆明悬壶行医，兼营成春堂药铺。母亲彭寂宽协助配方煎药，读医书，学医术。聂耳乳名"嘉祥"，学名聂守信，字子义。有3个哥哥2个姐姐。

1916年（4岁）

年初父亲因肺结核病卧床，7月11日亡故。

1917年（5岁）

几年来已经跟随父母学识了数百个汉字。母亲通过医生资格认定的官方考试，得以继续经营成春堂药铺行医卖药。

1918年春至1922年春（6—10岁）

由亲友垫付学杂费，进入昆明师范附属小学。刻苦勤奋地读书，学习成绩优秀。

1922年春至1925年春（10—13岁）

转入私立求实小学高小部，得到减收学杂费的照顾。为了节省买书的钱，用自己抄写的课本读书，学习成绩全班第一。

自幼喜爱云南丰富优美的民歌、花灯、滇剧、洞经调等民族民间音乐。先向邻居木匠师傅学吹笛子，后来又学演奏二胡、三弦、月琴、风琴等乐器。音乐成绩为全校之冠，是该校学生音乐团的组织者及指挥。曾登台表演话剧与双簧。

曾被选为学生自治会会长。因率领同学积极支持校方与霸占校舍的孔庙管理方进行斗争，荣获该校第一号褒状。后来，求实小学返回孔庙继续办学。

1925年春至1927年夏（13—15岁）

插班考入收费低廉的联合中学走读（当时中学多为住读）。春节前，曾和哥哥在街头摆摊帮人书写春联，贴补家用。

大革命时期，阅读《东方杂志》《环球旬刊》《创造月刊》以及鲁迅的著作等进步书刊；投入蓬勃的学生运动；参加"五卅惨案后援会"组织的募捐、宣传抵制日货等活动。

喜爱当时群众中流行的《国际歌》《国民革命歌》《工农兵联合歌》等中外革命歌曲。常在学校或家里与亲友合奏《梅花三弄》《苏武牧羊》《昭君和番》等民间乐曲。

1927年秋至1928年冬（15、16岁）

在激烈的入学考试竞争中，历经三榜考试后，进入云南省立第一师范学校高级部外国语组学习英语。

结识了新搬来的邻居——后来担任省师附小音乐教员的张庚侯，借用其乐器开始练习小提琴。经常参加昆明的各种音乐、戏剧演出。参加学校共青团领导的外围组织"读书会"，1927年底的寒假阅读了几篇马克思的文章。

在革命形势处于低潮、反动派气焰嚣张之时，为追求真理与正义，1928年秘密加入了中国共产主义青年团。参加学习革命理论、讨论上级文件、刻印张贴传单、游行示威等活动。

从军时期

1928年11月30日至1929年5月6日（16、17岁）

瞒着家里参加了滇系的国民革命军十六军（军长范石生）的"学生军"。12月15日，行军到达湖南郴州驻地，随即被编入新兵队，经历了10余天不堪忍受的士兵生活。严酷的现实，使聂耳认清了旧军队的黑暗与腐朽。经同乡军官协助，12月27日，脱离新兵队，任连的文书上士。

3月28日，随十六军军官团赴广州，想进黄埔陆军军官学校，因资格不够未成。4月8日遭部队遣散。4月12日，化名"聂紫艺"考取欧阳予倩主持的广东戏剧研究所附设的演剧学校音乐班（公费）。13日，搬入学校后才知道它仅是学习粤剧的锣鼓、丝弦，因兴趣不合。14日，即搬回旅馆。后得同乡教官代垫旅费，才得以返回家乡。

1929年5月6日至1930年7月10日（17、18岁）

重回云南省立第一师范学校原班读书。课余与友人组织"九九音乐社"，常在一起唱奏《伏尔加船夫曲》《马塞曲》等名曲。在同乐会、恳亲会上独奏小提琴，为黎锦晖编写的《三蝴蝶》等儿童歌舞剧伴奏，被称为"洋吹鼓手"。还经常表演口技、双簧、魔术、吹树叶、踢踏舞等节目。向法籍音乐教师柏希文请教音乐基础理论知识及弹奏钢琴的技巧。

4月24日深夜，武装宪兵来学校抓走了与聂耳同寝室的共青团员与进步同学。5月10日，传来了军阀政府将要逮捕聂耳的消息（三哥的友人看到法院院长的桌子上放着写有聂耳名字的黑名单），家里只得安排他躲了起来。

7月1日，从云南省立第一师范学校毕业。因被叛徒出卖，有随时被捕的危险。适逢昆明云丰商号请聂耳的三哥去上海当店员，经协商，店主同意由聂耳顶替前往。7月10日取道越南，乘轮船经香港到上海。

初到上海时期

1930年7月18日至1931年3月28日（18、19岁）

7月18日，抵达上海，在只有三名店员的云丰申庄里，负责采买、寄发香烟回昆明等工作。8月21日，被云丰商号函聘为驻申稽查员，后来每月得工资15元。

在繁重的工作、简陋的住所与嘈杂的环境中，仍坚持自学英文、日文，阅读各种革命书刊。11月，经友人介绍，参加了中国共产党领导的进步群众组织"反帝大同盟"。

12月，因代家乡的廖伯民、张庚侯等友人在上海租赁电影片寄去昆明逸乐电影院放映，获得酬金一百元。聂耳将半数寄给母亲，剩余的钱买了一把廉价的二手小提琴，此后每天坚持自学小提琴。

3月19日，云丰申庄倒闭，四处奔波仍然找不到工作。

明月歌剧社时期

1931年3月28日至1932年8月6日（19、20岁）

3月28日，看到《申报》上联华影业公司音乐歌舞学校的招生启事，立即以"聂紫艺"的名字前往报考。4月1日，经黎锦晖主考，初试合格。4月8日复试后，被录取为乐队练习生。22日迁入该校。

5月，随明月歌剧社去南京演出。返沪后每天抓紧时间练习小提琴，并向社内提琴"小老师"王人艺请教，演奏技巧大有进步。

9月5日，明月歌剧社正式签约改组为上海联华影业公司音乐歌舞学校（聂耳月薪25元）。第一小提琴手王人艺离去，聂耳升任其职。

从10月3日起跟奥地利籍音乐教师普鲁什卡学习小提琴。学费很贵，每周上一次课就要3元钱，经常要借钱或典当衣物来交学费，但从不间断学习。

1932年"一·二八"事变中，因受战争影响，联华影业公司决定节员简政。3月28日，歌舞班被遣散，恢复为明月歌剧社。聂耳被选为负责音乐研究股的执行委员。

4月22日与中国左翼戏剧家联盟负责人田汉会面。

6月初返沪后，参加影评小组和中国左翼戏剧家联盟开展的多种活动。以"黑天使"等笔名在报刊上发表了《下流》《和〈人道〉导演者的对话》《十九路军一兵士》《黎锦晖的〈芭蕉叶上诗〉》等评论文章。

7月22日，在左翼刊物《电影艺术》第三期上发表战斗性评论《中国歌舞短论》，尖锐批评明月歌剧社的创办者黎锦晖在民族存亡的危急关头仍然鼓吹"为歌舞而歌舞"的错误主张，为追

求票房价值而去迎合市民阶层的低级趣味，仍然表演麻醉青年、儿童的香艳肉感的歌舞。提出"我们所需要的不是软豆腐，而是真刀真枪的硬功夫！"

聂耳的这些忠告不被社内的某些人理解，反而引起轩然大波，聂耳毅然退出了明月歌剧社。

北平时期

1932年8月7日至11月6日（20岁）

8月7日乘船离开上海，8月11日经天津乘火车抵达北平（今北京），住在宣武门外的云南会馆里。

9月13日报考国立北平大学艺术学院，未被录取。遂向俄籍音乐教师托诺夫学习小提琴。在北平，多次去观看中外音乐、戏剧演出。

10月28日，随北平"剧联"参加清华大学东北同乡会为抗日义勇军募捐的游艺会，登台用小提琴独奏无产阶级的战歌《国际歌》。

经上海左翼戏剧家联盟去函介绍，从9月中旬起参加北平左翼戏剧家联盟、左翼音乐家联盟的排练、演出和组建活动。

因长期找不到工作，生活无法维持。北国刺骨的寒风与漫天的冰雪逼着聂耳于11月6日离开北平，另谋出路。

重返申城时期

1932年11月8日至1934年4月1日（20—22岁）

11月8日，乘火车回到上海。10日找到田汉，转交了北平左翼"剧联"的书面工作汇报与信件。

中共上海中央局文化工作委员会电影小组为了扩大革命文艺的传播与影响，占领观众最多的电影阵地，拍摄进步影片，陆续将左翼文艺工作者输送到电影阵地。11月26日，聂耳进入联华影业公司第一制片厂。

经过革命斗争的锤炼与党组织的培养，聂耳的阶级觉悟与政治水平不断提高。1933年初，在严重的白色恐怖中，由赵铭彝、田汉介绍，夏衍监誓加入中国共产党。

年初，参加党领导的群众组织"苏联之友社"的音乐小组。

为推动中国革命音乐的发展，2月12日与任光等人成立"中国新兴音乐研究会"，经常在任光家里一起研究、讨论革命音乐的创作和理论问题。

2月9日，党的电影小组领导成立外围群众组织"中国电影文化协会"，聂耳被选为执行委员兼组织部秘书。

3月21日，任联华影业公司第一制片厂音乐股主任，除了给影片配乐外，还要辅导电影演员唱歌。3月22日被选为联华影业公司第一制片厂俱乐部的执行委员兼秘书。

3月14日—6月29日，担任影片《母性之光》的剧务。聂耳为影片《母性之光》创作的插曲《开矿歌》，是他创作的第一首电影歌曲，也是我国音乐创作中第一首正面塑造工人形象的歌曲。

1933年为左翼"剧联"组织演出的独幕话剧《饥饿线》作插曲《饥寒交迫之歌》（催眠曲）；为女报童"小毛头"作儿童歌曲《卖报歌》。

因积极参加各种左翼文艺活动，领导人民群众与资本家进行斗争，联华影业公司第一制片厂以请聂耳休养身体为名，于1934年1月24日将他辞退，他再次失业。

2月，投考国立音乐专科学校的小提琴选科，未被录取。

春季，参加中国左翼戏剧家联盟音乐小组。

"百代"工作时期

1934年4月1日至11月底（22岁）

由地下党组织安排，4月1日进入上海东方百代公司，担任收音、教歌、抄谱作曲等工作，后任音乐部副主任。聂耳与任光、安娥以灌制畅销的电影歌曲为名，一起组织出版了一批进步歌曲唱片，并为多部进步影片录音配乐。

6月，为田汉编写的新歌剧《扬子江暴风雨》创作了《码头工人歌》、《苦力歌》（后改名为《前进歌》）等4首歌曲。

党的电影小组协助建立了左翼文艺运动的新阵地——上海电通影片公司。7月，聂耳为该公司拍摄的第一部影片《桃李劫》创作了主题歌《毕业歌》。

8月—9月，为联华影业公司第二制片厂拍摄的影片《大路》创作主题歌《大路歌》、序歌《开路先锋》。

10月，为艺华影业公司拍摄的影片《飞花村》作曲。因该片的主题歌《飞花歌》、插曲《牧羊女》在美商胜利唱片公司灌制唱片，聂耳受到百代唱片公司老板的责难，遂于11月底提出辞职，离开百代唱片公司。

"联华"创作时期

1934年12月至1935年4月15日（22、23岁）

1935年1月，担任联华影业公司第二制片厂音乐部主任，为该厂拍摄的影片《新女性》配音并创作主题歌《新女性》组歌。聂耳专门组建了业余歌咏团体"联华声乐团"。

年初，听说电通公司刚开拍的影片《风云儿女》需要写一首主题歌，就去找夏衍主动要求承担创作任务。经过了2个多月的构思，3月中旬，动手创作田汉作词的主题歌《义勇军进行曲》，接着又创作了该片的插曲《铁蹄下的歌女》。

2月19日，中共江苏省委与中国左翼文化总同盟均被破坏，田汉、阳瀚笙、赵铭彝等革命文艺家相继被捕，4月1日，传来了国民党政府将要逮捕聂耳的消息。党组织为了保护这位奋发有为的青年战士，批准他经日本去欧洲、苏联学习、考察，暂时出去躲避一段时间。聂耳假借去日本大阪找做牛皮生意的三哥为名，4月15日乘"长崎号"东渡日本。

赴日遇难时期

1935年4月16日至7月17日（23岁）

经长崎、神户、大阪，4月18日抵达东京。之后以旺盛的精力投入到紧张繁忙的学习、考察活动。积极参加中国留日学生与左翼文化人士的艺术活动：6月2日，应邀出席中国留日学生的第五次留日艺术界聚餐会，做了题为《最近中国音乐界的总检讨》的历时两个多小时的演讲。

7月，应朋友的邀请，准备协助日本"新协剧团"去京都、大阪公演。为了先行游览沿途的风光，7月8日，与朝鲜友人李相南来到神奈川县的藤泽市，住在海边日本友人滨田的家里。

7月17日下午，聂耳与友人去鹄沼海滨游泳时，不幸溺水身亡。

◆昆明西山聂耳墓前的聂耳雕像

后　记

"2022年是党的二十大召开之年，也是聂耳110周年诞辰，如果以图片为线索，创作一本有关聂耳的传记，具有独特的纪念意义"。

在编撰《聂耳为国而歌》的过程中，云南人民出版社尚语老师的一句话，促成了《聂耳图传》的成稿。

创作《聂耳为国而歌》的原班人马——玉溪师范学院聂耳和国歌研究院的教师团队，重新吹响集结号，再次走进了这个一生年华匆匆却永恒的年轻人的精神世界。

我们深入考订、挖掘有关聂耳和国歌每一幅图片背后的故事，以图串文，聚焦人物，通过一幅幅珍贵的图片，讲述聂耳不平凡的一生。

我们汲取聂耳"为党奋斗、为国而歌、为民呐喊"的精神力量，力图真实还原一个勤奋努力、向往光明与进步的热血青年所走过的艰苦奋斗历程，直观形象地反映他短暂而辉煌的生命历程及其不平凡的音乐创作成就。

这是赓续聂耳和国歌故事革命传统的创造性转化，也是探求聂耳和国歌故事背后精神力量的具象化尝试。在具象化尝试的过程中，一个轮廓越来越清晰的聂耳向我们走来，他带着梦，带着光，可亲可爱，鲜活灵动，勤奋刻苦，锐意奋进。

赵欣、杨光、罗云、关东晨、宋艳珊、石健、方波、赵敏、赵映蕊等人参与了本书的编写。云南省博物馆研究员、聂耳研究专家王丽明老师仔细审阅了本书，她严谨的工作作风和对聂耳研究的专注娴熟令人印象深刻。聂耳传承人青山老师也对本书的创作提出了许多中肯的意见。玉溪痴迷于聂耳和国歌收藏的马定元先生也提供了许多帮助。本书编辑陶汝昌从选题申报、排版、设

计到出版，整个过程付出了大量心血。在他们身上，仿佛看到抱朴守拙、自强不息的聂耳影子；在他们身上，分明看到被聂耳随着时光发酵所散发出的人格魅力浸润后的执着。他们追逐着聂耳短暂的一生，也穿梭在光影斑驳的聂耳和国歌故事里。足我穷中八珍味，竹萌木耳更求旃。国歌是国家的象征和标志，在《义勇军进行曲》诞生后，聂耳也被越来越多的年轻人奉为国家偶像。从这本书开始，不妨将聂耳的粉丝们命名为"木耳"吧。

  本书采用的图片，由玉溪师范学院聂耳和国歌研究院提供。由于时间仓促，加之编写者水平所限，本书在史料运用、文字表述等方面可能存在着疏漏和不足之处，敬请读者朋友批评指正！

◆玉溪聂耳音乐广场